甘肃省黄河国家文化公园建设 专项资金资助

兰州大学黄河国家文化公园研究院

◎ 黄河文化研究丛书

◎ 总主编 彭岚嘉 杨建军

黄河文化

研究集萃

◎ 主　编 杨建军

副主编 李　亮

　　　　张　涛

兰州大学出版社
LANZHOU UNIVERSITY PRESS

图书在版编目（ＣＩＰ）数据

黄河文化研究集萃 / 杨建军主编. -- 兰州 ：兰州
大学出版社，2024.10
（黄河文化研究丛书 / 彭岚嘉，杨建军主编）
ISBN 978-7-311-06643-7

Ⅰ．①黄… Ⅱ．①杨… Ⅲ.①黄河流域－文化史－文
集 Ⅳ．①K292-53

中国国家版本馆 CIP 数据核字(2024)第 022175 号

责任编辑　李有才
封面设计　倪德龙

书　　名　黄河文化研究集萃
作　　者　杨建军　主编
出版发行　兰州大学出版社　（地址:兰州市天水南路222号　730000）
电　　话　0931-8912613(总编办公室)　0931-8617156(营销中心)
网　　址　http://press.lzu.edu.cn
电子信箱　press@lzu.edu.cn
印　　刷　兰州人民印刷厂
开　　本　710 mm×1020 mm　1/16
成品尺寸　170 mm×240 mm
印　　张　19.75
字　　数　320千
版　　次　2024年10月第1版
印　　次　2024年10月第1次印刷
书　　号　ISBN 978-7-311-06643-7
定　　价　75.00元

前　言

　　黄河发源于青藏高原巴颜喀拉山，跨越大半个中国，奔流到海，以恢宏的气势，成为古今文人墨客歌咏礼赞的重要意象。特别是近现代以来，伴随着现代民族国家意识的觉醒以及民族解放运动的革命实践，黄河成为中华民族的母亲之河，黄河流域作为孕育中华文明的摇篮成为共识。事实上，在长达3000多年的时间里，黄河流域一直是全国政治、经济和文化中心，黄河流域不仅孕育了河湟文化、关中文化、河洛文化、齐鲁文化等，而且塑造了中华民族不畏强暴、勇敢拼搏、团结一心、自强不息的民族精神。可以说，根植于黄河流域的黄河文化是中华文明中最具代表性与影响力的文化，黄河文化也是提高民族凝聚力的重要载体。

　　2019年9月，在黄河流域生态保护和高质量发展座谈会上，习近平总书记指出黄河流域生态保护和高质量发展是重大国家战略，黄河文化是中华文明的重要组成部分，是中华民族的根和魂，要推进黄河文化遗产的系统保护，守好老祖宗留给我们的宝贵遗产，深入挖掘黄河文化蕴含的时代价值，讲好"黄河故事"，延续历史文脉，坚定文化自信，为实现中华民族伟大复兴的中国梦凝聚精神力量。2020年1月，习近平总书记再次强调，要实施黄河文化遗产系统保护工程，打造具有国际影响力的黄河文化旅游带，开展黄河文化宣传，大力弘扬黄河文化。2020年10月，中央提出建设黄河国家文化公园，强化黄河文化研究、讲好黄河故事恰逢其时。

　　基于此，我们编选了这本论文集《黄河文化研究集萃》，共收录了24篇来自历史、文学、传播、教育、艺术、考古、水文、自然地理等不同学科学者有关黄河文化的研究文章。论文集围绕黄河文化研究这个核心问题，共分为"整体研究"与"专题研究"两大部分。

　　"整体研究"部分共收录9篇文章，主要探讨了"黄河文化"的内涵、价值以及与时代精神的关系等问题，融合了文化、历史、文艺、社会以及生态保护等不同的研究视角，为整体把握黄河文化的内涵外延，推进新时代黄河文化的高质量发展提供理论借鉴。

　　韩子勇的文章《黄河：一部中华民族的伟大史诗》，阐述了黄河的发祥地、历史地位、革命文化、时代价值，结合多元一体、交流交往交融、中华民族共同体意识的形成，从黄河与长城、丝绸之路、大运河、长江、长征的关系，解读黄河文化在中华文明中的地位、作用和意义。他提出，正是在黄河这个巨大的时空场域之中，文明发展、观念演进、分合治乱、民族融合，波澜壮阔的历史运动造就了不断成熟的文明体，也孕育出伟大的民族精神。当前打造中华民族新史诗，只有横下心、不浮躁，深入生活、扎根人民，不断丰富和提高自己的脚力、眼力、脑力、笔力，板凳甘坐十年冷，扎扎实实架起通往现实和时代的长桥，才能为作品注入强大的时代力量。李振宏、周雁的文章《黄河文化论纲》，以整体视域探究了黄河文化的内涵、特点以及发展历程，认为黄河文化作为一种大河文明，是具有黄河水文地理特征的一种旱地农业文化，是黄河流域人民在黄河岸边生息、繁衍、奋斗、发展的历史过程中形成的，是黄河流域人民精神生活的内容、方式和特点。徐吉军的文章《论黄河文化的概念与黄河文化区的划分》，立足黄河文化生存的地域范围，提出黄河文化是一个时空交织的多层次、多维度的文化共同体。黄河文化可以根据流域内局部的和地区的多样性，将其划分为三秦文化、中州文化、齐鲁文化三个核文化区和三晋文化、燕赵文化、河湟文化三个亚文化区（或称次文化区）。李敬的文章《黄河文化的三个价值维度》，探讨了黄河文化作为"中华文明之源""地域文化之基"以及"城市文脉之源"的独特价值。他提出，黄河文化是炎黄子孙寻根固本、铸魂聚气的集中体现，是民族复兴、国家软实力的投射，是国家形象、国家力量的重要展示，是世界和谐、文明进步的推动力量；黄河文化具有凝结城市记忆、展示城市历史，彰显城市精神、表现城市特色，提升城市品质、促进城市发展等价值。

　　袁升飞的文章《黄河文化的内涵与时代精神研究》，通过探究黄河文化形成的根源、人文内涵与基本特征，提出在黄河文化的传播过程中将其竭诚为民、顺应自然以及廉洁奉献的人文内涵发扬光大，将黄河文化融于一定的社会载体中，从而实现文化资源的创新性转化，用黄河文化引领时代的发展。王志民的文章《黄河文化主脉说——论中华文明奠基期的黄河文化》，考察了黄河文化在中华文化奠基期的地位。他认为，黄河文化在中华文明起源的漫长历史时期，以中、下游文化的深度交流和融合为主体，汇聚了长江及各区类文化的先进因素，从而形成了中华文明起源的主脉，孕育、培植了三代文明，为中华文明的形成奠定了深厚基础。田宝祥的文章《黄河文化的多元特质与一体意识》，探究了黄河文化的内涵属性，认为作为中华文明地缘、血缘、族缘生生不息、源远流长的精神符号象征，黄河文化是以黄河流域为载体、以黄河儿女为主体、以黄河故事为纵深，由河湟文化、河套文化、关中文化、河洛文化、齐鲁文化等构成的多元一体的历史性存在与综合性文化。李宜馨在其文章《黄河文化与黄河文明体系构建浅议》中提出，要从文明的高度、国运国脉的高度，深刻认识黄河文明对于中华民族的独特意义、对于构建人类文明新形态的巨大意义。构建新时代黄河学、打造黄河文明轴心带、建设中华民族精神家园、推动构建人类命运共同体，要深化对黄河文化、黄河文明特质的研究，加强对黄河文明的多维度、大空间、系统化研究。左其亭的文章《黄河流域生态保护和高质量发展研究框架》，将"黄河文化"研究置于黄河流域生态保护和高质量发展重大国家战略，认为黄河文化的挖掘与保护传承在于：一是基于历史资料收集和整理，讲好"黄河故事"，深入挖掘黄河文化蕴含的时代价值，分析黄河文化的开发前景；二是提出推进黄河文化遗产系统保护的思路和方法，保护好黄河文化；三是研究黄河文化弘扬思路和方法，探索文化传播途径优选方法，促进黄河文化进一步发扬光大。

"专题研究"部分共收录15篇文章，主要包括黄河考古，黄河流域中的农耕文化，黄河红色文化，黄河文化与西部中国，黄河文化的保护、传播、教育，黄河文化地标构建，黄河文化与文学书写同，黄河文化地方开发，黄河文化与丝路文化的关系等不同专题。该部分展示了黄河文化研究的跨学科性，为深入推进新时代黄河文化研究提供实践路径。

考古工作是展示和构建中华民族历史的重要工作。黄河流域的考古发现，极大拓展了黄河文化的历史厚度与内涵丰富度。薛瑞泽的文章《先秦时期黄河文化中的农业文明》，结合大量的古籍文献与考古学知识，以先秦时期黄河文化为研究对象，探究了黄河文化中的农业文明。他认为，黄河流域农业文明的产生与发展，对黄河文化的形成与壮大发挥了重要的作用。先秦以来，黄河流域农业文明的萌生及发展过程，奠定了黄河文化发展的基础，并对后世中国文化的走向起着相当重要的引领作用。李玉洁的文章《黄河流域农耕文化述论》，从"黄河流域农耕文化的起源""黄河流域农耕文化的辉煌""黄河流域的农书与农业技术理论"等六个层面论述了黄河文化中的农耕文化。她认为，黄河文明的主要特征之一是农耕文明，研究黄河农耕文明的形成以及变迁发展历史，能够深入了解环境变迁与历史发展、文明进程、文化兴衰的关系，了解这种文明系统中农民的精神世界等，对于指导当今农村的社会变革和稳定发展等有现实意义。侯卫东的文章《考古视野中的黄河文化》，从考古学整体视域阐述了考古学在黄河文化建设中的重要作用，探究了黄河文化作为中华文明最具代表性、最具影响力的主体文化的合法性。他提出，从考古和文化遗产保护的角度保护、传承和弘扬黄河文化，可以揭示黄河文化丰富而深厚的内涵。

黄河文化具有鲜明的时代性与地域性。魏本权在其文章《论百年黄河红色文化与红色基因》中认为，黄河红色文化是马克思主义在黄河流域落地生根后孕育生成的近代文化形态及其当代发展，本质上是革命文化以及革命文化的创造性转化与创新性发展。黄河红色文化的核心内涵是以革命斗争精神求得人与自然、人与社会的和谐和合，提炼具有代表性与标识性的黄河红色文化符号对黄河红色文化传承与传播具有重要意义。刘宁的文章《黄河文化与西部中国》，分"黄河与西部""母亲河与中华文明根脉""农耕与游牧""都城与废墟""革命与建设""宗教与文艺"等六个主题，探究了西部中国黄河文化的多元形态。她认为，生活在黄河西部流域的各族人民与中原汉民族一起，共同守护母亲河，谱写了中华民族源远流长的文明之歌。

黄河文化的保护传承弘扬是黄河文化当代发展的关键。杨越、李瑶、陈玲的文章《讲好"黄河故事"：黄河文化保护的创新思路》，立足黄河文化保护现状，通过对"讲好""讲活""讲精""讲实"黄河故事的相关问题探究，提出凝聚高度认同的文化标识符号，以"根"和"魂"刻画黄河文化内涵；探索"大黄河"的文化保护模式，构建系统性保护；树立"幸福河"的流域发展观，以文化共识为牵引促进利益协同；完善黄河文化保护体制机制，以文化保护规划为抓手实现价值转化等黄河文化保护建议。田艳、汪愉栋的文章《从文化自觉看黄河文化传承传播的路径》，立足文化自觉视角，探究了黄河文化传承与传播的当代路径。他们提出，要以社会学想象力理论与法治保障为基础，运用现代科学技术，利用新媒体推广平台，挖掘并讲好"黄河故事"。宏观上，强调政府主体责任，推进社区黄河文化建设工作，加大黄河文化传播力度。微观上，将黄河文化纳入国民教育体系，发挥行业组织宣传作用，扩大公众参与，以促进传承传播达到实效。邢祥、邢军的文章《新时代黄河文化传播创新路径研究》，以黄河文化的传播路径为切入点，从新时代黄河文化传播的时代价值、现实制约和路径创新三个方面探讨了新时代如何"讲好黄河文化，传播好黄河声音"。文章提出，将黄河文化的话语表达嵌入中国特色社会主义话语体系中，把握好黄河文化传播的节奏，根据不同传播平台和不同传播形式，采用不同的话语文风表达，拉近受众与黄河文化的距离，让黄河文化以受众喜闻乐见的方式植根于人类交往的精神世界。文静的文章《新时代背景下黄河文化教育传承研究》，探究了新时代黄河文化在校园教育、社会教育中普及的重要价值与具体路径。她提出，新时代黄河文化教育传承路径在于：用大思政课为青少年学生"系好第一粒扣子"，进行丰富多彩的系统教育，注重潜移默化的社会教育，开展润物无声的研学旅行，"享受休闲"中的旅游认同，充分发挥新媒体的教育传播作用。汪振军的文章《符号、传播、创意与黄河文化地标》，探究了当前黄河文化地标在传承中存在的不足，并提出当前黄河文化地标传播要突出创意，开辟沿黄文化旅游线路，打造核心文化街区，创意设计文化产品，建设全媒体传播格局，以"创造性转化"与"创新性发展"彰显黄河文化的时代价值。

黄河文艺作为黄河文化的重要组成部分，不仅是黄河文化的重要载体，而且对塑造民族精神起着重要作用。李朝军的文章《颂美、诉灾与民族意蕴——略论历代黄河诗的特色流变及文学文化价值》，梳理了历代黄河诗歌的流变，探究了其所蕴含的文学文化价值，认为古代黄河诗不但与现当代诗坛具有血脉联系，而且对于民族精神的塑造具有不可忽视的历史作用。文章提出，"由于河患及其治理在国家政治经济生活中的重要地位，治理黄河实际上是中华民族生存状况和抗灾斗争的缩影。历代河患诗通过记录我们祖先经历的沧桑苦难和治河历程，表现了中华民族战胜巨大历史灾难的坚韧顽强精神"。朱君毅的文章《清代甘肃方志中的黄河书写及其文化意蕴》，从黄河文化的地域性特征出发，以清代甘肃方志为研究对象，探讨了地方志中所呈现出来的黄河书写及其文化意蕴。他认为，方志不同角度的书写体现了朝廷及地方关注黄河的多重出发点，其多角度书写及其蕴含的多重文化意蕴，对新时代黄河治理策略和黄河文化保护和传承具有重要价值，并提出开展古代方志研究不仅要考虑其"辑录"功能，还要深入挖掘文化意蕴，使其助力新时代社会文化建设。杨建军、张涛的文章《启蒙、救灾、救亡、新生的多重变奏——现代黄河诗歌的嬗变特征与文学文化价值研究》考察了现代黄河诗歌的多元主题、嬗变特征以及文学文化价值。文章提出，现代黄河诗歌具有启蒙、救灾、救亡及新生的四重变奏，表征了黄河精神与现代中国变迁的互生共荣，塑造了黄河作为"母亲之河""国运之河"以及"希望之河"的文学构型，展现了中国现代诗歌民族性与现代性的融通，汇聚了现代中国树立文化自信的话语力量，为构建当代黄河文化话语体系、讲好"黄河故事"以及建设当代中国文化自信提供借鉴。

黄河文化具有明显的地域性特征，通过不同区域文化的交融，表现出文化汇通价值。彭岚嘉、王兴文的文章《黄河文化的脉络结构和开发利用——以甘肃黄河文化开发为例》，立足甘肃黄河文化的共同属性与地域性特征，探究了黄河文化脉络结构，并针对黄河开发利用提出切实可行的地方路径。文章认为，黄河文化的结构是一个由多条脉线交织而成的网状结构，每条主脉线上又分布有若干副脉线，这些脉线交错纠结，共同织就了具有生成性、开放性的网状结构式的黄河文化系统。甘肃黄河文化开发必须找准历史与现实的可能性，准确界定其内涵与外延，打造具有品牌特征的黄河文化产品。杨建军的文章《"丝路黄河"的文化汇通意义》探究了丝绸之路与黄河水道的相遇，分析丝路黄河多元文化交汇融通的重要意义。文章认为，丝绸之路是亚欧多国共享的文化线路，丝路黄河则是中国大地独有的文化奇观，黄河孕育了中国文化自信，丝路促进了中外文化交流，关注丝绸之路与黄河水道的相汇相通，有助于我们深入思考路道交汇对中国文化及人类文明发展的特殊意义。

以上选文可以视为"黄河文化"多学科交叉研究的概观，通过不同学科学者的相关研究成果，我们可以大致把握黄河文化研究具有的广度与深度，为当前黄河文化的研究以及黄河国家文化公园建设提供理论借鉴。

目　录

黄河文化整体研究

黄河:一部中华民族的伟大史诗

一、大河作为文明的温床

《易经·贲卦·象辞》有"观乎天文，以察时变；观乎人文，以化成天下"之语。天人关系，是中国文化的重要起点之一。大河文明是文明古国共有的故事模式，但大河不同的特征和个性，又使文明的故事和命运截然不同。让我们先来一番山河判断。

自然地理是人类历史活动的基础。黄河是中华文明的温床，是中华民族的母亲河。她孕育和流过的，其实是一个伟大文明的命运。观察这条河，要把它放在整个东方文明的大背景下。从采集到农耕、从狩猎到游牧，是人类早期历史的基本线索。人类第一次革命是农业革命，农业革命使"游荡的人"变成"聚落的人"，发展出定居模式和复杂社会。哪些地方最适合农业革命的展开呢？答案是河流泛滥所形成的冲积扇平原。早期的刀耕火种只适合这些比较疏松的土质。在漫长的地质年代，黄河的不断泛滥和改道，为黄河两岸和整个华北塑造了这个大型的冲积扇平原，从而为农业革命提供了得天独厚的条件。

和其他大河相比，黄河为什么有这么大的塑造力？这要感谢黄土高原。黄土高原曾经是一片汪洋，西起青海日月山，东到河南洛阳，南至陕西秦岭，北到陕北长城，湖面辽阔，面积有如今的六个渤海之大，可称其为黄土原湖。大约1500万年前，由于地壳运动，湖区推升，渐渐形成了高原，形成今天黄土高坡的地貌。

黄土高原的土层厚度普遍达到50米至80米之间，最厚的地区可达250米以上。这么厚的黄土层是怎么来的？目前比较流行的学说是"风成说"。在距今200至300万年前的第四纪冰期，气候干冷，西北风携带黄土高原以西广阔地区的沙漠和戈壁地区（包括新疆、内蒙古、中亚等地）的黄土往东南方向吹，到了黄土高原地区，风力减弱，黄土沉积，年复一年，最终形成黄土高原。

"黄河之水天上来，奔流到海不复回。"西高东低的台地，为她提供巨大的势能和冲击力。咆哮不息的黄河在流过黄土高原时，狠狠地切入黄土高原疏松的土质，黄土高原为她注入大量的泥沙，使得黄河成了一条泥河，也成了世界大河中含沙量最高的河，这也可以理解为是大河之中最为猛烈的受孕。黄河有着世界大河中最为伟大的塑造平原的能力。

在中国古人的观念中，"风水""气数""时运"这些词，是上自帝王下到黎庶，常常挂在嘴边的一个词。中国的三级台地所带来的伟大势能、不息的西北季风和地球板块撞击所创造的黄土高原，加上从天而降、九曲十八弯、永不言败、莽莽写出一个"几"字的黄河，这"风"与"水"的杰作、"天文"与"地理"的合谋，如同阴阳、如同父母，一起为中华文明的诞生、壮大，提供了一个大河文明的形成与农业革命开始的最大的场域。

大场域必有大结构，大结构必出大功能，从而构成大命运。我们除了有人类农业革命最大的场域，还有一个更大的结构，支撑着这个大场域、大结构、大功能不至于碎裂坍塌。中华文明是"天降玄鸟"的"卵生"，之所以一次次凤凰涅槃般不断新生、壮大，绵延五千年而不曾中断，是因为我们有一个天造地设的保护性"蛋壳"。中国的东面是碧波万里的大海，北面是少有人烟的冻土带，南面是难以穿越的雨林，西北和西南有一系列巨大的沙漠、山系、高原和冰山作为屏障。他们合围出一个保护壳，如同上天派来的保姆，如同护佑的天使，在文明诞生、发展、壮大中起到保护作用。中华文明的大场域、大结构，带来大体量、大功能、大气数、大命运。它内部的贯通性，形成幅员辽阔的大型人类社会，大型人类社会必然推动中心化组织结构的形成。从三皇五帝到夏商周，这个中心化组织结构不断升级，从由血缘组织起来的封建万邦到归于一统的郡县制，最终在秦汉之际形成稳定的中央集权、大一统的天下观。在这个过程中,黄河的周期性泛滥、改道带来的社会治理需求,推动早期国家发育升级和治理能力的向上集中。大禹治水、禹划九州,就是这样一个隐喻。马克思所言的亚细亚生产方式,也含有这层意思。

中华文明之所以不曾中断、气韵悠长,也是由于这个文明的尺度、场域、体量、结构和功能,给了她强大的生命力,使她在各种危难和挑战中,拥有足够的韧性,使她很难被扳倒、打败,使她始终保有一口绵绵不绝的元气,向死而生、反败为胜,渡过重重劫难。中华文明之所以青春永驻、长生不老,也是因为这个巨型文明的尺度、场域、体量、结构和功能,使她始终处在内部和外部能量的交换当中,多元多样、风击云荡、相辅相成,儒释道、大运河、农耕与游牧、陆地和海上的丝绸之路……大海生巨鲸,高天起鲲鹏!这大尺度、大场域、大体量、大结构、大功能,带来云蒸霞蔚、气象万千的文明大景象。

黄河、黄土地、炎黄子孙,这就是中华民族日夜不息、波澜壮阔的流动史诗和中国故事。

二、历史温度与精神结晶

大体量、大质量带来大温度和大的向心力与辐射力。如同太阳,它的引力会俘获一系列行星,它的高温高热和不竭燃烧,穿透黑暗和距离,散播光明。文明、历史和民族,是一个活体,也有它的高温区域,有它聚变燃烧中最早、最多、最激烈的地方,有它冶炼、结晶、成型、壮大的原点和坩埚。黄河、黄河文明就是这样的坩埚、区域和锋面。

费孝通先生使用"多元一体"来阐释中华民族的结构、格局和历史发展进程。"多元"指的是中华民族所包括的 56 个民族单元,"一体"指的是中华民族。他认为:"中华民族作为一个自觉的民族实体,是近百年来中国和西方列强对抗中实现的,但作为一个自在的民族实体则是几千年的历史过程中形成的。"回溯中华民族多元一体格局的形成过程,"它的主流是由许许多多分散孤立存在的民族单位,经过接触、混杂、联结和融合,同时也有分裂和消亡,形成一个你来我去、我来你去、我中有你、你中有我,而又各具个性的多元统一体"。

　　习近平总书记曾以"中华民族多元一体"的理论来阐释中华民族的各民族从多元（源）到一体、从自在走向自觉的历史发展进程。他指出："我国历史演进的这个特点，造就了我国各民族在分布上的交错杂居、文化上的兼收并蓄、经济上的相互依存、情感上的相互亲近，形成了你中有我、我中有你、谁也离不开谁的多元一体格局。"可以说，维系统一、各族一家的思想是中华民族的精神基因。在此基础上，共同构成了你中有我、我中有你、谁也离不开谁的中华民族命运共同体。

　　多元聚为一体，一体容纳多元。"多元一体"既体现了充分尊重"多元"，坚持平等和谐，又凸显了高度认同"一体"，不断同心聚力。推动"一体"的力量，是自然地理基础、天下大势、历史力量所构成的力的"平行四边形"。这个"平行四边形"的锐角、方向、势能、锋面在哪里？在黄河、长城、丝绸之路这三条横贯东西的平行线上。

　　黄河曾独享一个字——"河"。黄河不仅是一条河流，也是一条精神之河、象征之河。"黄河之水天上来"——这不仅是浪漫的诗句，也是漫长的文化想象。在《史记·大宛列传》里，张骞的"凿空"，不仅在联络大月氏以断匈奴右臂，也是为寻找河源。在历朝历代的志书中，在中国古人的观念里，认为黄河源于昆仑绝域，源于中华民族的神话之山、精神之山——昆仑，她与发源于昆仑的中国最长的内流河——塔里木河连为一体，在塔克拉玛干大沙漠的最低点——罗布淖尔，汇成文献典籍所言的"盐泽""渤泽""蒲昌海""牢兰海"，之后伏流于沙下，浸通出黄河。这种观念直到清康熙、乾隆年间，朝廷不断派出寻找河源使，一路上溯、风餐露宿，确定了青海卡日曲这个地方，才得以澄清。黄河百折不挠、一往无前、气吞山河的自然伟力，从来都是我们这个民族生生不息、绵延不绝的象征。

　　中国历史，包括整个亚欧大陆的历史，有一个基本的模式，就是农耕文明与游牧文明的碰撞、迁徙、交流与融合。这一点在欧亚大陆的东部，表现得最为明显和突出。因为在东部，有着欧亚大陆成熟、典型和庞大的农耕集团和游牧集团。农耕文明和游牧文明的分野，由自然地理决定。在中国，以400毫米等降水量线为分界线，大致区分了湿润和干旱，区分了农耕生活和游牧生活。在北方，万里长城大致就在这条400毫米等降水量线上。农耕文明和游牧文明的撞击、交流和融合，使黄河、长城区域成为中国历史的高温区，成为中华民族这个历史大熔炉中火力最旺、受热最多的坩埚的锅底。也因为这一点，历朝历代的都城，也基本分布在黄河一线。"天子守国门"，似乎只有押上一个国家最核心的分量，才能最大限度地集中资源、树立决心、应对游牧集团的挑战，从而取得平衡稳定。正是在黄河、长城一线，我们看到中华民族大融合中的那些最先、最快、最结实、最美妙的结晶体。因此，可以说，万里长城自构筑的那天起，就成为中华民族大一统的象征。两千多年来，任何人都没有能从认识上割裂万里长城，因而也就无法割裂中华民族。长城对中国人来说，是意志、勇气和力量的标志，象征着中华民族伟大意志和力量。从胸腔中唱出的《义勇军进行曲》，使长城在人们心目中已升华为勤劳、智慧、百折不挠、众志成城、坚不可摧的民族精神和意志，增强了中华民族的自豪感、自信心和爱国热情。

如果说黄河、长城是搅动中华文明诞生、发育、成长、壮大的两根叶臂，那么，丝绸之路则不失时机地为这架伟大的搅拌器增添了又一根叶臂，使它转动得更加平稳、均匀和细腻。在神话时代，中原就和西域发生联系，中国神话系统中的创世神话，以昆仑为旷神出场的基座、高台；玉出昆岗，玉是神之食，是礼天重器。在商王武丁妻子妇好的墓中，出土了大量来自昆仑山的和阗玉所雕琢的玉器；世界诸文明皆有石器时代，但只有中华文明有玉文化，玉文化是中华文明在石器时代特有的一个结晶点。而中国的玉文化，至少在商代，就与昆仑山、与和阗发生了深刻的联系。在张骞开通丝绸之路之前，早有一条沟通中西、密如蛛网的玉石之路。在丝绸之路的帷幕打开之前，玉石之路早已散射出晶润的光芒。而张骞的"凿空"，凿开的是"边塞"，也就是凿开保护性蛋壳最西边的那一层，凿开了隔绝亚欧大陆的东西之塞——葱岭、昆仑，帕米尔被打开了，丝绸之路越过世界屋脊，逶迤西去。神爵二年（公元前60年），中央王朝设立西域都护府，补全了中华文明和中华地理最西边的这个重要的单元。

古代丝绸之路使中国连接世界，跨越埃及文明、巴比伦文明、印度文明，跨越不同国度和肤色，见证了东西方物质文明和精神文明的交流与交融。从历史经验看，古丝绸之路正是人类历史上文明交流、互鉴、共存的成功典范。

总之，黄河、长城、丝绸之路，这三条平行又相融的线，是中华文明的三个恢宏象征，是历史温度最高、历史力量最集中、民族与文化融合得最多、最快，文明与精神的结晶最早、最大、最瑰丽的区域。

三、打造中华民族的新史诗

文艺走过的，是历史的道路。在黄河文化的保护、传承、弘扬中，离不开文艺、文艺作品、文艺精神的激励和辉映。历史上，以黄河区域为中线，以万里长城和丝绸之路为两翼，形成了中国古典文艺史中，主题、题材、形式、作品质量和社会影响等方面最早、最多、最大、持续时间最长、最为辉煌的富集区。黄河就是一部打开的大书，以黄河为隆起的书脊，以万里长城、丝绸之路为延展的两页，书写了中国古典文艺最为华美深刻的不朽篇章。从中国最早、最系统的文字——甲骨文最早出现"中国"二字（"宅兹中国"的何尊），到《黄河大合唱》《白毛女》《义勇军进行曲》《东方红》……它们有一个共同的规律：在最肥沃的土壤长出最茁壮的花朵。真正伟大的文艺作品，总是更多、更好地诞生于历史温度最高、精神结晶最美的"第一现场"，总是和历史文化的基因和当下的时代精神同频共振。

以黄河为主题和题材的文艺创作，要想具有史诗的品质，必须架起通往历史和文化的长桥，思接千载、视通万里，接住这样一个主题和题材所天然具有的沉甸甸的分量。习近平总书记指出："中华民族在几千年的历史流变中遇到了无数艰难困苦，但我们都挺过来、走过来了，其中一个很重要的原因就是世世代代的中华儿女培育和发展了独具特色、博大精深的中华文化，为中华民族克服困难、生生不息提供了强大精神支撑。"

以黄河文化精神为支撑，才能为作品灌注厚重的历史力量。以黄河为主题和题材的文艺创作，要想具有史诗的品质，还必须架起通往现实和时代的长桥。习近平总书记指出："我国作家艺术家应该成为时代风气的先觉者、先行者、先倡者，通过更多有筋骨、有道德、有温度的文艺作品，书写和记录人民的伟大实践、时代的进步要求，彰显信仰之美、崇高之美。"与以往相比，我们今天所处的时代生活，在一个更快、更大、更深、更复杂、更辽阔、更激动人心的尺度上展开，要想从整体上认识、理解它，须用全部的心灵情感去体验它，用完美的艺术形式去表现它。这是更加艰辛的创造。今天的文艺工作者，特别是专业文艺工作者，其工作和生活的范围、人生经历和心灵体验，因为专业、行业的局限，往往是比较狭窄的，和辽阔的社会生活、浩荡的时代洪流多少有点距离。只有横下心、不浮躁，深入生活、扎根人民，不断丰富和提高自己的脚力、眼力、脑力、笔力，板凳甘坐十年冷，扎扎实实架起通往现实和时代的长桥，才能为作品注入强大的时代力量。

打造中华民族新史诗，更是一条从"高原"向"高峰"冲刺的艰难之路。美是艰难的，少走一步，都可能是半途而废。历史上，以黄河为中心的区域，包括长城和丝绸之路，是民族、文明和历史的高温区，文化结晶、民族精神的结晶、文艺作品的结晶最多、最集中，也就是说，在古典时代，这个区域文化和文艺的高峰最多。今天，所有想要冲击文艺高峰的人们，必须栏杆拍遍，站在前人的肩头，披沥俯察波澜壮阔的现实生活，才能捧出配得上中华民族伟大复兴这一历史进程的心血之作。

（作者韩子勇系中国艺术研究院原院长、中国工艺美术馆（中国非物质文化遗产馆）原馆长，研究员（专业二级），博士生导师，国家艺术基金专家委员会委员、文化和旅游部"十四五"规划专家委员会委员、中央文史馆特约研究员）

黄河文化论纲

一、何谓黄河文化

文化是一个很有歧义的概念。有人说，文化是人类创造的物质文明和精神文明的总和，它等同于"总体的人类社会遗产"；有人认为，文化仅指人们的精神生活的产品及其有关的设施，它是人们精神生活领域的社会现象；有人把文化定义为各种意识形态的总和，说它是文学、艺术、宗教、哲学、法律、伦理等具体意识形态的结合体；也有人认为，任何具体的意识形态及其结合体都不是文化，文化只是寓含于其中的一个民族的心理结构、思维方式、价值体系；有人更抽象地把文化定义为人类在社会生活中所获得的能力；有人则把文化具体划为几个层次，描述成一个立体的系统。这些是文化研究中略具代表性的观点。笔者认为，所谓文化，主要是指一个民族的精神生活的内容、方式和特点。它既表现为各种具体的显而易见的意识形态，如哲学、法学、宗教、史学、科技、文学、艺术、语言文字、风俗习惯等，又表现为支配民族生活的那些不易直接体察的民族的深层心理素质，如价值观念、道德意识、思维方式、民族性格等。前者是后者的外在形式或具体展现，后者是前者的内核或根基，二者相互渗透、有机结合，构成文化的整体。

文化是人类历史活动的产物，是人的创造。生活在不同的自然条件下、有着不同的历史经验和心理结构的人们，实际上面对的是各个不同的世界，他们的社会实践也不尽相同，他们各自面临的问题以及对此作出的回答——文化——当然也就不同。于是,不同的人类共同体、不同的国家和民族,都有各自独特的文化传统。即使在同一民族内部,也会因地理环境的不同而形成风格各异的文化传统。特别是像中华民族这样如此广袤地域上形成的民族,文化面貌就更因地理环境的千差万别而更复杂、丰富、多彩多姿。于是,在民族文化的范畴中,又可依据不同的地域特征及这一特征所造成的文化面貌的差异,提出区域文化的概念。所谓黄河文化,就是一个区域文化层次上的文化概念。

黄河,这条举世闻名的大河,千曲百回,奔腾驰驱万余里,中游流过面积达30万平方公里的黄土高原,中下游是它辽阔无垠的冲积扇——华北平原。整个流域水系交错、气候温和、土质肥沃,水热条件极宜农作物生长,具备了古代人类文化滋生、发展的最佳条件。居住在黄河两岸的先民们,没有辜负大自然的恩赐,用勤劳智慧的双手,在这条大河流域创造出一种独具特色的灿烂的古代文化,亦即以旱地农业为特征的农耕文化系统。黄河文化带着黄河的本色,它像黄河一样具有博大雄浑的气魄、凝重深沉的性格、质朴无华的品质、化育众生的胸怀。黄河文化,就是缘黄河而起的打上了黄河水文地理特征的一种旱地农业文化,是黄河流域人民在黄河岸边生息、繁衍、奋斗、发展的历史过程中形成的民族性格、文化观念、思想风尚、风俗习惯,是黄河流域人民精神生活的内容、方式和特点。黄河文化是一种大河文化,然而,在众多的大河文化类型中,它独具特色。它既不同于尼罗河流域的埃及文化,也不同于印度河流域的印度文化、幼发拉底和底格里斯两河流域的巴比伦文化,甚至也不同于同是中华文化的长江文化。它最早把中国推进到文明时代,最早孕育出世界上最伟大最强盛的统一国家,也是世界上唯一在数千年间文化统绪绵延不断、最具生命力的文化系统。黄河文化,在文化史、文化类型学上,无疑具有迷人的魅力。

二、黄河文化的重要特色

无论与世界上其众多的文化类型相比,还是相对于中国民族文化中的其他区域文化,黄河文化都有许多明显的特色。其荦荦大端,择其要者,有以下几点。

（一）起源早，成熟快

黄河文化是在黄河流域的黄土地带上滋生发展起来的一种旱地农业文化。它的发生与成长，与黄土、黄河的土质和水文条件紧密相连。据统计，中国的黄土地带，面积可达100万平方公里，主要由黄河中游的黄土高原和黄河中下游的华北平原组成。黄土高原是风成的，由西北方沙漠和戈壁地区吹来的尘土堆积而成。华北平原是水成的，它本来是一个大海湾，在缓慢的地质年代里，由黄河冲积而成。黄河从中游裹挟下来的泥沙、黄土，决定了这个大冲积扇和中游黄土高原有着大体相同的土质。黄土的特质、黄河的血液，使这个广袤的大河流域具备了人类文化最早发育滋长的先决条件。

根据考古发现，黄河流域的先民们早在8000年前，就发展了比较稳定的农业经济。20世纪70年代中期，在黄河流域相继发现了一些重要的新石器文化遗址，特别是1973年在河北省武安县磁山发现的磁山文化和1977年在河南省新郑县裴李岗发现的裴李岗文化，都是距今7500年左右的新石器文化，而在这些古文化遗址中，发现了大量已经炭化了的粟类粮食作物。从这些遗址中都可以清楚地看出，当时的人们已开始饲养猪、狗、鸡等家畜、家禽，生产工具已有石斧、石刀、石镰、石铲等众多种类。可以说，黄河流域的先民们最早驯化了野生植物，培养出粟类粮食品种，开辟了稳定的生活资料来源，解决了人们最基本的生存需要问题，进入定居农耕生活，最早创造出一种先进的农业文化。

黄河文化起源早的另一证明，是它最早发展出纺织业和丝织业，使之成为中国农业文化的一个特殊组成部分。在裴李岗和磁山文化遗址中，都发现了用陶片加工的纺轮。黄河中游文化区的仰韶文化遗址（距今7000年）中已看出，当时的纺织、编织工艺已比较发达，在遗物上见有布纹、绳纹、篮纹和席纹，工具则有纺轮、骨针和骨锥等。黄河上游文化区的马家窑遗址（距今5300年）中发掘的纺织工具有石纺轮和陶纺轮。马家窑文化的柳湾遗址墓葬中，在人骨附近有布纹痕迹，当是麻布一类的衣着。黄河下游文化区的大汶口文化遗址中，也可以看到清晰的布纹。中国的桑蚕生产也是最早在黄土高原发展起来的，迟到殷商时代，蚕丝纺织已达到较高的水平。殷代卜辞中，屡见桑、丝、帛等字。耕织并重这一重要的农业文化特点，早在黄河文化的起源阶段就已经奠定了。

在中国文化范围内的比较中，长江流域文化区也是起源较早的。1973年发掘的浙江余姚河姆渡遗址中，发现了大量稻谷遗存。遗址年代距今7000年，是世界上最古老的人工栽培稻。河姆渡遗址发掘的手工艺品，如玉石、骨角的加工，陶器的制作，以及房屋建筑等方面，也都可以与黄河流域的新石器文化相媲美，这是两个平行发展、并驾齐驱的原始文化系统。然而，黄河流域文化却最先跨入了文明的门槛，并因而使之成为中华文化的主导形态。因此，黄河文化与其他文化类型相比，还具有成熟快的特点。

文明时代的主要标志之一，是文字的产生。有人认为，中国的文字已有6000多年的历史。如著名古文字学家唐兰先生，就认为大汶口文化中陶器上的意象符号是最早的意符文字。这是关于汉字起源的一家之言，也很带有臆测的成分。但是，在河南安阳殷墟出土的甲骨文，则确凿无疑地把汉字的起源，定到了3000年前。而且甲骨文，从它的造字方法、单字数量以及笔法的工整诸方面来看，已是一种进步的文字，绝不是最原始的文字。从甲骨文可以推知，汉字的起源，至少应始自夏代。关于文字起源的这几种推断，都说明汉字是中原地区黄河文化的产物。自从有了文字，黄河文化就最先发展到了文明时代。

黄河文化成熟快的另一根据，是黄河文化区最早发展出国家形态，在中国率先实现了由原始社会向奴隶社会的过渡。

夏、商、周是中国早期国家形态发展的三个阶段。夏人活动的区域，在黄河中游河南嵩山及伊、洛河流域。夏建国后，都城几经迁徙，但大都不出河南省境，都在黄河文化的中心区域。商族是在黄河下游发展起来的。成汤灭夏之后，定都于亳，成汤以后，商王朝的国都有五次迁徙，仲丁迁于嚣（今河南荥阳东北），河亶甲迁于相（今河南内黄东南），祖乙迁于耿（今河北邢台），南庚迁于奄（今山东曲阜），盘庚迁于殷（今河南安阳）。商代政治、文化的中心，也不外大河南北。周族兴起于黄河重要水系之一的渭水中游流域，灭殷后建都于镐京（今陕西长安西南），又建立东方重镇洛邑（今洛阳东30里）。周王朝立足黄河流域，其统治势力已扩及江汉流域。夏、商、周三代，是黄河文化的产物，是黄河文化早熟性把中国历史推进到文明阶段。

(二)鲜明的政治色彩

黄河文化区最早发展出国家形态，这同时也表征了这种文化具有鲜明的政治色彩。黄河文化的这一特征，是与黄河流域旱地农业经济的特点相联系的。马克思在讲到古代东方社会的特点时说："气候和土地条件，特别是从撒哈拉经过阿拉伯、波斯、印度和鞑靼区直至最高的亚洲高原的一片广大的沙漠地带，使利用渠道和水利工程的人工灌溉设施成了东方农业的基础。无论在埃及和印度，或是在美索不达米亚和波斯以及其他国家，都是利用河水的泛滥来肥田，利用河流的涨水来充注灌溉渠。节省用水和共同用水是基本的要求，这种要求，在西方，例如在弗兰德和意大利，曾使私人企业家结成自愿的联合；但是在东方，由于文明程度太低，幅员太大，不能产生自愿的联合，所以就迫切需要中央集权的政府来干预。因此亚洲的一切政府都不能不执行一种经济职能，即举办公共工程的职能。"①这段话很好地揭示了黄河文化区最早发展出国家形态的经济原因。

像黄河流域这样的旱地农业经济，以农为本，以水为生，水利灌溉事业是农业的命脉。而水利设施的修建、水患的治理，都不是任何一个氏族部落，更不是单个的小农家庭所能胜任的。因此，这种经济的特点、共同的生存利益、治水斗争，将人们紧紧联系在一起。它一方面，要求人们共同关心、治理与他们的生存需要休戚相关的水利问题，以养成关心共同社会问题的文化心理；另一方面，治水斗争和水利灌溉事业，也要求形成集中的社会权力，从而提出国家产生的客观要求。

生活在黄河流域旱地农业文化圈的先民们，早在4000多年前，就开始发展农田灌溉事业。原始社会晚期的氏族首领和早期的国家权力，都是与治水和开发水利事业相联系的。大禹治水是这方面最悠久的传说。大禹因治河的功德，成为天下共主，建立了中国历史上第一个奴隶制王朝。由禹领导的治水机构，演变成我国第一个奴隶制国家政权。周朝王室的先祖、

---

① 中共中央 马克思 恩格斯 列宁 斯大林著作编译局编《马克思恩格斯选集》(第2卷)，人民出版社，1972，第64页。

周氏族的早期首领公刘，也是一位在水利灌溉方面有突出才能的人。《诗》云："笃公刘，既溥既长，既景乃冈，相其阴阳，观其流泉，其军三单，度其隰原，彻田为粮。"这里说他"观其流泉"，即看泉源和流向是否便于灌溉和排水，他在选择田地位置时，首先注意的是水源情况。

治水和灌溉方面的原因，使黄河文化区的先民们，特别重视社会政治组织问题。也因为治水和灌溉是整个社会的共同利益之所系，联系着每一个人的生存需要，于是养成了人们关心社会公共事务，亦即关心政治的文化心理，使黄河文化传统自古至今，政治色彩都非常鲜明。儒家学说就是在黄河农业文化的背景上形成的一种思想体系，它突出地显示了黄河文化的政治色彩。

学术界一般认定儒家学说是一种社会伦理体系。它强调人的社会义务，要求社会成员关心社会、关心政治，有所作为，是一种积极进取的人世哲学。儒家经典《大学》中所讲的"正心""修身""齐家""治国""平天下"的大学之道，可谓儒学的特质。重视社会伦理，实际上就是政治色彩突出的反映。儒家学说的奠基人孔子，几乎把一切问题都看作是政治问题。有人问他为什么不参与政治，孔子说："《书》云：'孝乎为孝，友于兄弟，施于有政。'是亦为政，奚其为为政?"在孔子看来，孝顺父母、友爱兄弟，把这种精神推广到政治上去，也就是参与了政治。换句话说，个人的修养问题也是一个政治问题。他的学生有子说："其为人也孝悌，而好犯上者鲜矣；不好犯上，而好作乱者，未之有也。君子务本，本立而道生。孝悌也者，其为仁之本与!"孝悌伦理是治国的根本。在孔子的观念中，治学也都是为了参与政治。他曾说过："诵《诗》三百，授之以政，不达；使于四方，不能专对；虽多，亦奚以为?"他认为，熟读《诗经》三百篇，而不会处理政务，不能充当合格的外交使节，就等于是白读，学问不能用到政治上去，就没有了任何意义。政治问题在人们的一切社会生活、精神生活中占有最重要最突出的位置。这就是儒家精神、黄河文化的最重要的特色。有人曾提出过这样的论断，在春秋战国时期的百家争鸣中，儒家的孔子、孟子代表了黄河流域的华夏文化，而道家的老子、庄子，则代表了长江流域的荆楚文化，形成哲学思想领域内南北两大体系。华夏文化以偏重伦理纲常、政治实用为特征；而荆楚文化则重在人与自然的关系，具有尚虚无、好玄想等浪漫色彩。这种论断的可靠性当然还需要探讨，但黄河文化与长江文化相比，政治色彩的鲜明，则是显而易见的。

（三）强大的同化能力

黄河文化绵延发展数千年，保持着一以贯之的文化统绪，虽然也不断面临其他文化的挑战和侵入，但它始终没有失去自己的文化特色，反倒一次次以它强大的同化能力，同化了入侵的异质文化，并使自己更加充实和完善，增强了生命活力。强大的同化能力，是黄河文化区别于其他文化传统的突出特点。

在中国古代，黄河文化受到的最严峻的考验，是在春秋战国和魏晋南北朝时期。在这两段长达数百年的时间里，黄河文化一方面受到中国北方游牧文化的冲击，同时又面临来自南方长江文化圈的挑战。而黄河文化则以它博大的胸怀，接纳了两种不同的文化形态，在这两种异质文化的冲击中得到了充实和发展，并锻炼、增强了对待异质文化的同化能力。之后，黄河文化虽然也曾面临过其他文化入侵的灭顶之灾，但这一文化传统则不曾发生大的动摇，反倒很快就同化了这些民族文化。最突出的例子是辽、金、元、清时期，北方游牧文化对黄河文化的侵入。

蒙古族初入中原，实行残暴的屠杀政策，想将汉人不问男女老幼、贫富逆顺，一律杀尽。马克思曾指出，蒙古统治者实行使被征服地区荒芜的政策，是受他们的游牧生产方式所决定的，"因为大块无人居住的空地对于畜牧是主要的条件"①。窝阔台初即位时，中使别迭就曾提出将中原变成蒙古一样的牧地的主张。事实上他们也这样做了。然而，游牧文化却不具备战胜或同化黄河农业文化的能力；他们的做法造成了社会生产力的严重破坏，并最终危及自身的统治。忽必烈建元之初，不得不改变以前那种变农田为牧地的游牧生产方式，重视发展农业生产。入侵中原的蒙古统治者及其游牧文化终于被黄河文化所同化。类似的情况在清兵入关之后也出现过，满族文化在中原地区也没有逃脱被同化的命运。

---

① 马克思：《马克思政治经济学批判》，徐坚译，人民出版社，1955，第160页。

三、黄河文化的历史发展过程

大体说，黄河文化的发展过程，可以粗疏地划分为五个阶段：

（一）黄河文化的原始发展时期

原始社会晚期，是黄河文化的起源阶段。在这一阶段，黄河文化经历了从磁山—裴李岗文化经过仰韶文化发展到河南龙山文化的发展序列。磁山—裴李岗文化，发端于大约距今8000年前，这一时期黄河流域人们的精神文化生活，已显示了具体内容。在裴李岗遗址中发现了陶塑的人头、猪头和羊头等艺术品。距今7000年的仰韶文化遗址中，出现了彩陶艺术，许多陶器注重外观装饰，注重器物的造型艺术。彩陶艺术中表现出多角度的设计意图，既反映了人们的经济生活内容，也反映了人们的审美观念和原始宗教观念。这一时期还出现了中国最早的雕塑艺术，出土的陶雕骨雕，形象逼真、栩栩如生。在仰韶文化的西安半坡遗址和临潼姜寨遗址中，还发现了几十种刻画符号，有的符号反复出现五六次之多，有固定的含义，可以看作是文字的起源。可以说，仰韶文化时期黄河文化圈的先民们，已经有了内容丰富的精神生活领域。

河南龙山文化，是黄河文化原始发展时期的最高阶段，时间阈限在距今4500年到4000年之间。伴随着农业经济进一步的发展、城堡的出现以及文明时代的开始，这一时期人们的精神文化生活也有较大的发展，最突出的是占卜习俗的普遍流行，在许多遗址中都发现了卜骨。人们以猪、牛、羊、鹿的肩胛骨为材料，通过烧灼，观察兆文以解释吉凶。这既是原始的宗教神学思想，也是人们对于自然关系、人生、命运等问题进行的探索，是原始精神文化发展的一个新阶段。

黄河文化在原始发展时期的特点是，由于文字没有产生，社会分工没有形成，精神文化不能作为一个独立的系统得到发展，精神文化活动只能体现在物质生产的活动中，不能以意识形态的形式表现自己。不过，这是任何一种文化体系在它的原始发展时期，都无法摆脱的局限。

（二）独立文化系统的形成时期

夏、商、周三代，是黄河文化发展的一个重要时期。这一时期，发生了文化发展史上最具决定意义的事件，即文字的产生。因为有了文字，人们便可以对生产和社会活动中的经验教训进行总结、整理，人们日常精神生活的内容和方式也有了记述和表达的可能。因此，文化便作为社会生活的一个单独系统，从经济、生产活动中独立出来，开始自身相对独立的发展历程。

总结夏、商、周三代黄河文化的发展，有几点看得十分明显：

1. 农业文化的特征比较鲜明

在夏、商、周三代，科技文化最突出的成就是天文学和历法的发展。传说夏代已经有了历法。商代的历法已设置了闰月。我国的天文观测也起源于三代时期。商代殷墟卜辞中有许多关于天象观测的记录。周代人们观测恒星，在黄道带和赤道带的两侧，确定了二十八宿。依据这些星座，来确定天体的位置和许多天象，如日食、月食发生的位置。这在古代天文学上是很大的进步。天文学和历法的发展，是与农业生产发展的实际需要相联系的。农业生产与季节、天象有着极密切的关系，农业文化不能不把它的关切点放在与农事密切相关的方面。

2. 蕴涵了黄河文化成熟时期的基本特质

三代时期的黄河文化，虽然只是初步发展的阶段，但它已经蕴涵了后世文化发展的一些重要特质。如黄河文化居民的务实心理，是由农业社会导致的一种心理趋向，是黄河文化的基本精神之一。而这种民族精神，在三代时期的文化中已可以看出来。《周易》这部周代的哲学著作，实际上是一部卜筮之书，是周人关于占卜的记录。占卜，这种从河南龙山文化时期一直延续发展下来的文化心理；一方面是出于对自然现象无法把握而产生的迷信，而另一方面，也反映了人们对现实人生中具体问题的重视。《尚书·洪范》这部周初的哲学著作，就开始用水、火、木、金、土五种物质元素来解释万物的生成和发展，而不是把一切都归之于人类生活经验之外的玄妙莫测的上帝。虽然在那个时代人们还无法真正摆脱对"天命"的依恃，但周人已从殷亡的教训中动摇了对"天命"和上帝、鬼神的迷信，把治国的立足点确定为现实中人事的治理。重人事而轻鬼神、重实际而黜玄想的传统文化精神，即发端于此。

黄河农业文化土壤所培育的"民为邦本"观念，是中国传统文化的基本精神之一。而这一思想也发端于三代时期。周初的最高统治者周王，虽然自认为是受天命而王天下的"天子"，但"汤、武革命"的事实，使他们感到"天命靡常"，要维持自己的天命，必须顺从民心。因此，周公说"天惟时求民主"，"民之所欲，天必从之"，把天意和民心直接联系起来，形成"敬天保民"的政治思想。这就是"民为邦本"思想的发端。其实，这种"敬天保民"思想，是农业社会的必然产物。农业社会存在和发展的前提，是农业劳动力——农民的安居乐业。一旦这种格局遭到破坏，民不聊生，民怨沸腾，便有可能导致王朝的崩溃。因此，"敬天保民""民为邦本"等民本思想，便成为中国这个农业社会的一种传统观念，成为黄河农业文化的基本精神之一。

3.初步显示了黄河文化的创造力

三代时期也是黄河文化初步显示其创造力的时代。其伟大的创造力主要表现在三个方面的巨大成就：一是在文字创造方面所达到的成就，二是在国家建设上的成就，三是青铜文化的繁盛。这些巨大的政治、文化业绩，初步显示了黄河文化所蕴含的创造能力。

（三）黄河文化的鼎盛时期

从春秋战国时期到宋代，是黄河文化发展的鼎盛时期。这一时期，不仅文化自身的发展达到了繁盛的阶段，文化形态齐备，内容、形式多彩多姿，在世界上居于无与匹敌的领先地位，而且更重要的是，黄河文化在这一时期充分发挥了它的创造能力。中国历史上最强大的封建王朝，最为人称道的封建盛世，中国人的许多带有世界性的伟大创造，都产生于这一时期。也是在这一阶段，黄河文化的基本素质，通过各种方式融合于中华民族的民族心理结构之中，塑造了中华民族的民族精神、民族性格以及民族的思维方式，并形成了以黄河文化为基本内核的中华文化传统。黄河文化在这一时期的具体文化成就，特别是它所造就的汉、唐时代的政治、经济、文化的繁荣，都为人们所熟知，无须赘述。这里，我们只来探讨这一时期黄河文化所以能创造这些伟大成就的原因。

1.黄河文化不断吸收异质文化而增强了自身的生命活力

从历史上看，黄河文化就像一座大熔炉，许多异质文化与之接触之后，都被它熔化了。春秋战国时期是一次民族大融合，也是一次文化的大融合。北方的游牧文化，南方长江文化圈的吴越文化、荆楚文化，都向黄河文化圈的中原地区汇集。随着秦始皇统一中国，各种不同的文化类型也融为一体，而黄河文化就是这种统一的文化体系的内核或主体。也可以说，黄河文化融汇了其他文化的优秀成分而发展到一个新的阶段，并且以儒学正统文化地位的确立为标志，成为秦汉以后中华民族的传统文化。魏晋南北朝时期，又是一次文化的大融合。这次融合，黄河文化又吸收了北方匈奴、鲜卑、羯、氐、羌诸族的民族文化和江南地区的优秀文化。继之而来的唐代，在文化上是一个充分开放的时代，黄河文化不仅大量地接触西域文化，而且通过西域传来的印度文化、中亚、西亚文化，和通过南海传来的南亚文化，为黄河文化吸收异质文化提供了条件，使它兼容并包地摄取外来的文化营养，以提高自身的创造能力。

2.黄河文化的伦理型色彩，使它的传播方向指向民间，从而提高了全民族的文化素质和文明程度

我们前边已经讲过，以儒家学说为其理论形态的黄河农业文化，是一种社会伦理型文化，它在传播方式上不同于西方的宗教文化。西方的基督教文化，其文化成员仅限于僧侣神职人员，而一般教徒只需要听从神职人员的教化。所以，西方的中世纪，几乎没有什么文化科学可言，甚至有些贵族都可以一字不识。黄河文化则大相异趣，它的伦理型色彩，要求向全体社会成员最大限度地传播文化知识，以增强社会成员遵守伦理原则的自觉性。因此，就世界范围内的中世纪史相比，中国古代社会的文化、文明程度是最高的，而这就正是社会政治、经济、文化繁荣发展的最重要的条件。

3.儒家学说塑造了大有作为的封建知识分子

刚健有为，自强不息，是儒家思想的基本精神之一。孟子曰："居天下之广居，立天下之正位，行天下之大道，得志与民由之，不得志独行其道。富贵不能淫，贫贱不能移，威武不能屈。此之谓大丈夫。"这样的人格精神，成为历代封建知识分子的行为准则。因此，古代正直的知识分子都有一种任重而道远的责任感、使命感，都保持着大有作为、积极进取的精神风貌。这是黄河文化达到繁盛阶段的重要的主体条件。

4.强大的政治统一局面，提供了文化发展的良好的社会环境

黄河文化区域旱地农业经济的特点，促成了政治的早熟性，使黄河流域最早发展出国家形态，并最早形成专制主义的中央集权制度，造就了强大的、统一的封建政治局面。而反过来，政治上强大的封建统一局面，又成为文化事业繁荣发展的可靠保障。

（四）黄河文化的迟滞与衰落时期

从元至清，是黄河文化的迟滞与衰落时期。这一时期，黄河文化的某些方面、某些文化领域仍然在发展，也有不少新的文化因素产生，但就其重要方面来说，文化模式已基本定型，它所塑造的人们的思维方式、价值观念、心理习俗已经形成了固定的传统，它的儒家学说的理论形态再没有突破性的发展。于是，黄河文化便进入了缓慢发展、迟滞不前以至于衰落的阶段。

在这一时期，造成黄河文化迟滞与衰落的重要原因，大体说有以下几点：

1.黄河文化区政治、经济优势的丧失

自从进入文明时代开始，中国政治、经济的重心，一直是在黄河文化圈。这一方面是与黄河流域旱地农业经济的特点有关，与黄河文化的早熟性有关，另一方面，也反过来促进了黄河文化的发展。文化中心与政治、经济中心的一致性，是中国古代历史的一个特点。东晋时曾发生过政治中心的南移，并有后来南朝的宋、齐、梁、陈；但这次政治重心的南移，并不是中国经济发展的必然产物，是由当时的政治局势和民族斗争造成的。所以，这次政治重心的南移，并没有造成黄河文化的衰落；相反，它为黄河文化的传播带来了契机。从唐代中期安史之乱开始，经唐末农民战争、五代时期的军阀争战，到后来金、元异族的侵犯，黄河文化区的中原地区，屡遭战火蹂躏，经济上受到严重摧残。加之宋、元以后，黄河流域黄土高原森林植被遭到严重破坏，水土流失加剧，黄河下游河道一再决堤泛滥，使华北平原的地貌发生变异，原有的支津湖泊多为泥沙所湮，汉、唐以来的水利工程圮毁殆尽。所以，宋代以后，整个黄河流域文化区的经济处于一种日渐衰落的境况。与之形成鲜明对照的是长江流域的经济发展，

日益显示出重要的地位。特别是随着宋室南迁，中国的政治、经济重心则从黄河流域转移到长江流域。从南宋至晚清，长江流域的经济发展，一直高出于北方黄河流域，即使明清时期的资本主义萌芽，也大都产生或形成于东南沿海一带。随着黄河流域经济中心地位的丧失，黄河文化也失去了昔日蒸蒸日上的生命活力。

2.理学的发展，把农业文化的基本精神推向了极端

在封建社会前期，作为黄河文化理论形态的儒学，只是一种官方意识形态，列为官学而已，而在民间，并没有完全排斥其他思想的存在，以至于后世竟出现了魏晋玄学和隋唐佛、道对儒学的强烈冲击。至唐末五代，社会长期分裂、混战，伦常、道德遭到严重破坏，重整伦理纲常、道德名教，是黄河文化统绪保持自身机制、恢复社会秩序的一个严重课题。于是，宋代的理学便应运而生了。理学亦称道学，以恢复儒学的道统为宗旨。从理论形态上看，理学确是儒学的较高阶段，它增加了儒学的哲学色彩、思辨色彩，把儒学真正提高到哲学的水平；而这样一来，却也把儒学的纲常名教、伦理道德固定化、绝对化了，以至推向了极端，使之失去发展的活力。特别是元代以后，理学造成了全社会性的思想僵化：读书人墨守师说，陈陈相因；论学空谈义理，不注意实际事物的观察与分析；修身追求的是明心见性，对一切身外之物采取消极、观望、因循、保守的态度；科学思维受到长期遏制，创新精神销蚀殆尽于令人窒息的思想氛围之中。一般国民也必须遵守"存天理，去人欲"的行为准则，泯灭一切感性冲动，压抑一切生命欲望，严格束缚于"三纲五常"的律条之中。整个社会的创造力，都被这个"理学"戕灭了。

3.文化传统的定型及其僵化，削弱了文化的创造能力和应变能力

以宋代理学的产生为标志，黄河文化这种文化模式基本上已经定型。政治上的大一统集权统治，经济上的以农立国，思想上严格的独尊儒术，科学发展上的务实致用，基本上已成为这一文化传统一以贯之的社会文化模式。在这一文化模式中生活的社会成员，在思维方式上表现出几种顽强的惰性特征。首先是长期大一统政治局面与意识形态上的儒学独尊地位，熏染出人们思维方式上强烈的求同求一倾向，强调共性，抹杀个性，强调理性，戕灭感性，习染成民族心理的重要成分，产生对新事物、新思想的

抗拒心理。其次，农业社会汪洋大海般的小农经济，使人们形成了极其深厚的平均主义心理意识，强调平均，反对差别，成为阻碍社会经济发展的历史惰力。再次，封建政府长期奉行的"重本抑末"政策，造成了人们对工、商、科技诸业的极端忽视或鄙视。在人们的心理意识中，科技发明视为奇技淫巧，行商坐贾视为末业邪途，遏制了新的经济成分的生成与发展。这些文化心理的形成及其固化，熄灭了黄河文化形态内部任何新文化成分的火种。元代以后，西方基督教文化开始传入中国。由于宗教宣传的需要，传教士们也带来了不少西方的科学文化，开始了一个西学东渐的缓慢过程。这种新的文化因素，也无例外地受到了中国传统文化心理的强烈抵制。这一时期的黄河文化，再也没有盛唐时代那种对异域文化宽容大度的气魄了，基督教文化在黄河文化土壤上始终没能获得像佛教文化那样的礼遇。黄河文化已失去了昔日吸收、消化异质文化的同化能力。

（五）挑战与再生

鸦片战争以后，伴随着西方帝国主义的军事、经济侵略而渗透进来的西方文化，第一次向黄河文化提出了严峻的挑战。以往，黄河文化曾多次面临过不同文化面貌的侵入或挑战，并都以博大的胸怀接纳了它们，融化了它们。而现在不同了，一方面，这时的黄河文化已到了它的衰落期，已失去了往日的信心、勇气和生命活力；另一方面，来自西方的这种异质文化，已不是一般地高于黄河文化。以近代大工业的发展为基础、以民主科学为特征的资本主义文化，它从本质上比黄河文化要高一个时代。黄河文化已没有能力接待这种异质文化。于是，我们看到，在整个近代历史中，以黄河文化为代表的中国传统文化与西方文化发生了激烈的冲突。这种冲突，一方面由于西方文化伴随着侵略而来，引起了中华民族的本能的敌视，另一方面，也由于弱者文化的恐惧和戒备心理。而更重要的则是，黄河文化赖以生存的社会经济条件，没有提供西方文化植根的土壤。黄河文化的再生，期待着中国社会政治、经济环境的根本性变革。

1978年底，党的十一届三中全会以后，中国真正开始了工业化的进程。黄河流域的旱地农业文化圈，经济成分也开始发生了根本性的变革。星罗棋布的乡镇企业，商品经济的迅速发展，日益改造着农业文化的传统观念，改变着人们衣食住行的生活习惯，当然也影响着人们精神面貌、思维方式的改变。这一伟大的变革过程，为黄河文化接受现代工业文化以改造自身、走向复苏和再生，创造了良好的社会经济环境。

当然，黄河文化的复苏和再生，已不可能再是原来的以旱地农业经济为基础的一种典型农业文化的再生，而是与黄河流域的地貌特征相联系的、并有别于沿海工业文化的一种新的现代文化面貌。这种再生的黄河文化，一方面以现代工业、现代农业和现代科学技术的发展作为它坚实的基础，另一方面，又保持着古老的黄河文化传统的精髓和其中一切有益的成分。可以相信，黄河文化传统中维护国家安定统一的思想，刚健有为、自强不息的精神，关心社会、关心他人、以天下为己任的人世哲学，取验务实、重视实效的求实原则，正心修身、重视自身人格修养的醇厚品质，宽容大度、兼容并蓄、善于借鉴异质文化的开放性格，等等，这一切黄河文化传统的基本特点，都将成为黄河文化再生的生命细胞。改革开放的现代化建设，给黄河文化的再生注入新的生命活力。一个继承了黄河文化传统的基本特质、又反映着当代黄河人民新精神风范的文化系统，正在迅速形成。黄河文化又面临了一个新的大有希望的历史阶段。

（作者系李振宏、周雁。李振宏系《史学月刊》编辑部教授，周雁系大象出版社编辑）

论黄河文化的概念与黄河文化区的划分

一、关于黄河文化概念的界说

关于黄河文化的概念，我们认为有广义和狭义之分。

从内涵来看，广义上的黄河文化，应是一种以黄河流域特殊的自然地理和人文地理占优势及以生产力发展水平为基础的具有认同性、归趋性的文化体系，是黄河流域文化特性和文化集合的总和或集聚。通俗地讲，黄河文化就是黄河流域人民在长期的社会实践中所创造的物质财富和精神财富的总和，它包括一定的社会规范、生活方式、风俗习惯、精神面貌和价值取向，以及由此所达到的社会生产力水平，等等。而狭义上的黄河文化，则是历史学意义上的文化。

从黄河文化生存的地域范围来看，也同样有广义和狭义之分。狭义上的黄河文化的生存空间只包括黄河的干流区，即传统上所指的青海、甘肃、宁夏、内蒙古、陕西、河南、河北、山西、山东数省区。而广义上的黄河文化，则除干流流经区外，还包括支流流经区，其范围要大得多，应包括北京、天津两市及安徽、江苏两省的北部一些地区。因此，从广义上来说，黄河文化则是一个以上游三秦文化、中游中州文化、下游齐鲁文化为主体，包含诸如三晋文化、燕赵文化等亚文化层次而构成的庞大文化体系。当然，这并不是说，凡是黄河干流和支流流经的地区，都应该纳入黄河文化的体系。这是因为，黄河文化是黄河流域地方共同体群中发现的文化规则的聚合。因此，我们在选择和确定黄河文化的生存空间时，不能单纯地按照地理概念来界定黄河文化区，而应该取决于它们所共享的、并不为相邻共同体所拥有的文化性质。例如，青海、甘肃、宁夏、内蒙古四省区，除少数地区为农业文化区外，基本上为游牧文化区，因此我们在论述时应加以注意。

从她最为稳定的或核心的方面去考察，黄河文化主要属于一种小生产的和封建宗法制的农业文化，一种以一家一户为社会细胞形态的自然经济型文化，一种借助于行政权力支配社会以确保中国传统农业生产方式和"大一统"社会政治结构的文化。

总之，黄河文化是一个时空交织的多层次、多维度的文化共同体。她的内涵十分丰富，博大深邃，包括政治、经济、军事、艺术、哲学、科技、教育、语言文学、史学、宗教、民间信仰、道德规范和社会生活习俗等方面的内容，即文化概念中所包含的思想模式、情感模式和行为模式。

二、黄河文化区的划分

如前所说，黄河文化是一个时空交织的多层次、多维度的文化复合体，那么，依据什么来划分黄河文化区呢？

我们认为，文化区就是指有着相似或相同文化特质的地理区域，即学术界所说的文化地理区。在同一个文化区中，其居民的语言、宗教信仰、艺术形式、生活习俗、道德观念，以及心理、性格、行为等方面具有一致性，带有浓厚的区域文化特征。作为文化特质的区域分类，文化区与行政区不属于同一概念。行政区是一个行政管理区域单位，而文化区则是不同文化特质的空间载体。前者是人为划分的，而后者则是在一定的地理环境中形成的。因此，不能简单地以行政区划的概念来代替文化区划，否则就无法得出正确的结论。当然，有一些行政区划由于是按照一定的地理环境划分的，加上历朝行政区划的延续性，久而久之也就具有了文化区的性质，如山东省的齐鲁文化区就是典型的代表。

同时，文化区还是一个动态的概念，它是随着时间不断发展变化的。随着黄河文化的发展、扩散和融合，一些旧的区域文化衰落或消失了，而一些新的文化区却出现了。如在新石器时代，黄河上中下游有马家窑文化、仰韶文化、大汶口文化三个文化区；在秦汉时期，黄河文化在地域上可划分为关中文化区和关东文化区，其中关东文化区又可细分为齐鲁文化区和三晋文化区；明清时，当秦文化等处于急剧衰落之时，天津文化却迅速发展起来了。另外，文化区的文化特质也有一个不断变化的过程。在文化发展过程中，它不断地淘汰旧的因素，进行更新改造、自我组织、自我完善，形成和造就与传统文化区域性质和面貌完全不同的新的文化区域。因此，我们在研究文化区的分类和特征的时候，既要考虑传统的文化区域特征，也要认真研究和分析新文化区的形成、发展和变化。

基于上述认识，我们认为，在黄河文化这个大整体中，可以根据流域内局部的和地区的多样性，将其划分为三秦文化、中州文化、齐鲁文化三个核文化区和三晋文化、燕赵文化、河湟文化三个亚文化区（或称次文化区）。

（一）三秦文化区

三秦文化区又称为秦陇文化区、关中文化区，简称为秦文化区，地处渭河流域和黄土高原，这里曾经是中国历史上文化最发达的地区之一，历史也极为悠久。1964年在陕西蓝田公王岭发现的"蓝田人"头盖骨化石，距今已有六十五万年至八十万年的历史。至距今约6000年的仰韶文化时期，生活于这里的半坡先民已经创造了比较发达的文化。传说中的黄帝族则发祥于陕北，与黄帝族共同构成华夏族主干的炎帝族也曾长期活动在陕西关中西部，这些都表明三秦文化与中华文化的起源有着不解之缘。虞夏之际，周族开始在今陕、甘泾渭流域活动；后来的古公亶父在周原又开始创建西周文明。自西周起，这里先后有西周、秦、西汉、隋、唐等十多个王朝建都于此，特别是西安更是获得了"千年古都"的美称。但该地文化的发展经历了曲折的过程，西周时这里是全国的文化中心。周室东迁后，其文化重心的地位也随之东移，且由于长期与戎狄杂居，故这一时期不仅经济上远远落后于中原地区，而且缺乏自己的文化思想传统，为文化落伍之邦；直至战国秦孝公时，中原华夏诸国仍以"夷狄遇之"；秦孝公以后的强秦，主要接受了三晋文化思想的影响，尤其是法家思想，构成孝公至始皇时代秦国迅速兴旺发达以至于富强无比的根本指导思想。特别是《吕氏春秋》一书在秦国的问世，不仅为秦的统一奠定了理论基础，而且成为战国文化史上的一次大总结。由于此时的秦文化与三晋文化相同，故有学者在划分这一时期的文化区时，将其合称为秦晋文化。秦代是秦文化大发展的时期，林剑鸣先生在《从秦人价值观看秦文化的特点》一文中认为，秦文化"外倾"的特点较为明显，如秦国经济生产和科学技术发展十分迅速，以及缺乏严格的宗法制、宗法观念淡薄等，皆与其"重功利，轻伦理"的价值观有关。追求"大"和"多"成为秦人的时尚和审美观的重要标准，也成为秦文化的重要特征①。汉唐时期，以长安文化为主体的三秦文化达到了鼎盛，如日中天，光芒四射，影响遍及世界各地。安史之乱以后，三秦文化急剧衰退。昔日宏伟壮丽、繁花似锦的唐都长安城，也"日渐衰耗"。至南宋以后，三秦文化更是一落千丈，几无人才可言，其登科进士在南宋一朝竟至空白，元代也仅14人，只及浙江的五分之一；明清时仍然如此，有名者屈指可数。有鉴于此，明代著名史学家黄宗羲在其所著的《明夷待访录》中深有感叹地说道："秦汉之时，关中风气会聚，田野开辟，人物殷盛，吴楚方脱蛮夷之号，风气朴略，故金陵不能与之争胜。今关中人物不及吴会久矣。"

（二）中州文化区

中州文化即狭义上的中原文化，其地域范围相当于今天的河南省。从文献和考古资料来看，中州文化具有悠久和丰富多彩的特点。早在距今五六十万年，"南召人"就生活在这里。到新石器时代，这里形成了裴李岗文化—仰韶文化—河南龙山文化的发展系列。裴李岗文化距今约有8000年的历史，其时已经进入耕作农业阶段；而至龙山文化阶段，则出现了文字、城堡和青铜器，这标志着文明时代的到来。进入奴隶制社会，夏部落在今豫西河洛地区建立了中国历史上第一个奴隶制国家——夏王朝。传说中的夏禹就诞生在这里。此后的商族又崛起于今日的商丘，建国后虽然多次迁都，但基本上都在今日的河南省境内，如亳都（今河南偃师）、敖都（今河南郑州）、殷墟（今河南安阳）。西周统治者虽然定都镐京，但洛阳为其陪都。东周迁都洛邑，使这里成为全国政治和文化中心。秦和西汉时期，这里的文化，东不及齐鲁，西不及关中。随着政治中心的东迁，东汉

---

① 林剑鸣：《从秦人价值观看秦文化的特点》，《历史研究》1987年第3期，第66–79页。

时期洛阳地区的文化迅速崛起，再次成为全国文化最为发达的地区。魏晋南北朝时期，中州文化的发展虽然比较缓慢，但在当时仍是黄河流域文化最发达的地区。如北魏孝文帝时，"天下承平，学业大盛，故燕、齐、赵、魏之间，横经著录，不可胜数，大者千余人，小者犹数百"。故南人陈庆之在出使北魏回来后对人说："昨至洛阳，始知衣冠士族，并在中原。礼仪富盛，人物殷阜，目所不识，口不能传。所谓帝京翼翼，四方为则。如登泰山者卑培，涉江海者小湘、沅。北人安可不重？"隋唐五代时期，中州文化的地位仅次于关中，其时这里人才辈出，哲学家有姚崇、刘禹锡；著名的诗人有上官仪、杜审言、沈佺期、宋之问、岑参、崔颢、杜甫、元稹、元结、李贺、李商隐等；散文有韩愈；史学家有李延寿、吴兢、司马贞；书画家有被后人誉为"画圣"的吴道子，以及褚遂良、孙过庭、郑虔等；佛教有高僧智颛、玄奘、神秀；道教学者有成玄英、司马承祯；科学家有一行和尚、尚献甫、刘佑、甄权、甄立言、张文仲、李虔纵、孟诜等。此外，唐代龙门石窟及这里的印刷、陶瓷等也都称雄于海内。至五代时，中州文化的发展虽然因军阀长期混战等而呈现出停滞和下降的趋势，但其成就和地位在黄河文化中无疑位置第一，再次超过了三秦文化。北宋时，中州文化不仅继续领先于三秦文化和齐鲁文化，而且在全国也是首屈一指的。首都开封是全国的文化中心，乃百嘉所毓、人文精华荟萃之地，无论是文化设施、文化活动，还是文化素质、文化品位，都是第一流的，代表着宋代文化发展的繁荣和高度①。另外，该地洛阳、许州（今河南洛阳）、郑州等地也都是文化发达之地。但中州文化随之因靖康之难而遭到严重的破坏。至元代以后，其文化不仅远远落后于长江文化中的吴越文化、荆楚文化、巴蜀文化，而且其在黄河文化中的首要地位也由齐鲁文化取而代之了！

（三）齐鲁文化区

齐鲁文化区大致包括今日的山东省。根据文献和考古资料，这个文化区的文化发轫较早，早在新石器时代便是当时文明最发达的地区之一，生活于这一地区的东夷族创造了光辉灿烂的东夷文化，发源于这一地区的北

---

① 程民生：《宋代地域文化》，河南大学出版社，1997，第72页。

辛文化、大汶口文化和山东龙山文化也曾一度处于黄河流域文化发展的领先地位。其中，大汶口的陶器符号和山东龙山文化的玉器艺术，对夏、商文化产生了重要的影响。大约在公元前两千年之前，东夷文化已发展到文明时代的门槛。从神话传说来看，最早生活于这一地区的太昊氏、少昊氏、蚩尤和炎黄族共同创造了最早的黄河文明。此外，如"舜作陶""羿作弓""伯益作井""蚩尤作兵""皋陶作刑"等，都反映了东夷族对中华文化和黄河文化发展的贡献。进入奴隶社会后，东夷文化在当地文化的基础上吸收了夏、商、周文化，两者的渐次融合最后形成了华夏文化的主体。特别应该指出的是，随着西周初年齐、鲁两国的建立，使东夷文化与中原地区的周文化迅速结合起来，并在东夷奴隶制文明的基础上形成了齐鲁文化。但这一时期的齐鲁文化并未完全统一，它可分为齐文化和鲁文化两部分。到春秋战国时期，齐文化和鲁文化出现了一体化的端倪，由其构成的齐鲁文化圈，成为东周时期七大文化圈之一[①]。并出现了一大批杰出的人才，如孔子、孟子、荀子、管仲、晏婴、孙武、孙膑等，儒学及以《孙子兵法》等为代表的兵学便是他们留给后人的宝贵文化遗产。秦统一中国后，齐鲁文化在全国继续保持着领先的地位；齐鲁地区无论是文化发展水平，还是文化影响力，都堪称是秦王朝的文化中心区。进入西汉时期，齐鲁地区仍是全国文化最发达的地区。据统计，西汉五经博士、私家教授、列传士人的籍贯分布与各地区所出书籍，以东方的豫、兖、青、徐四州比重最大，而其中又以齐鲁一带出人、出书最盛。当时的齐鲁地区，不仅文化昌盛，人才众多，在全国具有重要地位，而且其影响力也是十分深远，经久不衰。这里除在早期盛行黄老之学外，儒学更是从这里传至全国各地，成为封建文化的主体。雅乐同样是以鲁地为其源地[②]。其时的齐鲁文化已与汉文化彻底统一，影响与传播在当时最为广泛。在"齐学家"董仲舒的建议下，汉武帝"罢黜百家，独尊儒术"。到东汉时，齐鲁地区的文化地位开始下降，已落后于中州文化。这种情况至宋代犹然。刘敞说："齐鲁虽皆称贵文学、尚礼义之国"，然自"五代之乱，儒术废绝。宋

---

① 李学勤：《东周与秦代文明》，文物出版社，1991，第11页。
② 王瑞功：《临沂人与两汉儒学》，《东岳论丛》1989年第2期，第95~100页。

受命垂七十年，天下得养老长幼，亡兵革之忧，庶且富矣。然未有能兴起庠序，致教化之降者也。自齐、鲁之间，弦诵阙然，况其外乎"？[1]此后，齐鲁文化的地位更是一落千丈，不复有往昔之盛。明人章潢有言道："邹鲁多儒，古所同也。至于宋朝，则移在闽浙之间，而洙泗寂然矣。"[2]不过使山东人略以自慰的是，这一时期的齐鲁文化在黄河文化的地位则是最高的。

（四）燕赵文化区

燕赵文化区大致包括今日河北省及北京和天津两市。从其形成和发展的进程来看，其主流属于黄河文化，支流则有不少异族的草原部落的文化因素。

早在四五十万前，"北京猿人"就生活在这一地区。到新石器时代，这里已出现了距今约8000年的磁山文化，它与裴李岗文化一样成为黄河文化最为古老的文化。赵武灵王实施的胡服骑射，使游牧文化之一的匈奴文化的价值观念、生活方式等与当地的农耕文化相结合，熔铸于燕赵文化之中，形成了"燕赵风骨"这一独特的文化精神。"风萧萧兮易水寒，壮士一去兮不复还！"正是这种"燕赵多慷慨悲歌之士"的慷慨悲歌精神，构成了这一地区世代相传的文化传统。秦汉时这里的文化已经达到了一定的水平，出现了许多人才，如秦代的著名将相冯毋择、冯去疾、冯劫，皆为赵将冯亭之后；真定人赵佗，则是南越国的建立者。但由于军事和经济等因素的影响，这里的文化长期落后于上述三个文化区，这种现象直到元代初年才有所改变，其后燕赵文化区内又相继分化出了京都文化圈和天津文化圈两个次亚文化圈。

京都文化形成于元代。其时元大都是世界上最辉煌的城市，无论是它的建筑规模、建筑艺术、科学布局和工程水平，还是政治、经济、文化都达到了相当高的程度。这里是元初杂剧和戏曲表演的中心，涌现出了关汉卿、马致远、王实甫、珠帘秀、连枝秀、天然秀、李兰秀等一大批杰出的

---

[1] 刘敞：《王沂公祠堂记》，载吕祖谦《宋文鉴》卷七九，江苏书局，1886，第1页。

[2] 章潢：《统论南北形势》，载章潢《图书编》卷三四，江苏广陵古籍刻印社，1988，影印本，第81页。

戏曲作家和表演艺术家；理学在大都得到了迅速传播；绘画、书法、雕塑等领域也都是人才辈出；科学技术方面更是涌现出了郭守敬这样伟大的科学家。此后，经明清两代的发展，京都文化更达到了鼎盛。其特点是四方人才荟萃于此，文化融各地之所长。如明代文学史上著名的公安、竟陵两派的代表人物，都曾在北京活动过，并且留下了大量有关北京的著作。明代江南盛行的弋阳腔、昆曲等也都在万历时传入北京；李时珍、徐光启、陈潢等著名科学家都曾在北京活动过；另外，长期留居于此的曹雪芹，在这里撰著有伟大的现实主义巨著《红楼梦》；雕漆、宣德炉、景泰蓝等一大批手工艺品在此发明，成为北京最为著名的特产。

天津文化形成于清代，其时由于天津城市地位的提高、经济的繁荣，使天津文化日趋昌盛，在教育、科举考试、著述、学术团体等方面都发挥得非常迅速，从而摆脱了过去文化不昌的境地①。金鉽曾说："自康雍以后迄今二百年间，硕彦之辈起纂述之渊鬶蔚然、灿然，足称大观。考之海内通都名邑，人文债兴之速，实罕匹伦。"至近代，这里成为黄河文化与近代西方文明交汇之处，其文化更得到了突飞猛进的发展。其"市民文化"在近代黄河文化中独树一帜，尤具特色。

(五)三晋文化区

三晋文化简称为晋文化，其地域范围主要在今山西省，东以太行为屏，西以大河为襟，南障群峦，北蔽大漠。这种独特的地理位置，造就了独特的三晋文化。

从文献记载和考古资料来看，三晋文化萌芽于石器时代，著名的山西芮城西侯度遗址，是目前世界上最早的古文化遗址之一，距今已有一百八十万年的历史。西周初年，唐叔虞受封于此，成为晋国的始祖。春秋战国时期，晋、韩、赵、魏诸国先后以此为根据地，并逐渐形成了一个具有独特风格的地区性文化。李元庆、高银秀在《先秦三晋文化思想探析》一文中认为，三晋文化是一个具有独特思想风貌的文化形态。法家思想是三晋文化思想的主体，同时这里也是纵横家和名家的发源地和活动中心。在对待传统的宗法制度及其观念形态的问题上，三晋文化表

---

① 范丽珠：《清代天津文化刍议》，《天津社会科学》1988年第1期，第90-93、20页。

现了新兴封建势力的朝气蓬勃的积极进取精神。这是三晋文化的主流[①]。由于独特的地理位置，使其在中国历史发展进程中长期成为黄河文化与北方文化相联系的重要纽带。如在史前时期中原和北方两大古文化区系的三次大冲撞中，它都起了纽带作用，使两大区系的史前文化不断扩散、融合。汉唐时期，这里的文化比较发达，科技、哲学、宗教、文学、艺术等都很繁荣，涌现出大批人才，其中仅文人就达470人[②]。故《三国志·魏书·杜畿传》注有"河东特多儒者"的记载。《通鉴》卷一百七十九也载："河东晋魏以降，文学盛兴。"如太原人白居易、王维都是唐代著名的文学家。宗教特别是佛教在山西也十分盛行，在姜亮夫先生的《历代名人年里碑传总表》一书中，载有高僧593人，其中籍贯山西的就有42人，除去籍贯不明的63人外，山西人即占全部的近十分之一。宋金元时，三晋文化在当时的黄河文化中占有非常重要的地位。宋代名家有晋州平阳人孙复、解州夏县人司马光、汾州介休人文彦博；金元时，平阳不仅堪称元杂剧的摇篮，而且其杂剧作家人数之多也在全国名列前列；平阳（今临汾县）、平水（今新绛县）的出版业更是盛极一时。明代，山西商人和封建政权的关系愈加紧密，进而发展成为当时与新安商人（或称徽州商人）齐名的两大商人集团，雄踞海内。正如当时学者谢肇淛所说："富商之称雄者，江南则推新安，江北则推山右。……山右或盐，或丝，或转贩，或窖粟，其富甚于新安。"至清代，更是形成了天下"商贤皆出山右人"的局面。

（六）河湟文化区

河湟文化区包括黄河上游九曲之地和青海境内湟水谷地、甘青交界地区、河西走廊及宁夏部分地区。独特的地理环境赋予河湟文化游牧与农耕两种文化形态长期并存的特征。这两种文化经过与其他民族的四次文化汇合，实现了河湟区域文化的总体整合，体现了多元汇聚的历史机缘。

[①] 李元庆、高银秀：《先秦三晋文化思想探析》，《晋阳学刊》1987年第6期，第42–50页。

[②] 王尚义：《汉唐时期山西文人及地理分布及其文化发展之特点》，《山西大学学报》（哲学社会科学版）1986年第4期，第29–36页。

从考古资料来看，这里的文化起源很早，新石器时代的马家窑文化和齐家文化是河湟史前文化的发端。它们均以农业为主要的经济形式，种植粟类作物，具有比较发达的农耕文明，特别是马家窑文化精彩绝伦的彩陶制作，更使其成为与仰韶文化、大汶口文化齐名的黄河流域史前时期三大彩陶中心之一。

羌族是河湟地区最早的土著居民。他们原来过着以畜牧为生、穹庐为居的游牧生活。大约到战国时期，羌人无弋爰剑从秦人那里学到了较先进的农业生产技术，并将其带回到了河湟地区，从此河湟地区的农耕文化再次出现了重大的变化。西汉时，汉人随着军事力量的发展，大量移居河湟地区，并在这里屯田，从而使河湟地区的农耕文化作为一种全新的文化脱颖而出。此后，在魏晋南北朝、隋唐、元代三个时期，河湟地区的土著文化与其他民族的文化又进行了三次大的交汇，从而实现了总体整合与多元汇聚的发展趋向①。

（作者徐吉军系浙江省社会科学院副研究员、图书馆馆长，浙江师范大学兼职教授、硕士生导师，杭州市人民政府参事）

---

① 戴燕：《古代河湟区域文化溯源》，《青海师范大学学报》（哲学社会科学版）1993年第4期，第39-44页。

黄河文化的三个价值维度

2019年9月18日上午，习近平总书记在郑州主持召开的黄河流域生态保护和高质量发展座谈会上指出："黄河文化是中华文明的重要组成部分，是中华民族的根和魂。要深入挖掘黄河文化蕴含的时代价值，为实现中华民族伟大复兴的中国梦凝聚精神力量。"①座谈会为黄河文化的大发展带来了新的历史机遇。黄河在千百年绵延流淌中、在黄河号子的呐喊声中诉说着中华民族、中华文化的历史和命运；中国人民用羊皮筏子、黄河水车、黄河大桥塑造着生生不息的人文精神；黄河文化以历史史实和传奇传说延续着华夏民族的集体记忆。黄河水浇灌出古老多彩的民族文化，孕育着临水而居的城市繁华，承载着民族复兴的伟大梦想。黄河是中华民族的生存命脉、文化摇篮；黄河文化是中华文化的根之所依、魂之所附。新时代，如何因事而化、因时而进、因势而新，抓机遇、谋发展，弘扬黄河文化的时代价值、传承中华文化文脉成为我们的重要课题。

一、黄河文化：中华文明之源

从狭义上讲黄河文化指的是黄河水流经地域的文化。但因为，中国古代的政治文化中心位于黄河流域，中华民族文明的诞生、王朝的更迭、思想文化的发端均源于黄河流域，黄河文化代表着中国国家文化、中央文

---

① 习近平：《在黄河流域生态保护和高质量发展座谈会上的讲话》，http://hnjgdj/gov.cn/2019/1015/48906.html。

化，所以，传承弘扬黄河文化有重要的国家层面的价值。

（一）黄河文化是寻根固本、铸魂聚气的集中体现

史前文化在黄河流域蓬勃发展，人文始祖在黄河流域建功立业，姓氏祖根在黄河流域发扬光大，民族谱系在黄河流域绵延发展。弘扬黄河文化，探源华夏文明，厘清中华民族的根本，对延续中华民族的精神命脉、延续民族精神图谱大有裨益。弘扬黄河文化是事关文化自信、民族发展的重要基础工程。文化自信表现在对民族文化历史的敬意与自豪感、对民族文化高度的认同与归属感、对民族文化未来发展的信心与期待感。黄河文化历久弥新，诞生于人与河流的互动，成长于丰富的社会实践，孕育了万姓同根、万宗同源的民族心理，大一统、大融合的主流意识，自强不息艰苦奋斗的民族品格，并构成了中华民族认同感的来源和团结奋进的精神文化支柱，成为民族复兴的伟大精神力量和民族文化自信的重要载体。农耕文明时代所创造的优秀传统文化、战争年代黄河流域的红色文化、改革开放大潮中黄河儿女战天斗地的现代文化，一脉相承、从未中断过展示中华儿女顽强的生命力、巨大的创造力和不可估量的世界影响力。深厚的文化积淀与传承，自觉的创新与发展都是我们文化自信的来源。在全球化的趋势下增强民族自信，讲好中国故事，守好全球中华儿女共同的心灵故乡，守住海内外炎黄子孙共有的精神家园，黄河文化当是一个极好的输出口。

（二）黄河文化是民族复兴、国家软实力的投射

黄河文化与中华民族相生相长。黄河水奔腾不息，留下了黄河儿女丰富的治河历史、珍贵的治河经验和战天斗地的民族精神，彰显了中华儿女自强不息、奋发图强的民族气质。黄河文化见证了中华文明的发展史，而中华民族的伟大复兴需要以黄河文化的发展繁荣为重要条件。但是很多国人对黄河的了解也仅限于她是我们的母亲河，很多外国人对中国的了解也仅限于教科书上文化知识的简单介绍。他们不知道古老黄河文明的演变进程，不了解黄河岸边中国人民良好的精神风貌和改革开放的伟大成果。中华民族的伟大复兴不仅指自身的富裕与强盛，很大程度上还体现在不断提高的国际地位与国际影响力。积淀几千年的文化精华是对外投射软实力、推动民族复兴的重要方式。只有不断弘扬、传播才能促成文化的整合、增

值、积淀和变迁，才能让我们的文化资源优势转化为文化的影响力和吸引力，提高中华文化在国际体系中的参与能力，进而争取国际话语权、维护我国文化安全；只有让更多的国家和民族了解并理解中华文化、接受和平崛起的中国形象，才能增强彼此之间的信任，从而实现共赢。所以，在新趋势下讲好中国故事，塑造中国形象，探索华夏文明源头，消除西方虚无中华文明起源史之恶意，黄河文化无疑是一个极好的推手。

（三）黄河文化是国家形象、国家力量的重要展示

一种文化只有在本国扎根生长，才能使民众获得自信心、自豪感、归属感，才能使国家称之为文化大国；而这种文化只有迈出国门开枝散叶，与国际文化不断交流碰撞，才能获得国际民众的理解和支持，才能使该国称之为文化强国。弘扬传播是文化开枝散叶的重要途径。黄河文化作为中华文化的母体和主干，承载着中华民族太多的故事和记忆，承担着重于一般的责任和义务，需要形成自己的弘扬体系和传播模式。黄河文明以其主体性与核心性展示着中华文明的统一性和不可分割性，成为维护国家统一和民族团结的精神支柱与文化主轴。所以，从国家层面推动黄河文化传播，发挥黄河文化凝聚力、旺盛生命力、弥久传播力，向世界人民展示中华民族上下五千年丰富的文化资源优势，展现我国改革开放40多年以来取得的辉煌成就，展示中华民族素质和文明素养的提升，宣传开拓创新、与时俱进的民族风貌，需要依靠文化潜移默化的影响作用。

（四）黄河文化是世界和谐、文明进步的推动力量

不同文明的接触，在历史上往往成为人类进步的里程碑。例如，黄河文化中天人合一的自然伦理观、趋时避害的农时观、御欲尚俭的节用观、绿色和谐的生态观等早就镌刻进中华民族的品质与特性之中，自古至今焕发着绵绵不绝的生命力。在当下文化全球化的大背景下，黄河文化对外交流更成为时代发展的新要求、新趋势，为全球治理提供了独特的中国智慧与中国方案，展示了我们以文化人进而化天下的精神和境界。习近平总书

记曾说过"文明因交流而多彩,文明因互鉴而丰富"①。黄河文化包容开放,对外交流有着丰富的历史基础和实践基础,并在与亚、欧及非洲各国的文化交流中更加多彩。中国的早期外交即诞生于此,丝绸之路上的驼铃至今不绝于耳,黄河文化在与世界文化交流互动中既展示了自身的光彩,又吸收了外部营养,更形成了中华文明开放的气质,为构建人类命运共同体提供了历史范本。

二、黄河文化:地域文化之基

九曲归大海,八方望中原。中原文化是中国文化的重要组成部分,其根源性、原创性、基础性、兼容性、发散性等特征明显,极大地影响了中国人的民族性格和民族文化心理。自2000年始的国家文明探源工程,历经十几载春秋的研究,认为中原文化是中华文化的根和主体。处于中下游的河南地处天下之中,绾毂南北,平原易野,以其地貌景观的完整性、支津文化的丰富性、核心地位的特殊性、历代治河的关键性和民族形成的融合性成为黄河文化的重要发源地、发展繁荣的核心地和重要的发散地。我们可以说中华民族的人文始祖是黄帝,自然始祖是黄河。

(一)黄河文化是扩大地域文化外部影响力的重要抓手

每一个地域都有它自身的历史和地域文化,因过去与现代相承接而成为传统。正是这些文化记忆了各个历史时期的地域风貌,为我们展示了地域发展过程中的变化和隐性内涵,代代延续传承就形成了地域文化。所以地域文化是物化了的地方精神,是一个区域长期积淀而形成的区域个性,是基于对地方文化系统提炼出的精髓,代表了该区域的文明发展史。地域文化有显性和隐性两种表达。显性的地域文化是指较直观、可视的客观物质或精神产物,如自然环境、建筑群、人群等;隐性的地域文化是指不可察觉但对区域形态形成产生巨大影响的潜在要素,如思维方式、社会文化、民众心理等。中原地域文化与中华文明蕴含着同样的发展基因,比较典型的如:文字文学体系、政治文化体系、姓氏根亲文化、戏曲文化、宗

---

① 习近平:《在联合国教科文组织总部的演讲》,http://www.xinhaanet.com/world/2014-03/28/c_119982831.htm。

教文化、武术文化等。弘扬中原文化不仅仅是对外输出文化的过程，更是反观自我对自身文化了解的过程。要满足不同层次人群广泛学习和深入研究中国文化的需要，就必须花更多精力去观察自身，提高文化传播的效果和针对性。中华文化在国际上的影响力、国内民众对本民族文化的自信心和自豪感等都将伴随弘扬效果的提升而不断提高。国家和区域文化形象的弘扬会增强受众对文化的认知，做出对我们有利的心理评价，在时空上拉近彼此的心理距离，从而提高文化的世界影响力。

（二）黄河文化是实现区域经济高质量发展的推动力量

2011年《中原经济区规划》（2012—2020年）中指出"大力发展对外贸易，打造一批文化产品出口示范基地，推动中原文化走出去"。2016年《促进中部地区崛起"十三五"规划》中指出"充分发挥中部地区区位优势，适应经济全球化和区域一体化趋势，全方位扩大对内对外开放，强化区域次区域合作，在更大范围配置各类要素资源，建设开放型经济新高地"。2018年中共中央、国务院明确指出"以郑州为中心，引领中原城市群发展"。要把中原地区真正打造成经济强区，必然要求不断提升中原地区国际知名度、美誉度和影响力，必然要求不断加强中原地区的对外交流与合作。新的经济带动力和增长点是转型升级的急需力量，中原文化的推动作用不容忽视。河南经济社会发展的新春风和新契机来自"一带一路"倡议的提出，只有紧紧抓住这个时代机遇，全面融入"一带一路"建设，持续对外开放，不断提升资源共享、产业合作和人文交流，才能更好地完成决胜全面小康、让中原更加出彩的重大历史任务。文化是经济社会发展的精神动力和软实力。只有深入挖掘黄河文化的时代价值，弘扬中华文化精神、延续中华历史文脉，才能有力推进黄河流域生态文化保护和经济社会的高质量发展，为实现中原更加出彩和河南经济社会的高质量发展提供智力支持。

（三）黄河文化是推动中原区域永续发展的战略支撑

在调结构、转方式、促升级的关键时期，河南将以东联西进、承南接北的交通区位优势推进现代产业结构的调整升级和发展方式的及时转变。但河南发展质量不高、生态环境脆弱、增长方式传统、区域发展不平衡等问题非常突出。高质量的产业体系、城镇体系和生态体系是河南急需打造的重要内容。文化产业作为增强中原文化竞争力、让中原更加出彩的重要推手，将是经济转型升级的主导方向和撬动经济社会更好更快发展的重要支点。黄河流域生态保护和高质量发展上升为重大国家战略，迫切要求黄河流域各地探索富有地域特色的高质量发展新路子，这也必将引领河南各地探索自身优势、精准功能定位、创新发展思路，围绕优势探索高质量发展特色路径。所以，我们要不断提升黄河文化的内涵和品质，顺畅文化传播与交流，大力发展文化产业，加快形成新兴产业和文化业态，打造新的经济增长极，实现中原经济新跨越。同时，中原河南应抓住历史契机，大力弘扬黄河生态文化，抓好大保护，推进大治理，推进"三生融合"，实现黄河治理保护的系统性、整体性、协同性，把黄河打造成为中原地区最重要的生态廊道，为河南生态文明建设永续发展提供助力。

三、黄河文化：城市文脉之源

四大文明孕育、发源于河流文明，这是河流对于人类文明的最大价值。城市的历史文脉是在城市形成、发展和演变的过程中逐步形成和不断丰富的，而河流为城市的形成、发展和演变提供了天然条件。因此我们可以说，河流承载着太多的城市文化和历史使命，既是城市诞生的摇篮、城市文明的发祥地，更是城市发展的灵魂，城市历史文脉传承的重要依托。以郑州为典型代表的黄河中游城市群，更应该承担弘扬黄河文化、延续城市文脉的重要任务。

（一）黄河文化凝结城市记忆、展示城市历史

城市在发展和延续的过程中，历史遗迹、文化印痕通过文化自身和人类的集体记忆被有意无意地遗留了下来，成为后人直接读取的历史年轮和承载区域生命的重要细胞。河流文化是历史文化信息丰富的储存器和记载体，展现着重要的历史价值，可称之为存在于环境之中的大型史书。即使是保存不全的遗址也能在其中发现不同时期的城市历史和文化信息。其原真性地体现了历史文化的状况，记录着丰富的文化记忆，传递着丰富的文脉关系。位于黄河腹地的郑州不仅有商都文化的古城遗风、"二七"精神

的红色传统、少林文化的天地禅宗，更有着中华之根的轩辕文化和有容乃大的黄河文明。黄河不仅是一条自然河流，更是一幅历史画卷，在穿越城市发展空间的同时，反映着城市的发展变迁，展示着城市的文化长廊。所以研究黄河文化的发展历程，是我们提炼城市特色、解读城市精神、规划城市形态、传承和复兴整个城市历史文脉的关键性要素。

（二）黄河文化彰显城市精神、表现城市特色

我国地大物博，是多民族国家，不同地域和民族受特定地理、自然环境和历史文化的综合影响，必然会形成不同的城市风貌、建筑形式、文化习俗等。城市文脉便是一张张鲜活名片，诠释着不同城市的人文风貌，解读着城市发展的进程，展示着城市的整体形象。区域习俗和集体性格都是历史的积淀，能够彰显城市文化的深层文化。黄河文化中蕴含的古老的道德人格的伦理思想、天人合一的精神追求、尊卑有序的行为准则，包含着对真理的追求和辩证思考的思辨传统，展现着独特的审美意识和人文精神，凝聚了城市人群对世界和生命的历史认知和现实感受，表达着人群不同的生活方式和思维习惯，也体现了区域人群最深层的精神追求和行为准则，呈现出独特的地域风貌。正如冯骥才所说："城市中重要的文化遗产，纵向地记载着城市的史脉和传承，横向地展示着城市宽广深厚的阅历，并在纵横之间交织出城市独有的个性。"①

（三）黄河文化提升城市品质，促进城市发展

社会学认为文化遗产是一个城市共有的信仰和象征，是最宝贵、最独特的文化优势，维系着城市内居民的核心情感和价值。城市文脉不仅记载着该城市的过往，而且指引着城市发展的未来。一个城市有历史底蕴、文化含量和文明气息，方能彰显城市品质；一个城市若缺乏文化资源和历史积淀，就难以找到发展的动力。文脉对城市发展起着极大的支撑、推动、聚合作用。一方面城市文脉提供了很好的人文旅游等资源。例如，西南少数民族依山而建的吊脚楼，将民族文化与地理环境完美结合。文脉承载的历史文化会带来巨大的经济价值，城市文化成为区域生存的基础和发展的

---

① 冯骥才：《城市为什么需要记忆》，《人民日报》2006年10月18日第11版。

动力。另一方面丰富的物质积累和物质财富固然重要，但当今区域城市之间的竞争，越来越表现为文化的较量。例如，北京的历史文化大大提升其城市的经济附加值，促使了其经济的腾飞发展。深厚的历史文化积淀是一种不可复制的稀缺资源，能为城市繁荣提供永不枯竭的营养元素。所以，为引导城市发展，必须将文脉的延续作为建设的重要因素。传承保护城市文脉，是打造城市文化经济品牌的有力手段，是提高城市经济核心竞争力的有效手段。一个大的城市必须依傍大江大河发展才更有朝气、更有魄力、更有魅力。郑州自古至今沐浴黄河文化，是黄河中下游的分界线和华夏儿女文化寻根的圣地，其西为丘陵，东依平原，北靠黄河，跨河发展的优势突出，包容、开放、和合的城市个性和族群基因明显，已初具国际大都会之大骨架。在国家中心城市建设中依据黄河做文章，打造文化品牌、提炼城市文脉精粹、明确文化地标、发掘城市文化内涵，梳理文化业态、培育文化气质，持续开发城市活力基因，郑州使命在肩，责无旁贷。郑州应抓住历史机遇，利用河道串联和并联城市历史文化景观，从河道空间景观规划的角度推动城市历史文脉的传承与复兴，把黄河打造成为高品位的历史文化景观带。

（作者李敬系河南南阳人，中共郑州市委党校教务处副教授）

黄河文化的内涵与时代精神研究

在如今文化产业迅速发展的背景下，文化越来越成为民族凝聚力与创造力的源泉，需要将其作为文化传承的根脉与鲜活基因来推进社会发展的进程。黄河文化作为黄河流域内时代精神的精华，是整个黄河流域内生产实践的成果，在经久不息的变迁中见证了历史的发展变化，在黄河故事的传承中实现民族精神的凝练与升华。特别是在我国全方位、多层次、宽领域的对外文化开放体系建设中，需要在黄河文化传播与发展的过程中增强其核心竞争力与影响力，从而在时代文化的建设与发展中弘扬传统文化，铸造时代精品。

一、黄河文化的形成根源

黄河是中华民族的母亲河，是中华文明的摇篮。人民群众在多年的社会实践中，逐渐总结出适合黄河流域社会生产与发展的规律，并且在社会规律的引导下推进社会的建设与发展。在如此时代发展的变迁中，黄河文化作为引领人民群众的精神力量，能够在时代发展中融入具有鲜活基因的时代元素，以此来充分发挥黄河文化的凝聚力与影响力。可以说，黄河已经不仅仅是一条大河，其更多的是作为一种文化符号，将人类的生活经验与认识通过象征符的形式传递出来，构建人民对于黄河文化的情感认同上共通的意义空间，从而引领社会实践的发展①。

(一)社会制度的变迁

从夏、商、西周的时代变化发展以来，黄河文化在各个朝代的更迭中实现了拓展与更新。在各个朝代的更迭中，由于国家出现了"父传子、家天下"的政权组织形式，并且形成了较为完善的礼乐制度。同时，在文字、手工业、农业等方面的发展下，黄河流域逐渐出现了区域性的河洛文化、巴蜀文化、吴越文化，这些文化在发展中形成一种融合的趋势，为整个黄河文化注入了新的时代活力②。另外，在后期的河洛文化建设中，国家的政权组织形式也在不断地变化与发展，这就使得历史上多种内容与形式的地域性特色文化逐渐融合，并且在政治制度的变迁与发展中形成了该历史发展阶段的文化认知。长此以往，社会制度的变化与发展使得黄河文化的内涵也在不断积淀。

(二)特殊的地理地貌

黄河文化主要是以中原地区为基础而形成的特殊的地域性文化。黄河自西向东流经青海、四川、宁夏等九个省区，最终注入渤海，在整个黄河流域的自然环境中，由于整条河流的长度较长，贯穿中国地形地势的三大阶梯，东西的高低悬殊，流域内的上游、中下游、下游的地貌差和气候差异较大，这就使得整个黄河流域的居民能够在社会生产的实践中，基于自然条件以及环境资源的优势进行不同类型的生产经营活动③。在不同的生产经营活动中，衍生出了团结合作、仁义道德以及探索创新等精神，这些精神不断融合，从而创造了地域性的黄河文化，并且在多样化文化与思想的兼容并包中，黄河文化呈现出多样化的发展形态。

(三)农业的生产优势

农业是我国开展经济、文化建设的重要支柱性力量，其关乎着整个国

① 马治军：《黄河文化的形象演绎与精神生态的道德救赎：评李佩甫长篇新作〈河洛图〉》，《中国当代文学研究》2020年第4期，第110-117页。
② 孙拥军：《弘扬黄河文化坚定文化自信》，《河南日报》2020年7月13日第6版。
③ 刘明：《融媒体视阈下黄河水文化传播策略研究》，《新闻爱好者》2020年第6期，第59-61页。

民的生产经营与发展。在黄河流域的农业生产与建设中，整个地区主要依靠地理条件的优势开展多种类型的农业生产活动，以此来实现区域性经济的发展。黄河流经青海、甘肃等区域，这些区域主要通过建设草原游牧系统来实现农业的生产与发展，并且形成了以北方少数民族为主体的产业特色与文化表达。山西壶关、陕西黄土高原等区域处于干旱少雨的丘陵地区，能够在农业的生产与经营活动中发展旱作梯田系统。黄河中下游地区自然环境相对脆弱，林农牧复合系统则具有农业生产经营上的优势。①另外，黄河流域的传统水利工程、引黄灌溉工程也在不断地完善与发展。可以说，在多种类型的农业生产经营活动中，我国民众在农业生产经营的相互协调与配合中形成了对于社会生活的一般认识，从而产生了具有丰厚人文内涵与时代价值的黄河文化。

二、黄河文化的人文内涵与基本特征

黄河作为中华民族的母亲河，其已经在时代的发展与变迁中构建起一种共通的意义空间，从而在文化传播与发展的进程中将大众的思想情感融合进黄河文化。可以说，黄河文化不仅包括黄河流域内人民的物质财富，还包括人民在生产实践中形成的各自的思想意识与价值观念，这些精神财富连同物质财富共同构成了源远流长的黄河文化，具有较高的人文内涵。

（一）竭诚为民，社会奉献

在黄河流域的社会生产与建设的发展中，逐渐形成了竭诚为民、社会奉献的精神，这也是中国古代传承下来的重要文化精神，其思想内涵主要体现在以民为本，将民众作为社会生产实践的服务中心，从而在为民服务中实现黄河文化核心内涵的传承。黄帝在治国理政的过程中，主要针对民众的衣食住行等方面进行改造，注重提高民众的生产生活能力，将人文精神与民本主张落到实处。此外，还有古时大禹三过家门而不入，只为率领民众与洪水灾害作斗争②，等等，这些传说都反映了中华民族自

① 杭栓柱、张志栋：《推动黄河流域"几字弯"文化旅游生态经济带建设研究》，《前沿》2020年第3期，第16—24页。

② 李瑞：《把黄河文化纳入国民教育》，《中国文物报》2020年6月2日第1版。

古以来的以民为本的思想。特别是近现代以来，在鸦片战争、抗日战争以及解放战争中，涌现出诸多为国家、为民众奉献自我的英雄事迹，这种一心为民、奉献自我的精神品质，已经成为黄河文化的重要内容。在这样的精神内涵的引领下，现代社会为人民服务、为民奉献精神得到了进一步的发展。

（二）民族精神，价值引导

黄河奔流不息，哺育了亿万中华儿女。但是，在黄河流域的建设与发展中，也面临着诸多苦难与斗争。黄河的水患治理、黄河水土流失问题等，都是黄河流域在建设与发展的进程中需要重点解决的问题。古代的大禹、欧阳修、王安石等都进行过黄河水患治理，都在与自然环境的斗争中体现了开拓创新、勇于进取的精神品质。现代的焦裕禄造林防沙，运用多种办法抵御风沙灾害，保持黄河流域的土壤。另外，从古代的夸父追日、精卫填海、愚公移山等神话传说，到如今的以毛泽东为核心的新一代领导人引领下所形成的井冈山精神、长征精神与延安精神等，都反映了中华民族自强不息、勇于斗争的民族精神。黄河流域孕育出的民族精神在革命先烈的带领下，已经实现了中华民族精神的价值引领，从而激励着中华儿女不断前行。

（三）顺应自然，协调发展

长期生活在黄河流域的民众，已经逐渐将黄河渗透于日常的生产经营活动中，与黄河相伴相生，并且逐渐形成"天人合一""顺应自然""协调发展"的和谐思想。在中国古代的哲学思想中，老子主张"人法地、地法天、天法道、道法自然"，朱熹在《四书章句集注》中提出了人与物是相统一的观点①。这些哲学思想主要是针对人与自然的和谐相处所提出来的，主张通过人与自然的协调来实现社会的长效可持续发展。特别是黄河流域诸多自然灾害频发的地区，在充分利用自然资源的同时需要强调人与自然和谐发展的思想，从而在满足人类生产生活的基础上保

① 顾金梅：《黄河文化旅游资源开发研究：评〈黄河文明与可持续发展文库·旅游资源开发研究——以河南省为例〉》，《人民黄河》2020年第5期，第167-168页。

证资源的可持续发展。可以说，顺应自然、协调发展的思想是黄河流域的人们在生产实践过程中形成的核心生态观念，这种生态观不仅能够提高我国认识自然、改造自然的能力，而且还能在发展中实现黄河文化的可持续发展。

三、黄河文化的时代精神与当代价值

在以民为本、民族精神以及和谐相处等人文思想观念的引领下，我国的黄河文化逐渐在人类的生产与实践中实现了在黄河流域以及周边地区的建设与发展，并且在人们长期的生产经营与实践中，将传统的人文精神与内涵作为其传承的根脉，将时代的鲜活基因注入其中，从而在时代精神的推动下，将自身熔铸于新时代的文化载体中，从而全面丰富自身内涵与价值，引领新时代经济的建设与发展。

（一）创新精神：科技创新成为黄河文化传播的推动力量

在如今科学技术不断发展的背景下，我国的科学技术成果逐渐在时代的变化与发展中实现创新性转化，从而在科技成果的呈现中体现出新时代的文化观念与文化价值。伴随着信息时代与知识经济的发展，大数据技术、信息化技术逐渐应用于现如今先进的产业发展中，这就使得诸多科技创新的成果逐渐应用到黄河流域的城市建设与发展的进程中。例如，河南省是中原地区黄河文化的重点发展区域，在河南黄河文化的建设中，河南省争取将黄河实验室、黄河研究中心以及黄河研究论坛等重大科技创新成果落户河南，从而在高质量科技成果的建设中，通过黄河相关的科技成果建设来加强黄河文化的研究，以此推进黄河文化的传播与发展[①]。同时，河南省在黄河水利工程的建设中，不断完善防洪减灾系统，全面谋划相关科研项目储备，构建完善的管理技术体系，并且筛选出一批污染防治的先进技术成果和工艺设备，从而实现黄河等相关资源环境的污染治理。这也就是通过科技创新来推进丰富黄河文化的物质成果，并且用开拓创新的时代精神与技术成果推进黄河文化的传播与

---

① 邢祥、邢军：《新时代黄河文化传播创新路径研究》，《新闻爱好者》2020年第3期，第67-72页。

发展。

（二）合作精神：产业新业态发展成为文化体验有形载体

在如今黄河文化传播与发展的基础上，黄河文化以其特有的人文价值与核心内涵带动了相关产业经济的发展，这也就是在将黄河文化的传统文化资源实现产业化运营，从而在产业化运营的过程中传递年轻活力、拼搏进取等时代精神。例如，在陕西渭南合阳的黄河文化的传承与发展中，主要通过本区域独特的文化资源优势来拓展产业链，从而在产业新业态的发展中用文化体验促进黄河文化时代精神的发展。该地积极构建"一园五区"的现代农业园，即农产品展销物流区和休闲观光园、设施采摘园、生态养殖园以及科普体验园为一体的现代农业园，从而通过文化产业的新业态来实现黄河文化的传播①。在这种产业化经营的模式下，所呈现出来的是一种企业之间的相互沟通与协作的黄河精神，在产业之间的合作中构建完善的生态产业运作体系，从而借助这种文化精神的有形载体来搭建民众与黄河文化交流的平台，从而更好地通过文化产业的建设来实现黄河文化的传播与发展。

（三）传承精神：文化遗产资源形成黄河文化的城市之魂

在黄河文化的传承与发展中，文化遗产资源成为黄河文化时代精神传递的重要载体。从考古中发现的旧石器文化遗址，到仰韶文化、龙山文化等诸多新石器文化遗址，在文化遗址的保存中实现了黄河文化的代代相传，构成了黄河文化遗产最早的历史根脉。此外，从汉魏洛阳古城到嘉峪关，从龙门石窟到莫高窟，从二十四节气到中国蚕桑丝织技艺，从古琴艺术到传统木结构营造技艺，它们都分布在黄河流域的众多历史名城中，这些文化遗产将作为城市发展的根脉与精神推进城市的现代化进程，从而在文化的传承中构筑黄河文化的城市之魂。这些寄托着黄河文化精神与品质的城市文化遗产将成为城市发展的标志性建筑与地标，并且通过地标建筑形成城市特有的文化符号，从而实现文化的传承与发展。大众在黄河流域

---

① 朱涵钰：《信息技术助推黄河水文化的数字化传播》，《新闻爱好者》2019年第12期，第27—29页。

的社会生产与实践中，能够通过这些文化遗产寻找情感的归属，以此构建关于黄河文化共通的意义空间，从而在这种情感的归属中将黄河文化的人文属性进行传承。

（四）生态精神：生态和谐趋势使文化资源实现优化配置

历史上黄河流域的民众与黄河相伴而生。一方面，黄河满足周围民众生产生活的需要；另一方面，民众也同黄河带来的自然灾害作斗争。频繁的旱灾、严重的水土流失、洪水灾害等问题一直影响着黄河流域的建设与发展。近年来，我国各个省区逐渐加强黄河的生态保护，完善防洪减灾体系，同时强化泥沙治理，注重保护黄河的水文化。另外，各个地区积极完善水资源利用、水生态保护、水沙调控等方面的保障体系，从而在生态资源的充分利用中保证文化资源的优化配置。我国对黄河流域生态保护和高质量发展非常重视，强调要加强黄河流域生态环境保护，守好老祖宗留给我们的宝贵遗产。这就是在黄河流域生态资源的建设与发展中，充分发扬了黄河文化所呈现出来的生态和谐、顺应自然的生态精神，从而在生态精神的引领下，将黄河文化中的时代精神进行传承，推进黄河流域生态环境的长效可持续发展。

结语

综上所述，在社会制度、地理地貌、农业生产优势等因素的推动下，我国逐渐在民族认同与传统文化弘扬的环境中形成了特色的黄河文化。在黄河文化的传承与保护中，需要在文化的传播过程中将其竭诚为民、顺应自然以及廉洁奉献的人文内涵发扬光大，并且在新时代科技创新、产业发展、文化遗产以及生态建设等方面的时代精神的助力下，冷黄河文化融于一定的社会载体中，从而实现文化资源的创新性转化，用黄河文化引领时代的发展。

（作者袁升飞系河南鲁山人，就职于郑州嵩山文明研究院，馆员，研究方向为文博研究）

黄河文化主脉说

——论中华文明奠基期的黄河文化

以幅员辽阔的疆域和56个民族形成的中华文化，就其形成发展的漫长历史讲，是一个层垒式不断发展壮大的历史过程，但就中华文化的主体看，它应该是起源于五千年前，奠基于三代时期。而黄河文化与中华文明形成的关系问题，是中华文明研究和黄河文化研究的重大问题。近百年来，随着考古事业的快速发展，特别是史前考古的重大发现，对黄河文化在中华文明起源形成中的特殊地位提出了质疑和挑战。本文试图对黄河文化在中华文明起源和多元一体格局奠基时期的主脉地位作一概括阐发，以推动黄河文化的传承和弘扬。

一、黄河文化与黄河流域

黄河，古称"河"，发源于青海省巴颜喀拉山北麓。现今的黄河流经九个省区，于山东省东营市注入渤海，干流全长5464公里。关于黄河文化的空间范围，向来有不同的理解。例如，有学者提出黄河文化"是黄河流域人民在黄河岸边生息、繁衍、奋斗、发展的历史过程中形成的"文化[1]；有的学者提出"黄河文化存在的空间，可包括黄河流域的全部地区，即青海、四川、甘肃、宁夏、内蒙古、山西、陕西、河南、河北、山东等省区"[2]。笔者认为以上两种具有代表性的观点，都有可商榷、修正之处。

---

[1] 李振宏、周雁：《黄河文化论纲》，《史学月刊》1997年第6期，第76-84页。
[2] 安作璋、王克奇：《黄河文化与中华文明》，《文史哲》1992年第4期，第3-13页。

前者失之偏狭，如果仅指"在黄河岸边"产生的文化，则将黄河文化巨大、广泛而深远的影响局限化了；后者则失之过宽，不仅四川大部属长江流域，不属黄河流域，而且也很难将陕西的秦岭以南地区和内蒙古阴山以北的大草原都视为黄河文化的范围。

讨论黄河文化，首先应对黄河流域的时空概念有一个清晰的认知。笔者认为，所谓黄河文化，从时间上说，应包括从远古时代黄河形成后有人类以来的文化；从空间上说，即指黄河流域的文化。而黄河流域，则是指黄河及其众多支流包括白河、洮河、湟水、清水河、大黑河、汾河、渭河、洛河、沁河、济水、大汶河等所涵盖的集水区的广大区域，黄河流域的山脉常常是流域的界墙。由此，我们大致可以描述为：黄河流域范围西起青海境内的巴颜喀拉山，东到渤海，南至秦岭，北抵阴山，流域面积约为75万平方公里。从地理结构、自然环境和水文情况来划分黄河及其流域的界段，一般以发源地到内蒙古托克托县的河口镇为上游；从河口镇到河南荥阳桃花峪为中游；桃花峪至入海口为下游。其上游河道，山高谷深，河道迂曲，水源丰沛，景象壮观，全长占黄河的三分之二；河道没有重大变迁。流域大致分为三个梯段：第一梯段为河源流域。位于青海、四川境内的大"S"形广大区域。这里大多位于海拔4000米以上的青藏高原，流域内多支流汇聚为湖泊、沼泽、草地，人口稀少，流域稳定。第二梯段为河湟流域。从龙羊峡横穿兰州到白银市，是青藏高原和黄土高原的过渡区域。流域内山高坡陡，峡谷狭宽相间，支流众多，水源丰沛，是稳定的多峡谷流域。河道在青海、四川、甘肃境内的部分，虽然流域广大，但地处高原，历史上人口稀少且多民族杂居，以游牧为主，被统称为河湟文化。第三梯段是河套流域。大河从峡谷中奔腾而出，沿贺兰山东麓北流后，在阴山以南折向东流，在宁夏和内蒙古形成沿黄两岸狭长的冲积平原，被统称为河套平原，是"千里黄河，唯富一套"的农耕文化区，历史上是农耕文化与游牧文化的交汇融合之地。

黄河中游主要在黄土高原、山脉、峡谷中穿行，峡高谷深，支流众多，泥沙大量汇流，使黄河中下游成为世界大河中泥沙含量最多的河流。据《汉书·沟洫志》记载："河水重浊，号为一石水而六斗泥。"到了清代则有"平时之水，沙居其六；一入伏秋，沙居其八"的记载①。这也是黄河下游水患多发的主要原因。中游河道也没有重大变迁，中游流域的特点：一是以上游后端和中游河道，形成"几"字形河套区域，地域广大；二是支流众多，支流之中又有支流。以黄河最大支流渭水流域形成的三秦（关中）文化区，以汾水、沁水流域形成的三晋文化区，以渭、汾及伊洛河流入黄河交汇的"晋、陕、豫三省接邻地区为中心的中原地区"，以北至渤海、南到汶泗，以泰山为中心的齐鲁文化区是黄河流域最重要的文化核心区。

　　黄河在进入下游华北平原后，流速骤降，大量泥沙沉积，下游河道以"善淤、善徙"著称。下游河道的反复改道和主流河道的大幅迁徙，不同历史时期的黄河下游区域发生重大变化，所以下游的流域有进一步辨析的必要。如果以历史上黄河下游主河道入海口为指向，可分以下三个方向和区域。一是在东汉王景治河以前，黄河主要是从太行山东麓的河北平原北行，在当今天津南以及华北平原东海岸注入渤海。其中，史前与三代时期是下游河道在华北平原的漫溢期，主河道在华北平原北部的天津南北以若干支流入海。春秋到西汉时期，已出现人工修筑黄河堤坝的工程，有较稳定主河道，前期相对安流；秦汉统一后，人口增殖，垦荒扩耕，黄土高原水土流失严重，黄河数次泛滥、改道，但主河道仍在华北平原中部东海岸注入渤海。二是东汉初王景治河至北宋末，河道南移，主要从山东利津县或华北平原南端沿岸流入渤海，与清末以来形成的现行河道（现东营市垦利区入海）大致接近，主要范围仍属华北平原。三是从金元至清末咸丰五年，黄河夺淮入海，即主流河道从淮河故道注入黄海。因而有一种意见认为："就整个历史时期而言，黄河流域还应包括25万平方公里的黄淮海平原的绝大部分，面积大约为100万平方公里。"②但历史上的黄河流域是否包括淮河下游流域，值得质疑。一是黄河夺淮入海，是公元1128年冬，北宋东京留守杜充"决黄河，自泗入淮以阻金兵"③，是人为决口的重大改道。清末名臣翁同龢等就认为"河自大禹以后，行北地者三千六百余年，

---

① 靳辅：《治河方略》卷九《源流》第五，清嘉庆四年（1799）刻本，第19页。
② 李学勤、徐吉军主编《黄河文化史·导论》，江西教育出版社，2003，第1页。
③ 《宋史》卷二十五《高宗二》，中华书局，1985，第459页。

南行不过五百余年……不知河性利北行"①。人为决口使黄河主流南行入海，是违背黄河流淌自然规律的。而此后的治河，又以保运河畅通为重点，以保南流、夺淮入海为正流，因而致河道沉沙越积越高；决溢高发、灾难深重，这个时期的黄河在黄淮平原上往复滚动，多股分流，河道紊乱，给这一地区的人民带来深重灾难。二是淮河作为我国东部南、北方地理、自然的分界线，有其相对独立的自然环境，与北方的黄河流域有明显差异。因而，传统上说的黄河流域并不包括淮河下游流域。历史上的黄河下游流域，是指北至京津、南括"河济之间"的华北平原。其中，以泰山为核心，南至黄河下游主要支流大汶河为主的汶泗流域，北至渤海南岸的潍淄流域，是黄河流域又一个文化核心区。正是以黄河中、下游流域为主构成的黄河文化在中华文明发展史上谱写了最辉煌的篇章。

二、黄河：中华文明起源的主脉

自从20世纪20年代近代考古学传入中国以来，考古发掘的重心之一是对中华文明起源的探寻。发掘工作的起点和重点，首先是在黄河流域展开的。大量的史前考古发现证明，黄河流域是中华大地上早期人类最主要的活动区域，是新石器时代中华文明起源时期的文化主脉，是中华文明的根之所在。

（一）由洪荒时代到文明初曙

黄河形成的数百万年的历史，是中华大地由洪荒时代走向人类文明的时期。早在20世纪初，中外古人类考古学家探索中国及东亚古人类的起源就是首先在黄河流域开始的，并在黄河流域上游河套地区的萨拉乌苏河套人遗址和宁夏水洞沟遗址，黄河故道下游的北京周口店北京猿人遗址、山顶洞人遗址有重大发现，这三处遗址被称为"摇篮三部曲"。由北京猿人遗址主要发现者之一的贾兰坡写的《北京人》《河套人》和《山顶洞人》，被称作中国最早历史的三部曲，"代表了整个中国旧石器考古起步阶段的

---

① 《清史稿·河渠志·黄河》，中华书局，1976，第3754页。

成果"①。

在最早的"摇篮"探索中，"北京猿人"遗址发现的距今70万～20万年的完整直立人头盖骨5个和40多个人体颅骨、肢骨，数万件石制品，以及烧石、灰烬和100多种哺乳动物化石②，不仅在"三部曲"中最早，遗物极其丰富，"是中国旧石器考古史上的里程碑……以轰动全世界的方式跻身世界考古学界，并使得中国成为追寻早期人类起源与演化的中心地区"③，而且将人类文明探寻进一步导向了黄河流域。后来，考古学家在仔细研究了遗址的石器和人类遗骨后，提出了"北京猿人"不是最早的人类，在他们之前一定有更加原始的人类存在的见解。由此，以"摇篮三部曲"探索为起点在黄河流域的我国旧石器时代考古探索进入了新的发展时期。

自20世纪五六十年代始，在全国各地陆续发现了大量早、中、晚更新世时期的猿人化石。例如，云南元谋猿人、湖北郧阳猿人、河南南召猿人、安徽和县猿人、辽宁金牛山猿人等④。但无可否认的是，发现最多、最系统、影响最大的还是在"摇篮"的黄河流域及其附近地区。其中，影响最大的有被贾兰坡称为"泥河湾期的地层才是最早人类的脚踏地"⑤的河北阳原县泥河湾早更新世人类遗址群，距今200万年至100万年以上的遗址就有数十处。有在黄河风陵渡附近的山西芮城县西侯度遗址发现的一批石制品、切割痕迹的鹿角、烧骨和多达22种以上的动物化石等人类文化遗物，时代距今180万年以上，"是我国乃至东亚地区首次发现的属于早更新世初期的人类文化遗存"⑥。有在黄河最大支流渭水中下游的陕西蓝田

① 刘扬：《中国旧石器时代考古史上的三个重要事件》，《北方文物》2022年第3期，第39-44页。
② 卫奇：《"北京人"遗址第十层石制品再研究》，《河北北方学院学报》2019年第5期，第19-27页。
③ 刘扬：《中国旧石器时代考古史上的三个重要事件》，《北方文物》2022年第3期，第39-44页。
④ 王玉哲：《中华远古史》，上海人民出版社，2000，第11、22-24页。
⑤ 贾兰坡、王建：《泥河湾期的地层才是最早人类的脚踏地》，《科学通报》1957年第1期，第30-31页。
⑥ 王益人：《远古遗踪——山西芮城西侯度遗址发现始末》，《文史月刊》2016年第1期。

县公王岭发现的蓝田猿人头骨，被鉴定为距今115万年～110万年的早期"直立人"[①]；蓝田猿人的发现意义重大，"代表目前世界上已发现的最早的一种猿人类型——表明中国是研究人类起源和发展的重要地区"[②]。有在黄河下游支流汶水发源地的沂源县山洞中发现的距今四五十万年的沂源猿人头盖骨化石和伴生哺乳动物化石[③]。这一切都充分说明黄河中下游流域是中华大地上古人类最早的显露晨曦之地。

值得注意的是，在黄河流域旧石器时代中、晚期文化遗址中发现的从古人类到现代人之间的大量智人遗址，如河南许昌灵井遗址、宁夏灵武水洞沟遗址、陕西大荔人、内蒙古河套人、北京山顶洞人等旧石器、晚期智人化石和遗存，其中以黄河第二大支流汾河两岸的山西襄汾县丁村遗址最具代表性。该遗址1954年作为重点发掘，出土有属早期智人阶段的丁村人牙齿化石三枚、旧石器2005件、哺乳动物化石27种。在丁村遗址周围的汾水下游发现了大量的丁村文化遗址。丁村文化中晚期距今10万年～2万年，形态介于现代人和猿人之间。1976年又在此发现"一块幼儿顶骨化石。经研究它与'丁村人'牙齿化石同属于早期智人阶段，并与北京猿人、现代黄种人有密切的亲缘关系"[④]。有的专家将丁村文化与山西、陕西、河南三省交界的三角地带发现的众多旧石器时代遗址，如西侯度、蓝田、三门峡等出土的石器进行研究辨析，发现它们的品类和打制特点与丁村文化颇为相似，是这个区域生活的一种人类所特有的文化；它们之间存在着文化传统上的关系，应是一个一脉相承的区域文化体系[⑤]。在这个地区，后来发现最早新石器时代李家沟文化遗址。该遗址的"发掘得以完整

① 娄玉田、马宁：《中国北方最早的人类化石——蓝田猿人》，《化石》2014年第1期，第44-48页。

② 吴汝康：《蓝田猿人头骨的特征及其在人类进化系统上的地位》，《科学通报》1965年第6期，第488-493页。

③ 吕遵谔等：《山东沂源猿人化石》，《人类学学报》1989年第4期，第301-313、390-392页。

④ 王益人、王建：《山西旧石器时代考古的发现与研究》，转引自《山西省考古学会论文集》，山西古籍出版社，2000年，第153页。

⑤ 王益人、王建：《山西旧石器时代考古的发现与研究》，转引自《山西省考古学会论文集》，山西古籍出版社，2000年，第153页。

揭露出距今10500年至8600年连续的史前文化堆积的剖面……清楚可见本地区从旧石器时代晚期向新石器时代过渡地层关系"①,接续了丁村文化在这一地区一脉相承的传承关系。苏秉琦从丁村遗址中关注到了旧石器时代晚期遗存和仰韶文化的直接关系:一是"丁村遗址中的出土物与山西境内其他不同时期的旧石器时代遗存在文化面貌上有不少共同之处";二是在丁村遗址发现了"距今二万六千年以上,迄今发现最早的细石器",而在山西中条山北、南侧和"垣曲境内发现的仰韶文化遗存中,除其他特征有相似之处外,都含有细石器。这或可说明山上山下的文化之间具有承继关系"②。尽管黄河流域的现代人是否由本区域早期的智人直接演化而来,还有待于从更多的考古新发现中进行更深入的探寻,但黄河流域旧石器时代中晚期遗址的大量发现和对人骨化石及遗存的深入研究,越来越多的证据表明:它们与现代中国人之间存在连续性,有着亲缘上的继承关系③。这至少说明,黄河流域的远古人类应是现代中国人远古祖先的来源之一。

(二)"满天星斗"汇一条主脉

中华文明在距今一万年前后进入了新石器时代。它是中华五千多年文明的起源时期。

从20世纪初,中外专家合作开始的对新石器时代中华文明起源的考古探索,也首先是从黄河中下游流域开始的。仰韶文化和山东龙山文化的发现以及由此探明的黄河中下游考古文化序列的完整呈现,使黄河是中华文明起源地、中华民族母亲河、中华文明摇篮的传统观点得到了现代考古学的印证,在相当长一段时期内,也是学界的共识。但是中华人民共和国建立70多年来,特别是近40年来,随着全国范围内大量考古遗址的新发现,这种传统观点受到了挑战。考古学家夏鼐和苏秉琦在70年代末都相继提出了中华文明起源是多元的观点。夏鼐在列举了中原和黄河上游甘青地区,黄河下游山东和周边地区以及长江中下游地区等新石器文化属于不同类型

---

① 北京大学考古文博院、郑州市文物考古研究院:《河南新密市李家沟遗址发掘简报》,《考古》2011年第4期,第3-9、115、97-99页。

② 苏秉琦、殷玮璋:《关于考古学文化的区系类型问题》,《文物》1981年第5期,第10-17页。

③ 李学勤、徐吉军主编《黄河文化史》,江西教育出版社,2003,第35-40页。

后提出："文化类型不同，表明它们有不同的来源和发展过程。"并进一步强调："这种看法似乎比那种将一切都归之于黄河流域新石器时代文化的影响的片面性的传播论，更切合于当时的真实情况。"①实际提出了中国新石器时代文化起源和发展是多元的观点。他在后来的《中国文明的起源》一书中强调黄河流域是早期文化发展的一个中心，长江下游是另一个中心，山东地区文化的发展自有序列，是与黄河中游相对的另一个文化圈，这三个地区的晚期新石器文化与中国文明起源关系最密切②。苏秉琦对中华文明起源的多元化有着更明确的论述。他将中国新石器文化分为六个独立起源和发展的文化区，即陕豫晋邻境、山东及邻省一部分、湖北和邻近、长江下游、以鄱阳湖—珠江三角洲为中轴的南方、以长城地带为中心的北方地区，并由此对黄河是中华文明摇篮的传统观点提出了质疑："过去有一种看法，认为黄河流域是中华民族的摇篮，我国的民族文化先从这里发展起来，然后向四处扩展；其他地区的文化比较落后，只是在它的影响下才得以发展。这种看法是不全面的。在历史上，黄河流域确曾起到重要的作用，特别是在文明时期，它常常居于主导的地位。但是，在同一时期内，其他地区的古代文化也以各自的特点和途径在发展着。各地发现的考古材料越来越多地证明了这一点。同时，影响总是相互的，中原给各地以影响；各地也给中原以影响。"③后来，苏秉琦又提出了影响巨大的"满天星斗"说④。在广袤的中华大地上，数以万计的新石器时代的考古发现证明，距今五千年以前中华文明即在多地、多流域进入了文明阶段，作为20世纪以来新石器时代中华文明起源考古挖掘的史实总结和形象概括，"满天星斗"说、多元说，是对中华文明起源的理论探索，得到了考古界和学术界的较广泛认同。但是，如果据此提出"黄河流域是中华民族的摇篮"的看法"是不全面的"，认为"其他地区的古代文化也以各自的特点和途径在发展着……影响总是相互的"，将黄河文化的摇篮地位和文明起

① 夏鼐：《碳–14测定年代和中国史前考古学》，《考古》1977年第4期，第217–232页。
② 夏鼐：《中国文明的起源》，中华书局，2009，第98–100页。
③ 苏秉琦、殷玮璋：《关于考古学文化的区系类型问题》，《文物》1981年第5期，第10–17页。
④ 苏秉琦：《中国文明起源新探》，生活·读书·新知三联书店，1999，第101页。

源多元说对立起来，这就很值得辨析和再商讨了。笔者认为中华文明的起源是多元的，但黄河是多元汇聚的文化主脉，由此也就奠定了黄河文化是中华文明之根的坚实基础。

1. 满天星斗还是百川汇河

苏秉琦在40年前提出的六大区类，随着近40年来的考古新发现，考古学界又有多种划分，暂且不论①。就这六大区类来分析，在每个区类中，都发现了上百千个遗址，山东境内仅龙山文化遗址到20世纪末就达1300多处②，并不断有新的发现。就这些遗址的分布和数量看，称之为散落的"满天星斗"，确实非常确切。但随着区类探源工作扎实有效地开展，各区类大多探明了新石器文化形成的渊源序列，例如中原地区：磁山·裴李岗文化—仰韶文化—河南龙山文化；黄河下游（山东）：后李文化—北辛文化—大汶口文化—龙山文化；长江下游：河姆渡文化—马家浜文化—崧泽文化—良渚文化—钱山漾文化—广富林文化等。序列之中，又有各种类型，文化发展的演进支脉更加清晰，如百川之水，各有其源。问题在于，在中华文明多元一体格局形成的进程中，新石器时代百川之流汇聚到哪里去了？这是一个值得探讨的重要问题。

苏秉琦提出的六大区类，实际上大致可归纳为黄河、长江两大流域。以起源于辽河上游的红山文化为代表的北方（燕山南北、长城地带）古文化，是当地细石器文化与以彩陶为重要特征的仰韶文化结合的一种"合璧杰作"，甚至被称为"仰韶彩陶文化红山期"③，应属黄河文化。而所指东南文化区（以太湖为中心）、西南文化区（环洞庭湖、四川盆地）以及南方文化（以鄱阳湖——珠江为中轴）大致可属于后来以吴越、楚、巴蜀文化为代表的长江文化圈。

近几十年来，随着长江流域新石器时代考古遗址的大量发现，有学者提出"长江流域也有与黄河流域同样古老和繁盛的新石器时代文化遗址"

① 有张光直的9个区系说、严文明的三大类型十二区系说、佟柱臣的三个接触带七个系统说等。参看石兴邦：《中国新石器时代考古文化体系研究的理论与实践》，《考古与文物》2002年第1期，第38—50、55页。
② 《张学海考古论集》，学苑出版社，1999，第14页。
③ 李联盟主编《中国地域文化通览·内蒙古卷》，中华书局，2013，第31页。

"长江流域也是中华民族文化的摇篮"的观点①。特别是已列入世界文化遗产名录的 300 万平方米的浙江良渚古城遗址面貌的惊世显现，展现了一个存在于中国新石器时代晚期的以稻作农业为经济支撑，并存在社会分化和统一信仰体系的早期区域性国家形态②，被称为"中国早期文明的典范"③。良渚文化及长江流域的文化如此丰富和发达，充分展现了中华文明 5000 年前的起源时期的辉煌面貌，改变了由传统文献记载乃至 20 世纪前期考古发现所形成的中华文明起源是"发源于黄河流域，然后向西方扩散"的一元说而为"中国相互作用圈"，即"中华文明是在黄河流域、长江流域、长城内外等不同地区的文化传统的碰撞和相互促进中诞生的"观点④，并在学术界形成基本共识。但是，这是否说明黄河与长江流域的作用和贡献就是一样？或者说两流域都是中华文明的"摇篮"？笔者认为答案应是否定的。将长江流域新石器文化，放在中华文明多元一体大格局形成的进程中来看，长江中下游没有像黄河中下游一样，直接生长出以青铜文化为标志的"王国"文化，良渚文化在达到辉煌的顶峰后，在"四千余年前夏代开始之际已经分崩离析"，良渚文化在衰落后的长三角地区文化序列中，"既少玉也缺铜，都不太可能是夏代主流文化"，那里博物馆的馆藏里，"几乎没有夏商文化遗物"⑤。概言之，新石器时代长江文化的辉煌灿烂的确昭示出中华五千年文明起源时期的高度、厚度和广度，但长江流域三代时期文化的弱势和断环，说明它不是直接培育华夏文明的摇篮和温床，它的巨大历史贡献是通过融入黄河文化来实现的。王巍就提出："夏王朝建立之前（距今约 4000 年），中华大地文化交流的主流趋势是周围地区先进文化因素向中原地区汇聚，这一时期中原地区积极吸纳周边地区先进文化因素，使得中原文化充满活力，不断发展壮大。"⑥但这个"汇聚"

① 朱乃诚：《中国文明起源研究》，福建人民出版社，2006，第 382 页。
② 刘斌：《良渚与中国百年考古——被低估的中国新石器时代》，《中国文化研究》2021 年冬之卷。
③ 赵晔：《良渚：中国早期文明的典范》，《南方文物》2018 年第 1 期，第 69-76 页。
④ 李润权：《张光直教授的学术成就》，《中原文物》2002 年第 2 期，第 4-6 页。
⑤ 易华：《良渚文化与华夏文明》，《中原文化研究》2019 年第 5 期，第 5-13 页。
⑥ 王巍：《百年考古与中华文明之源》，《社会科学文摘》2022 年第 6 期，第 34-36 页。

并不是均衡的。虽然在近些年的新石器考古文化研究中，已有学者论及长江文化在中原的汇聚、传播和影响，丰富、提升了黄河文化的内涵和活力，但大量的考古发现和研究表明：中原地区和东方（以山东为中心）海岱地区的文化交流最为密切、广泛和强势，正是这两个区类文化的高度交汇融合，形成了一条黄河文化主脉。这条主脉对其他区类文化产生的强烈吸附力和主脉内部发生的强力互动与内在融合，最终成为中原地区文化中心地位的基石，并在此基础上发展出了以三代为主体的王国文化。

2.一条主脉与两个中心

在总结百年来关于中华文明探源的考古发现时，有学者借用傅斯年的"夷夏东西说"，称新石器时代黄河中下游的文化为"东西二元对立说"[1]。笔者认为夷夏东西，固有对峙，但"这两个系统，因对峙而生争斗，因争斗而起混合，因混合而文化进展"[2]，对峙、争斗是过程，混合、发展是结果。而从考古发现看，黄河中下游以晋、陕、豫交界地带为中心的中原文化和以泰沂山系为中心的海岱文化遥相对应，通过密切的互化融合，形成了新石器时代黄河文化的主脉。

中原文化早在距今8000年至7000年的裴李岗文化时期就已经进入了定居农业经济，表现出"较为先进的思想观念和知识体系，以及较为复杂的社会形态"[3]，踏进了文明的门槛。距今约7000年至5000年的仰韶文化，在同时期各类新石器文化中分布范围最广泛，并先后经历半坡（早）、庙底沟（中）和西王村（晚）三个时期，是黄河流域势力最为强大的史前文化。庙底沟时期，仰韶文化发展到顶峰，文化意义上的"早期中国"已见雏形。距今5000年至4000年的河南龙山文化时期，轮制陶器、铜器的出现和登封王城岗、淮阳平粮台、新密古城寨等众多城堡群的出现，标志着中原文化已发展到高度文明的新阶段，为"主脉"奠定了根基。

地处黄河下游的以山东地区为主的海岱文化区是我国第一代考古学家探寻中华文明起源地特别关注的重点区域。20世纪二三十年代之交，由我

① 陈星灿：《从一元到多元：中国文明起源研究的心路历程》，《中原文物》2002年第2期，第6-9页。
② 傅斯年：《民族与古代中国史》，河北教育出版社，2002，第4页。
③ 韩建业：《裴李岗时代与中国文明起源》，《江汉考古》2021年第1期，第50-55页。

国学者和学术机构独立发现、发掘的第一个史前文化遗址便是章丘县城子崖龙山文化遗址。当时著名考古学家李济曾惊喜地宣称:"有了城子崖的发现,我们不但替殷墟一部分文化的来源找到了一个老家,对于中国黎明时期文化的认识,我们也得了一个新阶段……我们至少可以说,那殷商文化最重要的一个成分,原始在山东境内。"①这说明黄河中下游文化的"主脉"地位从探源一开始即备受关注。此后,经过近百年的大量考古发掘,探明了从距今8000年至4000年发展出的后李文化—北辛文化—大汶口文化—龙山文化自成序列的海岱文化区,的确是中华文明起源的另一个中心区。特别是距今5000年左右的大汶口文化晚期出现的象形文字和龙山文化遗址出土的有"薄如纸,硬如瓷,明如镜,黑如漆"美誉的蛋壳黑陶以及龙山文化城的发现,进一步提升了黄河文化在中华文明起源中的主脉地位。

3.夷夏交融与主脉形成

考古发现证明,海岱文化区在大汶口文化和龙山文化时期向中原地区强力传播和扩展,在中原与当地文化深度交汇融合,发展出了新的河南龙山文化类型。黄河中下游文化的强力融合,是形成黄河文化"主脉"地位的主要内在动因。王震中的《夷夏互化融合说》一文,曾从大汶口文化早、中、晚期和龙山文化中晚期四个阶段,以大量的考古遗址发现为材料,将海岱文化与中原文化交融互化的密切关系进行了较详尽全面的阐述,分析很精到。例如,他详细论证了大汶口中期文化对仰韶大河村类型的重大影响后比较说:"大河村类型中也存在南方屈家岭文化的因素,说明它也有吸取、融汇南方江汉流域文化的方面。不过,这一因素在大河村类型中所占比例甚小,同东方大汶口文化相比,远不占主导地位。"②即强调了海岱文化对中原影响的主导地位。杜金鹏通过对40余处遗址分析后曾提出,"大汶口文化遗存在颍水中、上游和伊、洛下游地区的分布是广泛而密集的",并与当地土著文化进行了长期的接触与交流,逐渐与土著文

① 李济:《中国考古报告集之一:城子崖发掘报告序》,载蔡凤书、栾丰实主编《山东龙山文化研究文集》,齐鲁书社,1992年,第6-7页。
② 王震中:《夷夏互化融合说》,《中国社会科学》2022年第1期,第132-157、207页。

化融为一体，而且影响所及越过了黄河，进入晋西南地区①。可见，较之其他区类文化，大汶口文化对中原文化影响更有广度和深度。到了龙山时代，在中原的考古发掘中，没有出现保持海岱龙山文化完整面貌的遗存，但却有三种情况出现。一是在中原龙山时代的山西襄汾陶寺墓地，不但看到了"四方精华汇集于中原这一文化上的'辐辏'现象"，而且发现了厚葬、木椁、石磬与鼍鼓、玉钺、玉琮等大汶口文化的系列影响因素②。二是河南龙山文化的五种类型中，与海岱接壤的后岗类型和王油坊类型中的磨光黑陶、鸟喙式鼎足、袋足鬹等很可能都是在山东龙山文化的影响下出现的③。三是海岱龙山文化对夏、商早期文化影响巨大。张光直就指出，二里头类型遗址中的陶器，是在继承河南龙山文化基础上，吸收了山东龙山文化的一些因素而发展成的。他认为："殷商文明中很重要的一些成分（绝大部分是与统治阶级的宗教、仪式、生活和艺术有关的）很清楚地起源于东方。"④

概言之，在新石器时代的"六大区类"中，没有哪一个区类像大汶口、龙山文化这样广泛地、系统地、强力地影响了中原文化，而正是新石器时代黄河中、下游文化的交汇、融合，提升和巩固了黄河文化在中华文明起源中的"主脉"地位。

还应注意的是：考古学上的仰韶、龙山文化时代，也是传世文献记载的中国古史传说中的文明起源期，在此只作简述。《史记·五帝本纪》中所记"五帝"，主要活动都在黄河中下游地区。黄帝是以河南中部为根据地的部落首领，颛顼、帝喾、尧也是活跃在黄河中游地区的部落首领；而舜则为"东夷之人"⑤，先活动于河、济之间，后至中原受尧禅让而成为共主。这反映出中原地区在华夏早期文明形成中的中心地位，以及海岱东夷文化对中原文化的重大影响，是与考古发现相互印证的。根据《史记·封禅书》记载，包括"五帝"在内的十二帝王都在即位后到泰山"封禅"，

---

① 杜金鹏：《试论大汶口文化颍水类型》，《考古》1992年第2期，第157-169、181页。

② 邵望平：《中原文化中的东方因素》，《中原文物》2002年第2期，第9-11页。

③ 蔡凤书、栾丰实主编《山东龙山文化研究文集》，齐鲁书社，1992，第328页。

④ 张光直：《中国青铜时代》，生活·读书·新知三联书店，1999，第117页。

⑤ 焦循撰《孟子正义》卷十六，沈文倬点校，中华书局，1987，第537页。

泰山成为上古以来黄河流域上层宗教活动的文化中心。文献记载的史前传说人物还有伏羲、神农、炎帝、太昊、少昊、蚩尤、共工等，他们与黄帝之间，或继统，或同盟，或征战，主要活动范围正是黄河中下游区域。这是黄河为中华文明起源时期文化主脉的重要历史依据之一。

三、三代文明，礼为主脉

夏、商、周三代是中国历史上早期国家形态演变最重要的时期，是中华文明多元一体格局的奠基期。自三代始，中华文明进入了向"大一统"王朝发展演进的新阶段。三代都在黄河流域孕育、发展，黄河是三代文明的摇篮；在国家政体发展上，三代都经历过由古国到方国的演变，先后以广域王权的"王国"形态掌控过以黄河流域为中心的广大区域①。在文化上，三代在经历悠久漫长的相互吸收、融合后，以礼制的传承发展为主，形成了三代文明发展演进的主脉。

（一）三代之根，都在黄河

黄河是三代文明的发源地，是培育三代文化发展的沃土。黄河孕育、成就了三代文化。

1. 三代族源，都在黄河

三代族源特别是夏文化的考古探寻，一直是20世纪以来考古界中华文明探源工程的重点和努力方向。从考古上看，二里头文化遗址的持续挖掘和重大发现，证明其主体应是夏朝后期的都城，大型的都城遗址（300万平方米），宫城修建，完整的中轴线理念，前后左右的对称，生产铜器和绿松石器等高等级产品的手工业作坊区，尤其是它创造的一整套礼器都向

---

① 苏秉琦提出，中国从史前到秦汉是沿着"古国—方国—帝国"模式发展的；王震中认为，苏先生的框架并不规范，提出了"邦国—王国—帝国"的模式框架。（王震中：《中国古代文明的探索》，云南人民出版社，2005，第268页）笔者认为，史前至秦汉以"古国—方国—王国—帝国"四种形态演进更符合史实。古国，是以姓族形成的小国，"禹会诸侯于涂山，执玉帛者有万国"者即是；方国，则是掌控一定区域范围的国家形态，"五帝"即是方国的首领；而三代，则已进入"王国"时代。西周实行的分封制，已经孕育了"帝国"的基因，为秦汉成熟帝国的产生奠定了原始基础。

周围产生强烈辐射①。这都表明夏朝已在黄河流域高度发达的新石器文明基础上走进了青铜时代，标志着广域王权国家的形成，也即夏、商、周三代王国文化的开始。三代文明都在黄河流域而没有出现在长江或其他区域，进一步凸显出黄河是中华文明的主脉和摇篮。

二里头为夏朝后期的都城，夏人的祖源起于何处？早在80年前王国维在《殷周制度论》中提出："夏自太康以后以迄后桀，其都邑及他地名之见于经典者，率在东土。"②诸多学者都先后对夏文化起源于黄河下游的"河济之间"进行过论证③，却因没有考古发现的佐证，被考古界认为是"未必可信""尚属可疑"的悬案④。但谭其骧曾这样解说："黄河下游在战国筑堤以前，决溢改道是屡见不鲜的事，其时河北平原中部是一大片人烟稀少荒芜寥落的地图上的空白地区"，"不可能形成聚落，更不可能出现城邑"⑤。"平原中部"是空白，并不代表周边没有人类活动。"河济之间"区域广阔，原始的聚落、城邑被长期漫溢河水，深埋地下，也未可知。暂无考古发现，并不能否定夏文化源于东方的"河济之间"。因而，夏王朝起源于黄河下游，后期迁徙到中游的河洛平原一带建设都城的说法也是有道理的，可备一说的。

商族的发祥地问题，自20世纪初，由于殷墟遗址的惊世发现，而成为中华文明起源考古探索的起点。《诗经·商颂》"天生玄鸟，降而生商"等可靠历史文献依据，和大量史前考古发现的结合，使商族来源于以凤鸟为图腾的黄河下游的山东省境内自渤海南岸到泰山、古兖州一线区域，成为学术界比较一致的共识。这个共识，傅斯年对此有详熟考订⑥，也得到自城子崖遗址挖掘以来，关于山东龙山文化与商文化关系研究者的证实。张光直认为"殷商文化的基础乃是山东的龙山文化。……殷商的统治者，亦

---

① 王巍：《百年考古与中华文明之源》，《历史研究》2021年第6期，第34-36页。
② 王国维：《观堂集林》，中华书局，1959，第451页。
③ 沈长云：《夏后氏居于古河济之间考》，《中国史研究》1994年第3期，第113-122页。
④ 邹衡：《夏商周考古学论文集》，文物出版社，1980，第251页。
⑤ 谭其骧：《西汉以前的黄河下游河道》，转引自谭其骧：《复旦大学历史地理学术经典·谭其骧卷》，葛剑雄编，上海教育出版社，2022，第321页。
⑥ 傅斯年：《民族与古代中国史》，河北教育出版社，2002，第4页。

即子姓的王朝，是来自东方的一个政治集团。……后日的殷商文明，也可以说是东西文化混合的结果"①。王玉哲则画出了起源时期的活动线："商族最远的祖居地可能是山东，后来才向西北转移，达到河北省的中部，即游牧于北至易水南至漳水等流域，到夏的末叶才把主力定居于河北省南部，和山东省的西部，卒能西向灭夏，建立商王朝。"②

周族的发祥地较之夏、商，有较明确的文献记载。在《诗经·大雅》中有三篇——《生民》《公刘》《绵》是专门记载周民族后稷（名弃）的创世及周民族早期发展史的，其活动范围在黄河最大支流渭水流域，向上包括"泾水上游，自甘肃平凉、庆阳各地遍及六盘山陇山地带"③，后沿渭水东进，扩展到渭水下游的广阔地带。有学者考定，周人最早的渊源地在山西汾水流域，周人是从山西西迁至渭水上游的④。也有研究《诗经》的学者提出，周族发祥地"邰"之地望或在山西境内黄河的三条支流汾水、涑水、沁水流域一带⑤。总之，是离不开黄河的。三代文明都深深植根于黄河流域，是黄河孕育了三代文明。

2.三代徙都，不离黄河

都邑，是文明的中心。三代的共同点是：为了部族的生存和找到更好的发展区域，都邑往往是迁徙不定的，尤其是在早期姓族古国的阶段。夏族都邑的迁徙路线，由于史料缺乏，并不清晰，但从文献所载看，夏之都邑大都在黄河或其支流之上。一是汾水。《左传·定公四年》有："命以唐诰而封于夏墟。"夏墟，应是周人所认定的夏代最早的都城。其具体地址一说太原，一说临汾（平阳）；或说在汾水下游晋西南区域迁徙不定。二是黄河下游"河济之间"。文献记载有两个夏人都邑都在此地：其一东夏，

---

① 张光直：《中国青铜时代》，生活·读书·新知三联书店，1999，第83-85页。

② 王玉哲：《商族的来源地望试探》，《历史研究》1984年第1期，第61-77页。

③ 许倬云：《西周史》，生活·读书·新知三联书店，1995，第70页。

④ 王玉哲：《中华远古史》，上海人民出版社，2000年，第463页。

⑤ 王宗石编著《诗经分类诠释》，湖南教育出版社，1993，第396页。

其二帝丘[①]。三是伊洛平原。《国语·周语上》："昔伊洛竭而夏亡。"说明夏桀之亡时，都城就在河洛平原，这与二里头遗址的发现是吻合的。在河南登封发掘的河南龙山文化晚期的王城岗遗址，考古界多有人认为是"禹都阳城"之阳城[②]。傅斯年在《夷夏东西说·夏迹》中遍搜文献中与夏朝有关的地名计有22条之多，说明夏人的活动足迹都没有离开黄河流域。

商族由东方而入中原，其都邑在黄河中下游较广阔的范围内，往复迁徙，是都邑迁徙最频繁的朝代。在成汤以前的先商时期有"自契至于成汤八迁"之说，王国维考定为：蕃、砥石、商、商丘、泰山、殷、商丘、亳[③]。八都范围大致都在冀南、豫北、鲁西这一黄河下游范围内。成汤灭夏后，西进中原，王震中著《商代都邑》一书，分早、中、晚期做过专题考定。早期分建偃师商城、郑州商城；中期曾迁隞、相、邢、奄、殷，其中相、邢、奄的地望，考古、学术界对遗址争议较大，但大致都在黄河中下游一带迁徙；晚期的洹北商城及最后迁建都于黄河下游之安阳殷墟[④]。周族都城的迁徙有较明确的历史记载，灭商前，由邰—豳—周原—丰邑，灭商后，定都丰邑附近的镐京，史称丰镐或镐京，都在渭水流域。西周初，周公即着意在河洛平原的洛邑营建新王都，西周末，镐京被戎狄所毁，周平王迁都洛邑。三代迁都，都以中原为核心区，范围不出黄河中下游。

（二）三代文化，共生互融

三代文化在中华文明形成发展中的奠基性地位，是与三代文化之间特殊的相互关系分不开的。这种关系，有以下特点。

---

① 《左传·襄公二十二年》有"闻君将靖东夏"，《左传》昭公元年、昭公十五年都有"东夏"，杜预注："在顿丘县（今濮阳清丰县）南。"《左传·僖公三十一年》载"卫迁于帝丘（杜预注：东郡濮阳县）"，而帝丘则是夏启之孙相之都邑。见杨伯峻：《春秋左传注》，中华书局，1981，第1067、1201、1372、487页。

② 周书灿：《禹、启、太康传说的考古学对应问题》，转引自黄贤全、邹芙都主编《西部史学》（第3辑），西南师范大学出版社，2019，第19页。

③ 王国维：《观堂集林》，中华书局，1959，第515-522页。

④ 王震中：《商代都邑》，中国社会科学出版社，2010，第1-2页。

1. 共生性

三代文化并不是随朝代更替而前后递进式的传承关系，而是在中华文明起源与早期国家形成过程中共生并存的。一是从社会组织的特点看，三代都是以宗法制姓族文化为主体形成的"城邑式的宗族统治机构。夏代是姒姓的王朝，商代子姓，周代姬姓，姓各不同，而以姓族治天下则是一样的"①。二是族源的发生处于相同的时代。在古代文献记载中，商之始祖契，夏之始祖鲧与禹，周之始祖后稷都同时出现在尧舜时代。据《淮南子·齐俗训》："尧之治天下也，舜为司徒，契为司马，禹为司空。"而周之始祖后稷，在尧时也曾为司马②。在舜治天下之后，三大姓族首领又同为"三公"："夫三公之封，自为大国，而舜又益其地……封契于商，封稷于邰，子孙并大显于后。"③说明早在"五帝"时期，三代之祖即同为黄河流域规模较大的姓族部落古国的首领。在考古探源中，三代文化在黄河流域的不同区域同源于龙山文化时代。夏文化在中原河南龙山文化基础上发生发展的，商文化处黄河下游也在龙山文化基础上形成发展。而周文化则在渭水流域的关中地区，在陕西龙山文化基础上，融合上游齐家文化因素形成发展④。三代文化的产生不仅在地域上相近，在自然环境上也具有黄河流域的相对一致性。

2. 复合性

三代文化形成于中华文明的早期，自然地理环境对文化的影响巨大。三代文化虽然各有其源和地域的差异，但任何一族文化都是多元聚合的结果。一是三代之间的多元复合融汇。在夏文化形成过程中，由于先商、先周文化的存在，它的形成必然受到商、周文化的影响，并吸收了其某些因素，三代之间很难分得清楚。被称为夏文化重大发现的二里头遗址的族属问题一直在考古界争论不休。"二里头主体商都说""二里头前夏后商说"

---

① 张光直：《中国青铜时代》，生活·读书·新知三联书店，1999，第73页。
② 李学勤主编《十三经注疏·毛诗正义》，北京大学出版社，1999，第1408页。
③ 蒙文通：《古史甄微》，转引自《蒙文通全集》（三），巴蜀书社，2015，第409页。
④ 徐锡台：《早周文化的特点及其渊源的探索》，《文物》1979年第10期，第50-59页。

"二里头全为夏都说"及"二里头主体夏都说"等多元观点激烈交锋①，固然各有所居，但也反映了夏、商文化本身都是复合型的，很难决然判断出它的清晰标志属性。商文化自然吸收了夏文化的众多因素，其中主要的还是"殷因于夏礼"，但它在与周族的长期交往和战争中，也受到了先周文化的重大影响。钱穆、吕思勉、王玉哲等学者认为先周文化本是夏文化的一部分，周人是从山西由东而西迁陕西的②，而且在先周时期就大量地吸收了商文化③，立国后更是注重对殷商文化的传承与吸收，"周因于殷礼，所损益，可知也"，就是加进了殷商的文化。二是三代文化与域内外众多族姓小国文化的多元复合融汇。在夏代的势力范围已经到达了长江流域；商代土地更辽阔，充分吸收了大量的黄河流域、长江流域及其所征伐范围内的各地域文化。在夏商时期，域内有千万个族姓古国，每一个小国，都有自己的传统，在文化上，是一个多元并存的时期；夏、商王朝作为共主，在跟这些域内外姓族文化实体交往、战争、兼并等活动中，实现了多元文化的复合融汇，所以三代文化都是一个极复杂的文化复合体。周朝实行分封，每一个诸侯封国，都是一个亚文化的单元。所谓周文化，实际是包含了各诸侯国文化在内的文化多元复合体。

3.互融性

共生、同源的特点使三代文化从源头上即具有了纵横交织、相互融合的先天条件。三代在经历了由姓族古国、方国，以至王国的演变过程中，商、周是夏代列国之一，周与继承夏祀的杞是商代列国之一，杞与继承商祀的宋是周代列国之一。"夏商周三代的关系，不仅是前仆后继的朝代继承关系，而且一直是同时的列国之间的关系。……后者是三国之间的主要关系，而朝代的更替只代表三国之间实力强弱的浮沉而已。"④可见，历史上往往"三代"合称，实际表明在文化上是一种交互融合的形态。因此到了汉代人的眼里，其道德教化是循环吸收、相互融合的："王者设三教者

---

① 贺俊：《二里头文化古史属性研究的新动态及相关问题》，《南方文物》2019年第2期，第85—94页。

② 王玉哲：《中华远古史》，上海人民出版社，2000，第439页。

③ 邹衡：《夏商周考古学论文集》，文物出版社，1980，第353页。

④ 张光直：《中国青铜时代》，生活·读书·新知三联书店，1999，第70页。

何？……夏人之王教以忠，其失野，救野之失莫如敬；殷人之王教以敬，其失鬼，救鬼之失莫如文；周人之王教以文，其失薄，救薄之失莫如忠。……三者如顺连环，周而复始，穷则反本。"①正是三代文化的上述特点，为中华文明多元一体大格局的形成奠定了深厚的文化根基。

（三）三代传承，"礼"为主脉

"礼"是中华文明有别于西方文化的特质，也可以说，中国传统文化的特征和表征就是"礼"②。《史记·礼书》："余至大行礼官，观三代损益，乃知缘人情而制礼，依人性而作仪，其所由来尚矣。"《六经》，集三代文献之大成，前人即有"六经皆古之典礼"之说，可见"礼"在三代文化中的主流地位。

1.王朝之"礼"，始于夏代

中国"礼"的起源与文明起源同步，产生于聚落和姓族古国内部对祖先的崇拜和对天地的敬畏。欲表敬念，必有仪式，礼寓其中。五帝时期，也讲德、礼，但还未达到三代时的制度化。尧、舜、禹禅让王位，都曾有"舜让尧子""禹让舜子"的情况，但因"诸侯归之"而未成功，可见当时，即使是禅位之大礼，也没有制度化。为什么礼制产生于黄河流域的夏朝？一是与国家形态变革有直接关系。自夏朝始，已进入广域王权统治的"王国"时代，为维护"王"的地位和统治，"礼"的重要性突出了出来。礼者，"当时贵族阶级一切生活之方式也。故治国以礼……列国君大夫所以事上、使下、赋税、军旅、朝觐、聘享、盟会、丧祭、田狩、出征，一切以为政事、制度、仪文、法式者莫非'礼'"③。二是与治理黄河水有直接关系。尧时"洪水滔天"，鲧、禹父子，两代治水，鲧失败而禹大获成功，得到"执玉帛者万国"的拥戴，从而建立了夏王朝。禹治水成功的过程和细节我们不得而知，但有学者认为："为控制黄河以及修建水利排灌设施需要付出巨大的共同努力……必须由为数不多的几个人来指挥众多的人，可以说，无论什么地方需要大规模治水，专制类型的或称'东方'

① 班固：《白虎通义·三教》，清乾隆嘉庆间嘉善谢氏刻抱经堂丛书本，第3-4页。
② 丁鼎主编《三礼学通史》（上册），人民出版社，2020，第17页。
③ 钱穆：《国学概论》，商务印书馆，1997，第34、36页。

类型的社会就会在那里发展起来。"①这个分析抓住了黄河在"东方"文化奠基期的独特地位和贡献以及三代王朝都只能产生于黄河流域的原因之一，很有见地。但夏代的社会形态还远谈不上"专制"，只是在重大的自然灾害面前需要一个"王"来指挥"统一"的行动罢了。而且史前的洪水经常漫溢，灾害多发，这种"统一"的劳作会反复进行，这或许是统一王朝始于夏的重要原因。也正是在"王"的指挥过程中，规范的"礼"就成为统一行动的约束了。"礼"从血缘姓族内部的仪式转变为王国统治思想的社会信条，这也是自夏朝始，"礼"成为三代文化主脉的重要因素。夏礼，是三代礼制的奠基，对商、周影响巨大。孔子说："殷因于夏礼，所损益，可知也；周因于殷礼，所损益，可知也。"②这既说明夏礼在三代礼制中的创制地位，也表明三代之礼一脉承传，至春秋仍有巨大影响。由于文献缺失，夏礼的具体面貌已难知其详，但在夏代晚期的都城二里头遗址内，不仅发现多座按照礼制建设的体现中轴线理念、呈左右对称布局的宫殿；而且出土的礼器较之陶寺、石峁等夏代之前的都邑性遗址的礼器更加规范化、制度化，说明夏代已经"形成华夏风格和文化内涵的礼器制度"③。

2. 商代礼制，大幅提升

由于甲骨文的出土，殷商的礼制情况文献记载较多。总体看，殷礼繁富，已经形成了一整套完备的礼制体系，至少反映在以下几个方面。一是祭礼无处不在。商代祭祀、占卜之风盛行，祭礼、占礼充斥着社会的各个方面。以至于美国人史华兹感叹道："人们考查甲骨文的时候，就会立刻为如下的现象所震惊：我们称为祖先崇拜的现象几乎无处不在。"④其实不仅是祖先崇拜，商代的宗教信仰中，还包括对天神（含天帝、日、月、云、风、雨等自然天象）和地祇（含土地、山、川、四方等）的崇拜也是无处不在的。这种崇拜就是通过祭礼来表达和实现的。二是礼器大幅提

① ［美］费正清、赖肖尔：《中国：传统与变革》，陈仲丹等译，江苏人民出版社，1992，第30页。
② 程树德撰《论语·集释》，程俊英、蒋见元点校，中华书局，1990，第127页。
③ 王巍：《百年考古与中华文明之源》，《社会科学文摘》2022年第6期，第34—36页。
④ ［美］史华兹：《古代中国的思想世界》，程钢译，江苏人民出版社，2008，第27页。

升。主要是大量青铜器的铸造。今殷墟出土的青铜器，就有四五千件之多。其中相当多的是用于宗教祭祀使用的礼器。三是礼制体系日趋完备。其中包括：王朝内部的世系继承礼制；王朝与四土、四方、邑的关系礼制；婚姻礼制、丧葬礼制等，都属于殷礼的范围。四是礼制的不断创新发展。由于社会的不断推进发展，礼制建设也会遇到许多新的问题，于是殷人也在礼的实践中，不断创制新法，以成新的礼制。甚至产生遵循古礼还是实行新礼的斗争，张光直称为新派与旧派的斗争①。殷人正是在继承和创新的结合中实现了殷礼的大幅提升。

3. 三代礼制大备于西周

三代文化随朝代更迭不断创新、发展、融合、提升，到西周达于三代文化发展的巅峰。宋代朱熹的弟子辅广在《论语答问》中说："三代之礼，至周大备，则以气数至此极盛，而前后相承，互为损益，至此而始集其大成也。"②近代学者柳诒徵也说："周之文化，以礼为渊海，集前古之大成，开后来之政教。"③三代之礼于周最盛。

首先西周是三代礼制的总结者、集成者。一方面，西周的礼制是在承袭夏、商礼制基础上形成的。因而，孔子才能说出"殷因于夏礼，所损益，可知也；周因于殷礼，所损益，可知也"④的话。这里的"损益"即是批判地继承和增益发展。另一方面，从孔子说"夏礼，吾能言之……殷礼，吾能言之"⑤，从《左传》《礼记》等文献的众多记载中，都能找到西周时期仍然保留、传承着夏、商乃至尧舜时代古老族姓文化传统的记载，展示出西周文化的多元丰富性。例如，武王灭商后，封舜后裔于陈地；着意寻找到夏禹的后裔东楼公，封于杞地，来传承虞、夏文化⑥；灭殷后，"复以殷遗民封纣子武庚禄父，比诸侯，以奉其先祀勿绝"⑦。武庚叛乱被

---

① 张光直：《中国青铜时代》，生活·读书·新知三联书店，1999，第228页。
② 程树德撰《论语集释》，程俊英、蒋见元点校，中华书局，1990，第183页。
③ 柳诒徵：《中国文化史》（上册），中国大百科全书出版社，1983，第121页。
④ 程树德撰《论语集释》，程俊英、蒋见元点校，中华书局，1990，第127页。
⑤ 程树德撰《论语集释》，程俊英、蒋见元点校，中华书局，1990，第160页。
⑥ 司马迁：《史记》卷三十六《陈杞世家》，中华书局，2014，第1914页。
⑦ 司马迁：《史记》卷三十七《卫康叔世家》，中华书局，2014，第1923页。

诛后，周王室又封纣王之庶兄微子于殷商旧都之地以立宋国，来传承商文化。因而可以说："有周一代之典，炳然大备。然非徒周一代之典也，盖自黄帝、颛顼以来，纪于民事以命官，更历八代，斟汋损益，因袭积众，以集于文武，其经世大法，成粹于是。"①西周文明实际是三代文明的一个集成式的融合体。

四、三代之"礼"，奠基中华文明

西周礼制，在传承融合夏、商及以前"礼"的基础上实现了革命式的开拓与创新。蒙文通《古史甄微》总结说："殷人好鬼，而好鬼之风开于夏之晚季……殷之道好鬼而任刑。""周公宗仁义，秉礼乐，一守商之陈规，一开周之新局。"②王国维则将周灭商之政权更替称之为政治大变革："中国政治与文化之变革，莫剧于殷周之际。……自其表言之，不过一姓一家之兴亡与都邑之移转；自其里言之，则旧制度废而新制度兴，旧文化废而新文化兴。"③将殷周之变作为整个中华文明史上旧制度、旧文化与新制度、新文化的分水岭。孔子也曾极力称赞："周鉴于二代，郁郁乎文哉！吾从周。"④以"郁郁乎文哉"的繁茂盛况，夸赞西周文化的丰富、完备与活力，是三代文化发展的繁盛巅峰。三代之礼，集成、完备于周礼，而周礼则是奠定中华文明基本制度、多元一体文化格局和思想文化主轴的根基。

1.以分封制为基础的农业宗法礼制奠基

西周社会已是农业社会，"由于封建制度建筑在农业基础之上，从而与它相适应的宗法制度又建筑在封建制度之上，两者就密切联系而分不开了。"⑤而宗法制度的奠基，显然是基于在西周形成完备制度体系之上的。王国维将宗法传统的制度化、伦理化概括为："一曰立子立嫡之制，由是

① 孙诒让撰《周礼正义·序》（第一册），王文锦、陈玉霞点校，中华书局，1987，第1页。
② 蒙文通：《蒙文通全集》（三），成都：巴蜀书社，2015年，第121、123页。
③ 王国维：《观堂集林》，中华书局，1959，第451-453页。
④ 程树德撰《论语集释》，程俊英、蒋见元点校，中华书局，1990，第182页。
⑤ 顾树森：《中国历代教育制度》，江苏教育出版社，1981，第20页。

而生宗法及丧服之制……二曰庙数之制；三曰同姓不婚之制。此数者，皆周之所以纲纪天下，其旨则在纳上下于道德，而合天子、诸侯、卿、大夫、士、庶民以成一道德之团体。"①这里实际提出了西周对中华文明主体精神奠基的主要构架：一是由殷商之"信天、敬神、尚鬼"而以人事为主体，以宗法礼制为"纲纪"的巨大变革；二是以"纳上下于道德"，以形成全民族为"道德之团体"的目标。这就奠定了中华文明精神的主体构成。张光直对王国维这种"西周奠基说"提出异议，认为宗法的制度化应该更早，"不但殷商时代已有宗法制度，这种制度在龙山时代就已经可以由考古资料推断出来了"，并且他以山西襄汾县的陶寺和山东诸城的呈子两处龙山文化墓葬为例，认为："龙山文化有几个墓地中墓葬的分布方式就好像是宗法制度的图解一样。"认为："殷代的宗法制度更有文字上的根据。"②的确，张光直提出的宗法制有源远流长的深厚根基是对的，也说明西周对中国礼制的奠基是融合三代文化的深厚基础之上的。但不可否认的是，唯至西周之大变革，宗法之礼才进入有序、稳定、制度化轨道定型下来，嫡长、庙数、同姓不婚及由此而行之封建，成为影响此后数千年之根本制度。

2.中华多元一体格局的奠基形成

夏商以前，中华文明的总体面貌是邦国林立的多元组合体，夏、商时代的中央王朝与数百千姓族方国的关系③，主要的还是一种以纳贡的间接方式来实现的"天下共主"关系。"那些主权半独立的一个个邦国之君，在其国内都行使着国家君主的权力，各邦之间的关系也都是国与国之间的关系。"④这种"共主"式的王朝，虽非实质性的"一体"，但已是一种多元向一体发展过渡的国家形态。笔者认为多元一体格局的形成，三代是个关键奠基期。如果说，从尧舜时期开始，已经具有了区域性"共主"的方国形态，那么，真正走向有一体趋势的广域王国，则是夏代伊始以大禹指

---

① 王国维：《观堂集林》，中华书局，1959，第453-454页。
② 张光直：《中国考古学论文集》，生活·读书·新知三联书店，1999，第388、389页。
③ 《左传·哀公七年》："禹合诸侯于涂山，执玉帛者万国。"《战国策·齐策四》："汤之时，诸侯三千。"
④ 王震中：《商代都邑》，中国社会科学出版社，2010，第486页。

挥千万万个姓族古国"统一"治水开始出现在黄河流域。这是黄河文化对中华文明多元一体格局形成的巨大贡献。在三代文化发展中，有一个从松散的联盟式"共主"向王权不断加强的演变过程。在此过程中，"礼"起到了网罗社会，凝聚统一力量的纲纪作用。没有三代礼制的发展、传承与完善，也就无法形成统一的"道德之团体"了。殷周之"剧变"和西周之奠基，其要义就在于：在中华民族发展史上，第一次形成了多元一体的民族文化发展的大格局。

中华文化多元一体格局的形成，西周是一个质变期。西周文化与三代以来各姓族地域文化的关系，发生了一次根本性变革：一方面，西周王朝保留了一些多元的传统和文化因子，展现出了文化的丰富多元性，例如周初封建诸侯时，为保留夏、商故国的传统，即采取了"启以夏政，疆以周索"，"启以商政，疆以周索"等形式，所谓"启以商政"就是在文化上"居商故地，因其风俗，开用其政"，保留当地传统的固有文化，在疆域管理上则按照周的新制度管理，即"依周制画经界、分地理"①。另一方面，西周王朝又通过征伐、分封、赏罚、策命和"礼仪的系统化与制度化"，与各地域诸侯国建立了"普天之下，莫非王土；率土之滨，莫非王臣"②的"一体"关系，"一次又一次地肯定了主从关系"，这样，"古代以姓族为集群条件局面，遂因此改观，成为以诸族相融合的新组合。……终于在这个秩序的基础上，凝结了一个强烈的'自群'意识，后世的华夏观念，当由周初族群结合而开其端倪"③。西周王朝由此形成的这种文化上的多元一体大格局，是奠定中华文明"大一统"理念和爱国主义精神的基石之一。

3. 诸子之种源与儒学之根基

春秋战国时代的诸子百家争鸣，是对中华文明形成发展影响至深至远的文化巅峰。而西周礼制，不仅为诸子百家的产生深植了种苗，而且为孔子的出现和儒学的产生发展在制度和思想上奠定了深厚的根基。

（1）周礼为诸子之种源。诸子百家兴起于孔子创办私学，士的阶层崛

① 杨伯峻：《春秋左传注》，中华书局，1981，第1538页。
② 程俊英、蒋见元：《诗经注析》，中华书局，1991，第643页。
③ 许倬云：《西周史》，生活·读书·新知三联书店，1994，第165、140页。

起之后，但其形成的根源究竟在何时？《汉书·艺文志》记载：儒家出于司徒之官，道家出于史官，阴阳家出于羲和之官，法家出于理官，名家出于礼官，墨家出于清庙之守，纵横家出于行人之官，杂家出于议官，小说家出于稗官，即"诸子出于王官"。近代以来，学者对此多有质疑和争议，胡适有《诸子不出于王官论》，引《淮南子·要略》认为"诸子之学皆起于救世之弊，应时而兴"[1]。此文对后世影响很大。而笔者认为西周之礼制，实为诸子之种源。试论如下：

其一，诸子学派，根在周礼。钱穆指出："开诸子之先河者为孔子。孔子生当东周之衰，贵族阶级犹未尽坏，其时所谓学者则惟'礼'耳。"[2]这个"礼"，即是孔子所称"郁郁乎文哉，吾从周"的西周礼制；这时的惟"礼"学者，也是礼学之士。而孔子以前，周之教育即为周礼教育，以培养贵族子弟"明人伦"为目的，教育内容以礼乐为主干，所谓"乐，以修内也，礼，以修外也"[3]，所培养的人才，自是礼士了。西周的大学，"天子曰辟雍，诸侯曰泮宫"[4]，既是贵族子弟学习场所，又是"贵族成员集体行礼、集会……实际上就是贵族的公共活动场所"[5]。这种政教合一、官师合一，官学合一的体系之下的学术思想传承，自西周至春秋，悠悠数百载，知识学术，皆在官府，礼学传统，源远流长，即使官学衰，私学兴，诸子开先河，其源必在西周之礼制。

其二，诸子学派与周礼之官有密切关联。诸子之学，应时而生；但诸子学派并非与周礼之官守没有渊源关系。胡适就说："诸家之学说，间有近于王官之所守，如阴阳家之近于占候之官，此犹可说也。"[6]其实，不止阴阳家，各家学派，与某一官守，都是有某种渊源关系的。例如：说"儒家者流，盖出于司徒之官"，司徒是"掌邦教，'以佐王安扰邦国'，即助

① 胡适：《中国思想史》，吉林出版集团股份有限公司，2017，第107页。
② 钱穆：《国学概论》，商务印书馆，1997，第34页。
③ 李学勤主编《十三经注疏·礼记正义》，北京：北京大学出版社，1999年，第634页。
④ 李学勤主编《十三经注疏·礼记正义》，北京：北京大学出版社，1999年，第370页。
⑤ 郭齐家：《中国教育史》（上册），人民教育出版社，2015，第22页。
⑥ 胡适：《中国思想史》，吉林出版集团股份有限公司，2018，第107页。

人君明教化者"①，这就与傅斯年"儒家者流，出于'教书匠'"之说如出一辙；他还认为："战国诸子除墨子外皆出于职业"②，更说明诸子之源是与王官职守有密切联系的。周礼之实施，落地在王官，诸子之兴，必受王官影响，至少在诸子形成早期的创始人那里，这种影响应该是大的。

其三，诸子的学派划分，与周官职守相关。对诸子各家学派研究，始于战国之世，《庄子·天下篇》《荀子·非十二子》都分六家，各有所论，开学术史先河，意义重大；但他们以自己立场，褒贬批判，随意性强，派别之分，也较含混。汉代《淮南子·要略》论诸子之源，多重人物著作，非学派专论；《论六家要旨》，概括精要，惜只论六家。所谓诸子九流十家，实出刘歆《七略》，班固《汉书·艺文志》本之。笔者认为，刘歆承父业，辑目录，所见先秦古籍甚多，其"诸子出于王官"说，必有所本。细析《汉书·艺文志》所列诸子百家，其学派之分，既采前人之论，本其学说，又深究某学派与《周礼》某官守之关联，追本于西周之礼制，细分于不同官师学术之差异，是有一定道理的。胡适及后人的批判，是以学派思想主张与周官职守比对，而论其非，殊不知《七略》与《汉书》所述诸子之源，并非全按思想主张，而是在六家基础上，按其职业、阶层之别增补纵横家、农家、杂家、小说家，而成十家的，这些学派与周礼职官的渊源关系就更直接。概言之，诸子之种源，确在西周之礼制。

（2）周礼为儒学之根基。《淮南子·要略》记载："周公受封于鲁，以此移风易俗。孔子修成康之道，述周公之训，以教七十子，使服其衣冠，修其篇籍，故儒者之学生焉。"突出强调了儒学的产生是孔子研修周礼，传承周公之道以及鲁文化培育的结果。在这方面，学界多有深入探讨。

其一，西周礼乐制度为儒学之基。周礼是儒学的基石，但周礼是在损益夏、商礼制基础上，集成、创新而成，因而孔子说："周监于二代，郁郁乎文哉！吾从周。"《中庸》又引孔子之言："吾学周礼，今用之，吾从周。"道出了儒学产生与周礼的直接关系。陈来认为："西周礼乐文化是儒家产生的土壤……同时，西周文化又是三代文化漫长演进的产物，经历了

---

① 陈国庆编《汉书艺文志注释汇编》，中华书局，1983，第117页。
② 傅斯年：《民族与古代中国史》，河北教育出版社，2002，第190、193页。

巫觋文化、祭祀文化而发展为礼乐文化，从原始宗教到自然宗教，又发展为伦理宗教，形成了孔子和早期儒家思想产生的深厚根荄。"①这不只从周礼，而是以更广阔的历史视野从三代之礼发展进程的内在联系中，发掘出儒学与三代礼制文明更加深厚的文化渊源关系，来肯定儒学源于周礼。而劳思光则认为："孔子承周文化之方向，而扬弃周以前各民族之原始习俗及观念……乃周之人文精神成熟之表现，亦即周文为儒学之源。"②认为孔子创始儒学是扬弃夏、商等各民族文化，而将周文化创造性传承、发展到了成熟的新阶段。概言之，周礼为儒学之源是不争之史实。

其二，周公为儒家学派奠基人。《尚书大传》记载："周公摄政，一年救乱，二年克殷，三年践奄，四年建侯卫，五年营成周，六年制礼作乐，七年致政成王。"虽然该书为汉儒解读《尚书》之作，周公是否按此年序完成这些历史的功业难以定论，但所载周公以东征完成统一大业，分封建国、营造洛邑，创制礼乐的历史功勋却是卓著的。杨向奎在《宗周社会与礼乐文明》一书中特别强调周公对儒学形成的巨大影响："没有周公不会有传世的礼乐文明；没有周公就没有儒家的历史渊源"。又说："以德、礼为主的周公之道，世代相传，春秋末期遂有孔子以仁、礼为内容的儒家思想。"③强调了周公才是儒家学派最早的奠基人。事实上，孔子一生以践行、传承周公之训，"志欲行周公之道"为使命，不仅"入太庙，每事问"④，而且在精神上也对周公存有高度敬谨与契合，以至于达到"梦寐之间，如或见之"的程度，并以年老"久矣吾不复梦见周公"为大遗憾之事⑤。可以说，周公是对孔子影响最大的先圣先哲，后世曾称儒学为"周孔之道"，唐代尊奉周公为"先圣"，后世称为"元圣"，都是对周公奠基儒学的肯定和公认。

其三，鲁文化与儒学之源。孔子出生于鲁国，鲁文化应是儒学的重要

---

① 陈来：《古代宗教与伦理：儒家思想的根源》，生活·读书·新知三联书店，2009，第18页。

② 劳思光：《新编中国哲学史》（第一卷），广西师范大学出版社，2005，第78页。

③ 杨向奎：《宗周社会与礼乐文明》，人民出版社，1992，第136、279页。

④ 程树德撰《论语集释》，程俊英、蒋见元点校，中华书局，1990，第183页。

⑤ 朱熹：《四书章句集注》，中华书局，2012，第94页。

渊源之一。笔者曾对此作过较深入探讨[1]，提出：周初分封诸侯，特重齐鲁，将周公封于鲁国；特殊政策，扶植齐鲁，而给鲁国以特殊优渥的文化政策："凡四代之服、器、官，鲁兼用之。是故鲁，王礼也。"[2]并特许鲁国享有天子之礼乐，"以褒周公之德"[3]。这是周初王室着意要在东方的鲁国建立一个传承周礼文化中心的显明标识。伯禽代周公就封鲁国后，实行"变其俗、革其礼"，移风易俗的文化政策，就是落实这一规划的重要举措之一。值得特别关注的是，在孔子出生的春秋末期，鲁国是列国中"犹秉周礼"，保存周之礼乐文化最完备的唯一文化中心。不仅吴国公子季扎到鲁国观乐后感叹："犹有先王之遗风"，"有文王之德"，而且晋国的韩宣子到鲁国观书于太史氏后，也极为称赞道："周礼尽在鲁矣!吾乃今知周公之德与周之所以王也。"[4]在礼崩乐坏的春秋之季，鲁国仍保留、传承着原味的周礼和周公的遗训遗德；周礼，为儒学产生之根基，在孔子故里的鲁国文化中得到进一步的验证。

结语

中华文明以辉煌灿烂、源远流长、从未间断著称于世。因而，中华文明的起源和奠基期的文化探索和研究始终是一个备受关注的热点和重点问题。自现代考古学传入中国近百年来，我国考古界几代学者为此进行了艰辛努力，并取得了令世界瞩目的巨大成就。结合大量考古发现和有据可查的历史文献记载，我们可以对黄河文化与中华文明奠基期的关系进行更深入的探讨。

英国人类学家泰勒说："文化或文明，就其广泛的民族学意义来说，乃是包括知识、信仰、艺术、道德、法律、习俗和任何人作为一名社会成员所获得的能力和习惯在内的复杂整体。"[5]我们中华民族，就是文化内涵极其多样丰富的一个复杂而又统一的整体。这样一个复杂整体的起源和奠

---

① 王志民：《齐鲁文化与中华文明》，人民出版社，2015，第59-60页。

② 李学勤主编《十三经注疏·礼记正义》，北京大学出版社，1999，第953页。

③ 司马迁：《史记》卷三十三《鲁周公世家》，中华书局，2014，第1842页。

④ 杨伯峻：《春秋左传注》，中华书局，1981，第1162、1227页。

⑤ 庄锡昌等编《多维视野中的文化理论》，浙江人民出版社，1987，第99-100页。

基形成的过程，虽然一定是多元、多彩、多区域、多方位甚至有些时段是杂乱无章的，但它必然有一条文化的主脉，在其中起了聚集、融汇、统合的作用，否则，中华文明多元一体的大格局、大气象、大一统就不可能形成。笔者认为，这一条主脉就是黄河文化。

（1）黄河文化，既非当今或历史上流经的各省文化的简单相加，也不是黄河两岸的河水文化。从黄河文化的历史发展和地位、贡献看，所谓黄河文化，应是以中下游为主体，包括其主要支流渭水、汾水、伊洛河、沁水、济水、汶水在内的广大流域的文化。笔者提出，燕山以南的河北平原广大地区是史前和三代时期黄河流经入海的地方，曾密布若干湖泊和支津，应是黄河下游主要流域之一。自金代至清末，黄河主河道是人为决口夺淮流入黄海的，除乱流夺占泗、汴、颍、涡、睢等天然淮河支流河道外，主河道在黄淮平原上频繁泛滥摆动、南移，统治者则人为治河保运，勉力维持，黄河既没形成稳定主河道，也不可能有支流汇入，所谓"黄河流域"既没形成，夺占区域仍属淮河流域，不能作为黄河流域看待。

（2）黄河文化和中华文明起源的关系，可以上溯到数百万年以前的更新世早期和旧石器时代的早、中、晚期。尽管旧石器时代的考古遗址在全国各地都有大量发现，乃至近些年，"人类起源于非洲"逐渐成为世界考古界的主流观点，但是以在黄河下游发现"北京人遗址"为起点的黄河流域旧石器时代的大量探索发现，还是很雄辩地证明：黄河流域是中华大地上古人类最早、最多、最集中的生活区域，在从"直立人"到早期智人、晚期智人的演化发展中，"黄河人"应是现代中国黄种人最早的来源之一。

（3）无论从国际考古界公认的人类文明起源的几大要素，还是从人类早期国家形态的发展演变看，在距今五千年以前，中国已进入了高度文明发展的阶段。从该时期全国考古发现看，说中国文明起源是多元的，是"满天星斗"，无可厚非。但多元聚集，百川汇河，中华文明起源时期的主脉还是在黄河的中下游流域。以陕、晋、豫交界的河洛平原为中心的黄河中游地区，与以泰山周围及河济之间广大区域为主的黄河下游区域文化的东西交汇和深度融合形成了主脉。这条主脉不仅吸附了周边发达的文明，而且为此后夏、商、周三代在黄河流域的出现奠定了坚实的文化基础。

在新石器时代"黄河主脉说"论述中，绕不开的是长江。长江流域新石器时代文化为中华文明作出了突出贡献，某些方面甚至在同时期已发现遗址中是无与伦比的。例如，良渚文化古城所展现的具有"王国"特点的气象。但是，良渚文化在长江下游的去向是衰败了，并没有形成像夏、商、周那样具有广域王权的中央王朝。所以，那种说长江与黄河一样，是中华文明的摇篮的观点，虽有一定的考古依据，但是其"摇篮"的贡献实际上是汇聚到黄河主脉中来实现的。

（4）夏、商、西周三代文化都孕育、发展、成长于黄河流域，是黄河文化作为中华文明奠基期主脉的重要贡献。笔者虽然没有展开论说，但提出：从国家形态的演变看，从文明起源到三代时期，已经完成了从古国—方国—王国的演化，三代文化的发展，是广域王权中央王朝不断加强"王国"化的过程，并为秦汉时期"帝国"的形成奠定了基础。美国人类学家克鲁柯亨认为："文化基本核心由两部分组成：一是传统（即从历史上得到并选择）的思想，一是与他们有关的价值。"①三代文化具有共生性和互融性，它们传承发展的主脉就是以思想、精神和价值观为内核的"礼"。而三代之"礼"大备于西周。西周的礼乐文明，不仅是对夏、商礼制的集成、融合与总结，也是一次革命和创新，即由夏商时期的"尊神尚鬼"之礼，而损益、修正为敬德、重民的礼乐教化之礼。西周的礼制，至少在以下三个方面为中华文明的形成发展奠定了深厚的根基。一是农业宗法制度的奠基。德国人类学家格罗塞认为："生产方式是最基本的文化现象，和它比较起来，一切其他文化现象都只是派生性的、次要的。"②西周的农业宗法礼制的定型，奠定了此后三千年中国传统的农业宗法社会的基础，影响深远。二是多元一体的大一统思想理念的奠基。在黄河流域复杂多样的地理自然环境和夏、商中央王朝建立后，仍存在上百千个姓族古国、方国的文化形态，决定了三代文化多元一体的格局。而西周实行的分封建国，既强化了一体，又整合、稳定了多元，形成了真正的多元一体化的国家形态。西周时期一整套礼乐教化制度，对中华民族多元一体格局的形成起了决定性的奠基作用，是中华民族大一统思想理念的文化根基。三是西周的

① 庄锡昌等编《多维视野中的文化理论》，浙江人民出版社，1987，第116页。
② 庄锡昌等编《多维视野中的文化理论》，浙江人民出版社，1987，第267页。

礼制及其严密完备的官僚体制和官师合一的教育体制，为春秋战国时期诸子百家学派的形成植下了种苗；而周公的制礼作乐及其德政教化思想，与鲁国的周礼文化中心地位，是中华文明思想文化主干儒家文化的渊源和根基。

（作者王志民系山东淄博人，山东师范大学齐鲁文化研究院教授，博士生导师）

黄河文化的多元特质与一体意识

从定义与形质上讲，黄河固然是一条河，是一条在中国大地上流动的古老长河，但从文化与历史上讲，黄河是中华文明的重要构成，如同黄土地、黄种人一样，它是一种文化符号、精神象征，更是中华儿女心中的"母亲河"。从广义上讲，黄河文化不仅包含黄河流域这一物质实在本身，而且包含从古至今生活在黄河流域的人、存在于黄河流域的物、发生于黄河流域的事，以及人、物、事背后所蕴含的抽象的文化内容。文化往往需要借助一定的载体才能得以留存，这便有了物质文化、非物质文化之分，前者如黄河岸边的羊皮筏子以及黄土高原的窑洞、土炕，后者如陇原大地上的临洮"花儿"与"道情"皮影。这意味着黄河文化的内容是多元而丰富的，它每流经一个地域，即与该地域形成相互依存的关系。久而久之，在整个黄河流域便有不同的地域文化、地域气象、地域景观先后形成。由此，我们即可借由黄河文化与地域文化的交互集成从而分析黄河文化的多元特质与一体意识。

一、黄河文化的多元特质

从地缘文明的角度讲，河湟文化、河套文化、关中文化、河洛文化、齐鲁文化可谓黄河文化的 5 种主要构成。2019 年 9 月 18 日，习近平在黄河流域生态保护和高质量发展座谈会上明确指出："在我国 5000 多年文明史上，黄河流域有 3000 多年是全国的政治、经济、文化中心，孕育了河湟文化、河洛文化、关中文化、齐鲁文化等，分布有郑州、西安、洛阳、开封等古都，诞生了'四大发明'和《诗经》《老子》《史记》等经典著作。九曲黄河，奔腾向前，以百折不挠的磅礴气势塑造了中华民族自强不息的民族品格，是中华民族坚定文化自信的重要根基。"从考古学的角度来看，河湟文化、河套文化、关中文化、河洛文化、齐鲁文化等地域文化概可追溯至上古时代之仰韶文化、齐家文化、龙山文化与大汶口文化。"从地域来看，齐家文化主要分布在黄河上游地区，仰韶文化主要分布在黄河上、中游地区，龙山文化主要分布在黄河中、下游地区，大汶口文化主要分布在黄河下游地区。这四类文化虽同属黄河文化，但由于地理、气候、生产、生活情况的不同，它们相互间仍有差异。这四类文化共同催生并助推了黄河文化"①。显然，黄河文化的特质在于"多元"，且指向形态多样、意义多维的地域文化。

（一）黄河文化与河湟文化

河湟文化是围绕黄河及其支流湟水河、大通河而展开的文化现象、形成的文化氛围，从地域上看，主要包括青海东部以及甘肃中西部。河湟文化的特点在于农耕文化与游牧文化的合汇、合流，以及汉族与藏族、回族等少数民族的共存、共生。花儿、皮影即河湟流域最具代表性的两种非物质文化遗产，花儿改良了当地的民歌，皮影改造了当地的戏剧，它们共同引导并推动着河湟地区民间文化的发展。从考古的角度讲，马家窑文化即是河湟文化的早期代表。马家窑遗址位于甘肃临洮，于1923年首次被发现，因彩陶而闻名于世。彩陶上所出现的蛙类图纹反映了中国古代先民的图腾崇拜与祖先崇拜。"蛙"同"娃""娲"，前者有生殖崇拜的意味，后者则有创世神话的气象，这充分表明河湟文化的演进过程较为悠长，历史影响也更为深远。马家窑的彩陶制作工艺高超，器型丰富多彩，风格典雅而绚丽，气象宽厚而爽朗，具有非凡的文化价值、历史价值与艺术价值，代表了中国文化艺术起源阶段的最高水平，亦折射出黄河文化与农耕文明交互之下人类智慧的高明、超前。在更为广泛的意义上可说马家窑文化乃是黄河流域与处于黄河中上游的黄土大地共同缔造的文化遗产。黄土大地赋予黄河最为鲜明、独特的地域颜色，黄河则为黄土大地带来了最为恒

① 徐光春：《黄帝文化与黄河文化》，《中华文化论坛》2016第7期，第5–14页。

久、厚重的农耕文明，马家窑文化即是黄河之水与黄土大地相融的集中体现。

（二）黄河文化与河套文化

河套文化在地域上总体处于华北。如果说河湟文化是以农耕为主、游牧为辅，那么河套文化便是以游牧为主、农耕为辅。"河套"的称谓大约是在唐代出现，但河套文化早在先秦时期就已形成。河套地区的形成有3个重要的自然因素，即黄河、草原与阴山。在地形上，阴山成为北方草原与中原大地的天然屏障，而阴山、黄河与草原的组合搭配更使河套地区在地理位置上占据优势，成为兵家必争之地。阴山在地理上分隔了北方草原和中原大地，但却未能阻断二者在文化上的联系与交融。从匈奴的崛起到两汉的兴衰，再到宋、元、辽、金的战争与和解，这一切使得各个民族的独立自存、孤立发展不再可能，而纷纷进入一种多元文化有机交融的文化演变系统之中。河套地区也不例外，游牧民族的激情与农耕民族的温润相交汇，草原文化与黄河文化相融合，这既是自然世界的交互共存，又是人文世界的和谐共生，既展露出华夏文明的普遍性一面，又呈现出河套文化的独特性一面。其间，黄河文化再次承担了观念连接、文明镶嵌的中介功能，成就了河套文化的敞开性与卓越性，汇通了佛、道、基督、伊斯兰四大宗教的救世精神，使得马背上的民族能够兼具激情与理性，亦使得巴彦淖尔恐龙化石、贺兰山岩画、阴山赵长城等文化遗产得以穿越波澜壮阔的历史从而留存至今。

（三）黄河文化与关中文化

关中文化是博大精深之中原文化的重要组成部分。关中地区一直有着得天独厚的地理优势，故而成为华夏文明的早期发源地之一。上古神话与历史人物的谱系之中，炎帝（神农氏）是陕西宝鸡人，黄帝（轩辕氏）是陕西延安人，教人种植粮食的后稷是陕西杨陵人，创立文字的仓颉是陕西白水人，这从侧面说明关中文化之于早期华夏文明的根基性与初创性。历史学家汤因比晚年提出"挑战—应战"理论，他认为人群对于外部挑战的应战乃是文明兴衰之关键所在①。汤因比认为，没有外部挑战，或对于外部挑战的应战不足，都会在一定程度上导致文明的衰落。反之，如果有足够的智慧与勇气回应挑战，则不仅可以成功抵御一切外在的危机，而且可以通过对危机的回应与转化从而实现自我的重组与升级。在中华文化之内部，最能体现汤因比"挑战—应战"机制的当数关中文化。纵观中华民族发展之历史，无论是面对大灾大难，还是戎狄夷蛮，关中地区的将领、士大夫与民众往往能够表现出正气凛然、勇敢无畏的刚健气质，仿佛他们的精神意志已经饱受考验而无坚不摧，仿佛他们的血肉之躯早已历经磨难而刀枪不入。关中文化令人惊叹的地方在于，关中地区的将领、士大夫与民众在"挑战—应战"的动态关系中不仅展现出过人的精神意志，而且迸发出卓越的创造能力。一次又一次的应战成功，并没有让关中的将领、士大夫与民众变得自负、傲慢，相反，从一次抗争到另一次抗争、从一个困境到另一个困境，人们的精神自觉性不断提升，自我进化力亦不断加强。古往今来的光辉人物往往在大是大非前面表现出不卑不亢、张弛有度的精神气质，倘若探究其背后之价值渊源，则可说是受到儒家文化的直接影响。发出"为天地立心，为生民立命，为往圣继绝学，为万世开太平"这般振聋发聩之思想先声的理学家张载，即是两宋时期儒家的杰出代表，亦是彼时关中地区的文化巨擘。张载身上所体现出的精神气质，我们在司马迁、李广、苏武、王昌龄、孟浩然、白居易等诸多关中士人的身上亦可洞见。据此，关中文化的精神内核其实在于强韧之气质、刚毅之品格与仁智之风骨，作为黄河文化、中原文化的重要组成部分，其无疑为华夏民族在精神意志上注入了一针强心剂。

（四）黄河文化与河洛文化

河洛文化是中原文化与黄河文化交互发展的另一重心。河洛文化，顾名思义，即围绕黄河、洛水以及周边地区所形成的文化形态。河洛文化之所以能在中国古代思想文化史上占据重要地位，主要得益于两大因素：一是黄河流域的孕育；二是政治力量的加持。商代的都城殷地、周代的都城

---

① ［英］汤因比：《历史研究》，刘北成、郭小凌译，上海人民出版社，2005，第73—89页。

洛邑、东汉的都城洛阳、北宋的都城开封均属于河洛地区，这表明河洛文化在政治层面其实有其向心力与凝聚力。于希贤、陈梧桐认为，"透过历史的天际线，去考察那些依稀可辨的踪迹，就会发现黄河文化发展的每一个时期，其文化特质与内涵都集中体现在城市，特别是国都的建设上。中国传统的城市都以形、数、理、气、象相统一，集中体现了黄河文化的精髓"①。杨海中、杨曦亦认为，"我国有文字记载且现在仍存遗迹或旧貌的历史古都有八座，分别是郑州、安阳、洛阳、西安、开封、杭州、南京和北京。其中位于黄河流域的有五座，分别是西安、洛阳、郑州、开封和安阳，她们是黄河文化物质文明的典型标识，不仅代表着不同历史时期黄河文明的成就，也是数千年中国王朝文化的缩影与载体。要认识远古文化、先秦文化、汉魏文化、唐宋文化，要认识中华民族的形成与发展，要了解黄河流域的物质文明与精神文明成就，只要读懂了这几个古都，便一目了然"②。从西安到郑州、安阳、洛阳、开封，从关中到河洛，这些地区既构成了中国古代政治的中轴线，又构成中原文化的基本脉络。这些都城的确立与发展与中原地区所孕育的农耕文明有关，更与黄河流域所提供的生命滋养有关。黄河中游的洛水发源于陕西而主要流经河南，洛水支流繁多、水量充足，为河南境内的平原和盆地提供了优良的水源和生态环境。《史记·周本纪》曰："此天下之中，四方入贡道里均。"《史记集解》引刘熙曰："帝王所都为中，故曰中国。"③以洛阳以及河洛地区作为王朝之中心，早在商、周时代就已成为王侯将相之共识，故司马迁判定"昔三代之居皆在河洛之间"。由此可见，我们现今称河南为"中州"、称我国为"中国"，其实是有迹可循的，此种称谓的约定俗成与黄河文化尤其是河洛文化的源远流长无疑有着直接的关系。

（五）黄河文化与齐鲁文化

齐鲁文化乃是黄河文化与地域文化在学术思想领域得以融合、汇通之

---

① 于希贤、陈梧桐：《黄河文化：一个自强不息的伟大生命》，《北京大学学报》（哲学社会科学版），1994年第6期，第31–43页。

② 杨海中、杨曦：《黄河文化的标识与家国情怀》，《地域文化研究》，2021年第2期，第1–6页。

③ 司马迁：《史记》，中华书局，2017，第133页。

典范。论及黄河文化，人们总是第一时间想到河南、陕西等省份，抑或洛阳、西安等城市，总是最先追问黄河的源头在哪里，而较少关注黄河最终流向哪里、通向何处。作为黄河入海的最后一站，齐鲁大地所蕴含的思想文化内容其实远远超乎我们的想象。齐鲁文化不仅包含儒家文化与泰山文化，还包含黄河文化与海洋文化。而今我们讨论黄河文化，不能仅仅围绕黄河本身，还要注重黄河流域之延伸内容，例如黄河与渤海的汇通，如此重要的地理事件、自然事件即发生在齐鲁大地，齐鲁文化之于黄河文化的独特性与不可替代性亦体现于此。黄河文化与齐鲁文化交互的思想产物首先是《尚书·禹贡》的"九州"观念、邹衍的"大小九州"学说。《禹贡》首次提出"九州"的说法，并对每一州的土地、河流、山脉、物产、交通等状况都做了具体的介绍，如豫州之水先流入洛河、后流入黄河，兖州草木茂盛，扬州泥土潮湿，梁州黑土疏松，雍州则多黄土等。《禹贡》以山脉、河流划定"天下"，这对阴阳家的代表人物邹衍及其"大小九州"学说的问世产生了直接的影响。较之《禹贡》的"九州"观念，邹衍的"大小九州"学说视野更大、立意更远。如果说《禹贡》更多是对华夏地域的描绘与记述，则可说邹衍更多是对世界图景的推测与勾勒，前者主要立足于客观、经验的层面，后者主要立足于宏观、抽象的层面。邹衍从"小九州"的地理方位出发，由近及远地勾勒出整个世界的大致轮廓，这便有了"大九州"的构想。邹衍的"大小九州"学说打破了"中国即天下，天下惟有中国"的传统理解，把"中国"和"天下"两个概念区分开来，这可谓从黄河文化延伸至海洋文化的一次观念性尝试。像这种视野开阔、主题宏大的学说构想，在秦国等其他六国的士人、官员，乃至民众那里是难以想象的，但对于临近海洋的齐国名士而言则是可能成立的。所以我们认为"大小九州说"乃至阴阳家的若干观念，既是对齐鲁文化的创造性转化，又是从黄河文化到海洋文化的思想性拓展。黄河文化流经山东，与齐鲁大地兼容并蓄的人文精神、思想学说汇通为一。人的生命是有限的，但思想的生命是无限的，对于两千多年以前的文化盛况，我们今人自然是无缘见到的，但这并不妨碍我们去回味它、解读它、还原它。在齐鲁大地上，我们的人文精神至今延绵不绝、生生不息，古人虽已不在，但古时的黄河还在，它是那一伟大思想时代、那一恢宏思想浪潮的见证者、参与者。先秦时代的齐鲁文化以稷下争鸣的思想事件最为引人注目。作为战国时期最为著名的学术争鸣平台与思想论辩场所，稷下学宫吸引了儒、墨、道、法、名、阴阳等各家思想人物的到来。各家之门人、后学基于不同的政治立场、学术背景与思维方式，在同一场域下品学论理、针锋相对、取长补短，不同的学术思想互相渗透、彼此融汇，由此形成了学术差异化、理论多元化之思想格局，推动了百家争鸣与名辩思潮的发展。从文化学的角度来讲，稷下学宫兼容并蓄的思想风格、齐鲁人士能言善辩的聪明才智，乃与山东大地、黄河之水的孕育滋养密不可分。稷下之学在齐鲁大地与黄河流域发生，并与齐鲁大地的厚重风格、黄河之水的雄浑气质融为一体，从而成为中华文化的重要组成部分。

二、黄河文化的一体意识

黄河文化在与河湟文化、河套文化，关中文化、河洛文化、齐鲁文化的交互中虽显现出多元的特质、多维的表征，但在总体的文明意义上仍然蕴含一体的意识、"一本"的指向。纵观数千年的中华文明史，可知中国古代最有影响力的诸种思想学说基本诞生于黄河流域，这一方面受益于地缘的影响、文明的辐射，一方面乃是因为一体意识、"一本"观念及其背后的文化向心力起了重要的推动作用。孔子在黄河下游的齐鲁大地开创儒家学派，推广礼乐教化，后因汉武帝、董仲舒"罢黜百家、独尊儒术"之思想意志的推行，儒家学说随即从黄河流域延伸到整个中国社会。老子所开创的道家学派发端于黄河流域的河洛地区，并率先在黄河沿线诸国流传开来，进而发扬至荆楚之地以及广大的南方地区。佛学在汉明帝时传入洛阳，承载佛教文化与佛教艺术的敦煌莫高窟、麦积山石窟、云冈石窟、龙门石窟等均分布于黄河流域。从魏晋到唐宋，儒、释、道三家学说不断走向合流，从此奠定了中国传统文化的发展方向，而这一切主要发生于黄河流域。从地域上看，山东的齐鲁文化、中原的河洛文化与关中文化、华北的河套文化、西部的河湟文化等不同特色的文化形态皆在黄河流域的孕育下得以生成。唐宋以前，黄河流域长期作为中华民族的政治、经济、社会、军事、文化中心，造就了洛阳、西安、郑州、开封、安阳等历史古都，显示了中华文明的广阔气象。唐宋之后，虽然中国的经济重心不断南移,但黄河流域仍然在政治上、文化上牢牢占据着话语权与主动权,元、明、清三代定都北京,更是为当代中国的政治格局与文化形态的塑成奠定了重要的历史基础。而今,回顾、探究中华文化的一体化进程,我们必然需要分析黄河文化的一体意识与"一本"指向,换而言之,黄河流域所催生的"一体"与"一本"的精神文化是使中国成为中国的内在缘由,因此可说黄河文化即是中华文化的核心表达、黄河气象即是中华文化的核心气象。

如果说河湟文化、河套文化、关中文化、河洛文化、齐鲁文化代表了黄河文化与地域文化的交互,显现了黄河文化的多元特质,则可说整个黄河流域的发展、演变揭示了黄河文化的一体意识,它指向一种普遍性的集体记忆,一种历史性的家国命运。黄河文化的一体意识不仅关乎自我与他者,而且指向自我与他者背后的共同体。即便指向个体的那部分意识也仍然关联着个体身后的家庭、圈层与社群,毕竟在中华文化的境域下,个体的身份、意义与观念是从集体、共同体或社会关系中得以建构的。这也就意味着纯粹个人的、私人的、自我的意识与记忆是不可能的,所谓的意识与记忆实质上是指被时间、空间限定了的某一历史片段,它的主体不是某个孤立的个人,而是个人背后的集体与共同体。这也解释了为什么有的人面对黄河可以看到背后的历史、精神与文化,有的人面对黄河可以看到自己的国家、乡土与童年。黄河文化作为一种精神象征,通过一体意识与集体记忆将我们与前代及后代勾连在一起,通过一体意识与集体记忆的方式将同在中华大地上生活的不同地域、不同民族的人勾连在了一起,所以一体意识与集体记忆所连接的不仅是时间意义上的、纵向的人,而且是空间意义上的、横向的人。

第一,黄河文化一体意识的观念意义在于使得人与黄河的关系更为悠长、更为内在,亦使人与自然、人与世界的关系更为恒久、更为契合。而今,社会发展的脚步不断向前,新鲜的事物不断涌现,新的技术正在掀起一场生活的革命,日益频繁的全球化趋势正在对传统的社会概念和固有的时空观念发起巨大的冲击,每个人都试图在这样高压与变奏的现实境域中尽快确立自己在周遭世界的角色与位置,重构自己的思维方式与生活方式。当这巨大的无助、困惑与不解完全地降落在我们的身上时,我们终于不得不停下脚步去探寻这一切的缘由。面对奔流不息的黄河，面对"天地有大美而无言"的自然界，我们躁动不安的心灵获得了暂时的平静，我们陷入深思并不断发问：人生的意义到底是什么，生命的真谛究竟是什么？这个世界何以看起来既熟悉又陌生，这瞬息万变的世界还有什么是我们可以真正把握的，还有什么是我们能够予以确定的，我们认识事物的基础和标准是什么？当我们在面对黄河与黄河文化时，我们如何形成一定的情感共鸣、思想共振，产生共性的文化联想、观念意识；当我们的精神世界通过这些共鸣、共振与文化联想、观念意识得以连接，是不是意味着我们可以超越自身的主观性进而抵达更为深远的普遍性？这些是抽象的、宏观的哲学问题，也是具体的、细微的生活问题，它们关乎每一个平凡的个体，更关乎个体背后的集体与共同体。黄河让我们回想起自己的过去以及与之相关的家庭的过去、社群的过去以及国家的过去。这种种的过去叠加在一起就是真实的历史，也是历史的真实。所以说集体记忆的唤起对于文化意象、精神象征的确认才是关键。对于国人而言，黄河无疑就是最好的文化意象与精神象征，它见证了我们的过去和当下，还将陪伴我们走向未来。

第二，黄河文化一体意识的哲学内涵在于追问黄河背后的历史性、情感性、生命性，其基于黄河流域博大、广阔、悠长的气象而涌现。"我"与黄河的关系实质指向"我"与黄河文化、中华文化的关系。当"我"面对黄河时，"我"所面对的往往是普遍的现象世界及其背后的文化世界。就"我"与世界的关系而言，概有两种理解方式。其一，世界与"我"无关，"世界"并不因我的存在或离开而发生改变。在这个意义上，"一代人正老去，但总有人正年轻"的说法是可以被接受的，因为"我"在或不在，世界该如何还将如何。其二，世界与"我"紧密相连，世界的变化影响着"我"，世界也因为"我"的存在、发声或作为而有所不同、有所改变。即便这不同与改变很多时候看起来微不足道，但不可否认的是，"我"是世界的一部分，"我"不在了，这个世界也将因为"我"的离开而黯淡些许，甚至在更为主观与自我的意义上讲，"我"若不在，"我"眼中的世界也将不复存在；在抽象的意义上亦可说"我"牵动着这个世界，"我"到来则世界到来，"我"离开则世界随之离开，如果我们对此有所共鸣，大概也就可以理解王阳明所说的"汝未看此花时，此花与汝心同归于寂；

汝来看此花时，此花颜色一时明白起来"。阳明心学的结论是"此花不在汝心之外"而在"我"心之内，这就印证了世界与"我"紧密相连的思想观念。同理，当"我"面对黄河时，黄河即进入我的视野、我的心灵、我的思维之中。"我"的身体因为黄河之水的涌动而激发出某种本能的生命冲动，"我"的精神因为黄河之水所袭来的历史感而表现出某种超越现实的张力。前者乃是我的此在体验，后者则是我的文化体验。

第三，黄河文化一体意识的独特价值在于既指向人与河、人类社会与自然世界的共通性，又依循"和而不同"的原则性。从哲学上讲，追求人与自然和谐共生的前提在于保持事物的优良个性，与此同时，优良个性所显现的想象力与创造力亦有利于人与自然和谐共生的实现。这便指向了"和而不同"的价值原则，即追求"共通"而非"共同"。"和而不同"的价值观念不仅适用于人与人之间、自我与他者之间，而且适用于人类社会与自然世界之间。而无论是"和而不同"，还是人河共通，皆是古典文库中有益于当代中国发展的理论学说，我们既可从伦理、政治的层面去解读它、应用它，亦可从生态哲学、人类命运共同体的维度去领会它的意涵，转化它的义理。"和而不同"的价值原则与黄河文化的基本精神是内在一致的，既强调对事情自身规定性的本质把握，又主张对他者优点的积极吸收。因为文化的内容是自在的、包容的、宽厚的，所以形式的表达与呈现才能够不拘一格、百花齐放。在文化演进的历史过程中，黄河文化以较为开放、包容的姿态吸收了游牧文化、少数民族文化，这无疑使得黄河文化在拥有深刻而丰富的精神内涵的同时，也具有广泛而开阔的思想外延。中国自古至今都是一个多民族的国家，每个民族都有自己的历史、自己的特色，各个民族在文化的长河中不断交流、相互融合，在如此兼容并蓄的精神氛围下，中国社会最终形成了多元一体的文化格局。

三、黄河文化的一统性与包容性

从多元特质到一体意识，我们可知黄河文化实有广义、狭义两层意涵。在广义的理解层面，可说黄河文化与中原文化、农耕文化、儒家文化、北方文化多有交织，它们连同长江文化、南方文化、边疆文化、游牧文化等多种文化形态共同构成中华文化之价值共同体与意义公共体。正如徐吉军所论，"从广义上来说，黄河文化是一个以上游三秦文化、中游中州文化、下游齐鲁文化为主体，包含诸如三晋文化、燕赵文化等亚文化层次而构成的庞大文化体系。当然，这并不是说，凡是黄河干流和支流流经的地区，都应该纳入黄河文化的体系。这是因为，黄河文化是黄河流域地方共同体群中发现的文化规则的聚合"①。黄河文化之所以绵延至今、经久不衰，是因为它与中原文化、农耕文化以及儒家文化形成了较为圆融、较为包容的一体结构。虽说先秦诸子百家皆从黄河文化的源头处汲取到了不同的精神养分，但真正将黄河文化的核心精神纳入自家学术体系并使之形上化、典范化的只有儒家。儒家将黄河文化从自然领域、人与自然的交互层面转移到了人文领域、自我与他者的交往层面，并借由《尚书》的文本为黄河文化注入了深刻的历史性，通过《诗经》的文本为黄河文化注入了生动的情感性。儒家尤其强调农耕文化、中原文化、黄河文化的一体性，这意味着农耕文化、中原文化、黄河文化在与少数民族文化、外邦文化的交互过程中，必然经历痛苦的挣扎、反复的调整，才能适应新的时代、迎来新的转机。在狭义的理解层面，可说黄河文化乃与黄河精神、黄河气象连在一起，亦与黄土地、黄种人连在一起，更与乡土文化、城市文化连在一起。因为无论是强调血缘关系、宗族制度、家国体系的古典人文时期，还是强调现代化、城市化与契约精神的后工业时代与信息时代，黄河与黄河文化皆以较为自洽的方式、极其开放的姿态参与其中。这意味着黄河既是历史演进、时代变迁的"包容"见证者，又是文化延展、文明推进的"一统"参与者。

第一，黄河文化的一统性与包容性在于融摄"民为邦本""天人合一"以及"大一统"的哲学思想，涵盖贵和尚中、兼容并蓄的"天下"精神，同时不乏激扬生命、自我革新的内在动力。从多元特质到一体意识、从一统性到包容性，可知黄河之水流向哪里，华夏文明的脚步就会迈向哪里，此中既蕴含黄河文化的包容性，又指向文化纵深的一统性。一方面，黄河文化坚守着农耕文明与农业伦理的价值阵地，为中国古代社会政治、经济

---

① 徐吉军：《论黄河文化的概念与黄河文化区的划分》，《浙江学刊》1999年第6期，第134–139页。

的稳定发展夯实了观念的根基；另一方面，黄河文化在坚持稳定、和谐、厚重之精神基调的同时，也展现出其精神气质中激扬、开放、变革的一面。它将自身置于中华文明的宏观境域之下，不仅有效地接受、吸取北方游牧民族的独特文化，而且积极寻求与长江文化乃至南方文化的交流与互补。这既丰富了黄河文化本身的精神价值，提升了黄河文化本身的历史意义，又深化了中华优秀传统文化的理论内涵，整合了中华优秀传统文化的思想资源。正如《黄河文化论纲》一文所言，"黄河为中华民族注入了内敛友善的心灵底色。中华民族多元一体格局的形成过程，既是历时的，也是共时的。中华文明出场、演化、发展的空间地理格局的一体性，生产生活方式的多元多样性，特别是农耕与游牧两种历史力量相生相激、角逐竞合，犹如历史的碾盘和巨锤，濡养和铸造了中华文明和中华民族多元一体、开放包容的共同体意识"①。人类文化的发展历史总是符合这样的规律：越是先进的文化，其辐射范围越大，同化能力越强，所以黄河文化才能不断地将少数民族文化融入自身的文化圈层之中，进而展现出文化上的多样性与厚重性、政治上的一统性与包容性。就连本是游牧民族政权的元朝，也不得不直面这样的文化现实，推行一系列的汉化政策，将原先的游牧文明转为更加先进的农耕文明。正如《元史》所载："世祖度量弘广，知人善任使，信用儒术，用能以夏变夷，立经陈纪，所以为一代之制者，规模宏远关。"②

第二，黄河文化的一统性与包容性在于正本清源、返本开新以及多种文化要素的共存、交融，这与人类命运共同体所弘扬的和平、发展、公平、正义、民主、自由的核心价值相契合，又与人类文明新形态所提倡的薪火相传与顺时应势的永续发展理念相统一。在一个文化体系内部，各个文化要素绝不是截然孤立、彼此割裂的，它们之间的逻辑关系往往十分复杂、纵横交错。很多时候，一个文化体系内部还会形成特定的脉络与结构，其由某一占据主导地位的主流文化牵引从而获得长远的发展。这既是黄河文化多元特质、一体意识的生动显现，也是中华文明"和而不同"之

---

① 任慧、李静、肖怀德、鲁太光：《黄河文化论纲》，《艺术学研究》2021年第1期，第5–19页。

② 宋谦：《元史》，中华书局，1974，第377页。

价值理念以及一统性、包容性之核心特征的充分体现。居于主导地位的黄河文化不但没有"居功自傲",反而激发出了深沉的历史性,以此承载中华文化的真精神、真品格。黄河文化对于其他文化而言具有极强的吸引力,这种吸引力能使其他文化敞开自身的传统,从而顺乎情理地融入黄河文化的脉络与结构之中。在悠悠数千年的中华历史中,黄河文化始终面临北方游牧文化的冲击,但它从未丧失其精神与品格。黄河时常静静地流淌、默默地承受、缓缓地吸纳,只在民族危难之际亮出振聋发聩的声音,警醒世人要自强不息而勿自甘堕落。在人与自然的关系问题上,黄河大多数时候是无言的、无声的,像一个充满悲悯情怀的老者目睹着历史的发生,它只是偶尔显出任性的一面,仿佛一下子返老还童却又盛气凌人,给人类一个偌大的教训,告诫人类敬畏自然、珍视生命。由此可见,黄河文化和而不同、求同存异的发展理念以及博大精深、兼容并包的精神气质是在一次又一次狂风暴雨的历史洗礼中予以养成、得以炼就的。这意味着黄河文化不仅是古典的,而且是现代的,它承载着中华优秀传统文化创造性转化、创新性发展的历史使命,又蕴含着中国式现代化以来所揭示出的人类命运共同体、人类文明新形态两大科学论断的整体性、系统性、开放性、包容性特质。

第三,黄河文化的一统性与包容性在于思想、观念之凝结与政治、社会之和谐,最终形成了民俗、习性所代表的"文化表层"和语言、文字所代表的"文化中层",以及价值、精神所代表的"文化深层"为一体的综合性文化。黄河文化的最终形成其实在于一统性与包容性的内在互动,民俗、习性的发展与演变如此,语言、文字的生发与革新如此,政治、社会的统一与融合亦如此,华夏五千年的文化积累与文明演变总体上仍是如此。黄河文化在漫长的历史发展过程中,经历过诸子百家的飞速成长时期,经历过万国来朝的辉煌鼎盛时期,也经历过屈辱求全的衰落停滞时期。黄河文化本就拥有强大的精神生命与深厚的思想底蕴,随着当代中国经济、社会的全面发展,作为古老中华文化之主体的黄河文化理应重现昔日之荣光、"乘风而上",为现代化建设贡献独有的文明能量。这意味着研究黄河文化,一方面是要追寻中华文化之渊源,探索黄河文化的思想内涵与精神要义,为国人增添文化自信;一方面要从黄河文化的思想宝库中汲取智慧、获得真谛，打造新时代的黄河文化与黄河精神。这也意味着研究黄河文化，当取求真的学术态度、求实的价值立场，坚持文献研究与实地考察相结合、多元特质与一体意识相结合、一统性与包容性相结合的研究方法与研究理念，以求构建适应时代性与现代化、平衡本土性与多元化、兼具科学性与审美化的黄河文化体系，使之作用于今日中华民族的文化表达、文化转型与文化复兴。

（作者田宝祥系哲学博士，兰州大学哲学社会学院讲师、哲学系副主任，主要从事中国哲学史、中国思想史研究）

黄河文化与黄河文明体系构建浅议

党的二十大报告强调，中国式现代化是物质文明和精神文明相协调的现代化。物质富足、精神富有是社会主义现代化的根本要求。我们既要不断厚植现代化的物质基础、夯实人民幸福生活的物质条件，也要传承中华文明，大力发展社会主义先进文化，丰富人民精神世界，促进物的全面丰富和人的全面发展。全面建设社会主义现代化国家，全面推进中华民族伟大复兴，要求我们必须全面地认识黄河，深刻认识具有强大凝聚力和向心力的黄河文化，深入研究黄河文化体系、黄河文明体系这一文化强国的重大课题。这就要求我们不仅要研究大国兴衰史、朝代兴衰史，更要研究文明兴衰史。

一、如何认识从黄河文化到黄河文明的跃迁

习近平总书记指出，中华民族有一万年文化史，有五千多年文明史。从文化到文明，是一个了不起的跃迁。过去我们从自然、生态、文化角度看黄河比较多，但是没有从人类文明新形态这个角度，没有从国运、文运、国脉这个角度来看黄河。从文明这个角度来看黄河，我们就会有不一样的视野。

第一，从文明的高度特别是人类文明新形态的高度看黄河，就要定位"中国之黄河""亚洲之黄河""世界之黄河"。水是生命之源，河是文明之母，河的特性塑造了文明的特性。举世公认的四大古文明，即古巴比伦文明、埃及文明、印度文明、中华文明分别是由幼发拉底河与底格里斯河、

尼罗河、印度河、黄河哺育诞生的。黄河作为中华民族的母亲河，其雄浑的气势、博厚的造化、奇绝的风华造就了古老而伟大的中华文明。

早在上古时期，黄河流域就是华夏先民繁衍生息的重要家园。中华文明上下五千年，在长达3000多年的时间里，黄河流域一直是全国政治、经济和文化中心，以黄河流域为代表的我国古代发展水平长期领先于世界。从史前文明至北宋，黄河文明的曙光、黄河文明的灿烂令人炫目。我国在新石器时代、青铜器时代、铁器时代等各个时代的古代文明发展成就都走在世界前列。黄河拥有世界文明史上国家共同体的原创形成和持续发展的重大经验与规律。黄河文明揭示了人类文明发展的结构性规律，揭示了人类命运共同体形成的必然。为什么黄河流域能够创生中华文明的原初形态，创造大型文明共同体，只有从"三个黄河"的视角才能够加以解读。

第二，从国运、国脉的高度来看黄河，就要定位"历史之黄河""今日之黄河""未来之黄河"。要深知，中华民族的命运始终与黄河的荣枯紧密相关。只有把过去、现在和未来贯通、融通起来，才能够深刻认识黄河对于中华民族的独特意义。

从文明的高度、国运国脉的高度，弄清楚黄河文化到黄河文明的孕育与形成过程，就能够理解黄河文明孕育、形成和发展的过程就是中华文化自立到中华文明形成的过程，就能够深刻认识到黄河文明对于四大古文明的意义，对于人类文明的意义；就能够深刻认识到黄河作为中华民族的母亲河，与中华民族的命运休戚相关。把黄河和中华民族的命运联系到一起，就能看出黄河文明在人类文明新形态构建中所具有的巨大意义。

二、如何认识不一样的黄河文化体系

对于中华民族来说，黄河文化不仅是一种地域文化，也是一种流域文化，还是一种民族文化，更是一种国家文化。黄河文化是中华文明的重要组成部分，是中华民族的根和魂，在中华文明体系中具有特别重要的地位。

对于黄河文化体系，我们可以从历史演进维度、地域和合维度、地理物产维度、制度法度维度、人文思想维度五个方面来认识。

第一，就历史演进维度而言，我们要看到1万年文化史和5000多年文明史的区别，要认识 1 万年文化史上中原文化、黄河文化既"波澜壮阔"又"一波三折"的过程。"波澜壮阔"可以从"河图洛书"到"礼乐文明"再到"礼法文明"来认识。这个过程是波澜壮阔的。"一波三折"一是转折，秦朝设立郡县制，礼乐文明开始转变为礼法文明；二是转移，南宋时期政治经济文化中心有一个"南转北移"的过程；三是转型，近代以来，马克思主义进入中国后带来了文明转型。"一波三折"体现在转折、转移、转型这三个过程中。

第二，就地域和合维度而言，中华文化是由黄河文化、长江文化共同构成的。黄河文化中，又有河湟文化、关中文化、河洛文化、齐鲁文化。在中华文化体系中，中原文化、黄河文化是核心和骨干。

第三，就地理物产维度而言，有黄河鲤鱼、四大发明等。

第四，就制度法度维度而言，有禅让制、分封制、世袭制、井田制、郡县制、宗法制、九品中正制、科举制等。

第五，就人文思想维度而言，从河图洛书到易经，到道德经，再到二程理学，有一个完整的人文思想演进路径。

可以说，黄河文化体系就是在时间和空间中生成的思想、制度和物产。当然，这一复杂的文化体系经历了一个复杂的"凝聚"与"辐射"的过程。凝聚的过程，包括以天为则、以民为本、以史为鉴和以文载道。而辐射的过程，则是以文化人、以理服人、以情动人和以美育人。凝聚的过程，是一个从礼乐文明到礼法文明的价值流变过程。辐射的过程则体现了从中原到中部、从中部到中华、从中华到中国的空间展开过程。可以说，黄河文化体系以羲皇、炎黄为起点，以长安—洛阳—开封为轴心，经历了万年奠基、八千年起步、六千年加速，五千年进入、四千年过渡、三千年巩固，两千年转折、一千年转移、二百年转型既一脉相承又一波三折的演变历程，构成了黄土—黄河—黄种人—黄河文化—黄河文明的完整体系。特别是长安与洛阳构成了夏至隋唐都城的主轴，影响着中华文化发展的进程，这一过程对于中原文化和黄河文化成为中华文化总进程的核心和引领者，对于其从地域文化、流域文化上升为民族文化、国家文化意义重大。因此，研究黄河文化体系，对于我们研究黄河文明体系，提供了一个很好的基础。

三、如何认识复杂的黄河文明体系

黄河文明是中华文明的骨骼与主体，记载着早期中国从部落到国家、统一的多民族国家从国家到天下、转型中国从危亡到再生、创新中国从崛起到复兴的全过程，其最大和最本质的特点是"不断裂"，这在世界文明史上是独一无二的，也是无与伦比的，更是独领风骚的。

黄河文明创造了中华文明的原初形态，体现了中华文明的复杂性结构，是中华民族的动力源泉。

黄河文明的兴衰既具有理论意义，也具有实践意义，既具有中国意义，也具有世界意义。然而，我们有对黄河文化的解释，但没有对黄河文明渊源的梳理。由于缺少多维度大空间系统化的诠释体系，基本上是现象归纳和文学性描写，无法在世界文明史上更好地解释为什么中国有这么连续性的多元一体的文明形态。

新时代，要重新解析中华文明的复杂性结构，就必须建立起认识和理解黄河文明体系的思想框架。这就要求我们对于文明的认识要体系化和系统化，要加强对黄河文明的多维度、大空间、系统化研究。

（一）从大空间、系统化的角度来研究，要重点把握黄河文明"根、源、干、魂、家"的定位

首先是根。根包括三个概念：第一是根祖，即祖根文化，比如羲皇和炎黄；第二是根亲，即伦理文化；第三是根系，即地域文化。根源性，是黄河文化的一个总体特征。从考古发现、文献记载、民间传说等多角度分析，黄河流域是中华民族的主要发祥地，在黄河流域特殊环境下孕育出来的黄河文化是中华民族传统文化的主要源头。黄河流域是中华民族的先人们最早聚居生活与持续繁衍的地方，他们在这里持续创造物产、制度、思想的同时，也积淀了中华传统文化的基因，迈开了中华文明前行的脚步。

其次是源。包括农业的起源、文化的起源、文明的起源和国家的起源等。比如，"三皇五帝"等史前人物是神话传说还是确有其人，需要考古工作去揭开谜底。比如，夏代史研究还有大量空白，通过考古发现来证实信史就显得特别重要。在这个过程中，文化的起源是我们要重点把握的。

中华文化的起源、形成与发展，既复杂又漫长，其从涓涓溪流到江河汇流的发展历程，体现出百万年的人类史、一万年的文化史、五千多年的文明史。其中，包括三个阶段：一是万年奠基、八千年起步、六千年加速；二是五千年进入、四千年过渡、三千年巩固，从而形成了伟大的古陶文明、古玉文明、龙文明、青铜文明和礼乐文明；三是两千年转型，随着秦汉王朝的建立，形成了礼法文明，诞生了伟大的中华法系。

再次是干。中华文化包括黄河文化和长江文化。黄河文化包括河湟文化、关中文化、河洛文化、齐鲁文化。如果说中华文化是一棵大树，黄河文化就是主体、主干。河洛文化是中原文化的核心，河洛文化是中原文化对黄河文化的贡献。在黄河文化的各种地域文化中，中原文化又是主体文化、主干文化，是黄河文化的核心，是中华文化总进程的核心和引领。中原文化是一种地域文化；黄河文化是一种流域文化；中华文化是一种民族文化，是一种国家文化。而中原文化、黄河文化既具有区域文化、地域文化的特点，也是一种民族文化和国家文化。只有正确认识这种两重性，才能认清黄河文化体系、黄河文明体系的特质。由于黄河流经地区地理环境的复杂性，在黄河文化的不同地段所形成的河湟文化、关中文化、三晋文化、河洛文化、燕赵文化、齐鲁文化等都属于黄河文化体系的组成部分。

继次是魂。魂是精气神，它揭示了中国社会赖以生存发展的价值观和中华民族"日用而不觉"的文化基因，说明了中华民族和中华文明多元一体、家国一体的形成发展过程。这种基因一是体现在"自强不息"上，二是体现在"厚德载物"上。如果把中华文明比喻成一个重瓣花朵，用"花开中国"来形容，那么中原文化或黄河文化就是重瓣花朵中的"花蕊"，是灵魂中的灵魂。

最后是家。家是发祥地、核心区，也是精神家园、心灵故乡。中华姓氏，多半出自中原，缔造了中华儿女魂牵梦萦、挥之不去的根亲家园情结。

需要强调的是，根和源不一样，源是源头，根在河洛，干是中原文化，魂是价值体系，家是老家河南。这应该是黄河文明体系的一个总体定位。

（二）从价值体系的角度来研究，要重点把握黄河文明"易、道、仁、理、心"的价值总追求

黄河文化是中华文化的总根系，在中华文化总进程中具有强大的凝聚力和向心力。"魂"就是黄河文化所体现出的价值体系。易、道、仁、理、心，就是我们从黄河文化中提炼出来的完美的价值体系。

易是中华民族最古老的智慧。从伏羲到文王、到孔子，都为此作出了贡献。易包括变易、不易和简易三大内容。

道是老子之道。道，为"万物之始""万物之母"。"道生一，一生二，二生三，三生万物"，"复归于朴"。在我们看来，"道"就是一种"导"。

仁是孔子之仁。仁，既是道德人格的核心，又是社会伦理秩序的规范。"仁远乎哉？我欲仁，斯仁至矣。"仁是人的修养品质，仁必须导之以礼，仁必须成之于"行"。

理是二程的"天理"。理，是"天理"，不同于玄理、虚理、佛理。二程"天理说"的提出代表中华文化开始进行内在超越，不再信仰宗教，转而追求"内圣外王"，追求自我修身。

心就是王阳明的心学。理是世界的理，落到人身上即是心，包括"心即理""致良知""知行合一"等核心内容。

"易、道、仁、理、心"，是中原文化、黄河文化贡献给中华民族的五个哲学范畴，也是中华民族对人类社会的最大贡献。这是中华民族的世界观、人生观、价值观，特别是其具有天下为公、天人合一、为政以德、民为邦本、任人唯贤、革故鼎新、自强不息、厚德载物、讲信修睦、亲仁善邻等十大中国文化基因。正是这些思想之精华，支撑了中华民族五千年深邃的思想创造。

（三）从外在形态体系的角度来研究，要重点把握黄河文明"诗、酒、花、梦、忧"的表现形态

诗是中华民族的风雅，从《诗经》到《离骚》，从古诗十九首到唐诗宋词，体现出我们这个民族对"风雅"的重视、对"境界"的向往。

酒是中华民族的浪漫，从"阮籍醉酒"到"李白斗酒诗百篇"，酒是一种文化。

花是中华民族的审美，唐刘禹锡说："唯有牡丹真国色，花开时节动京城。"华夏民族与"华"族是相连的。

梦是中华民族的追求，既有老子的小国寡民梦、韩非的富国强兵梦、墨子的大同梦、儒家的小康梦，更有新时代的中国梦。

忧是中华民族的忧患意识，由于黄河水患，我们始终有一种忧患意识，忧，既有物质之忧，如对富贵、权位、声色失控的担忧；也有精神之忧，如对个人道德和社会道德缺失的担忧。从"杞人忧天"到范仲淹的"先天下之忧而忧"，一脉相承。

结语

黄河文化是中华民族的根和魂，沉淀和积累了几千年来中华民族持续创造的大量优秀物质财富与精神财富，是中华民族世界观与方法论的基本起点。在全面建设社会主义现代化国家的进程中，无论我们走得多远，都需要这种精神能量作为支撑。

（作者李宜馨系清华大学公共管理学院博士研究生）

黄河流域生态保护和高质量发展研究框架

引言

黄河是中华民族的母亲河，孕育了灿烂的中华文化。然而，随着全球气候变化和人类活动的发展，黄河出现了水资源短缺、水环境污染等问题，严重影响区域经济社会可持续发展。2019年9月18日，习近平总书记在河南考察期间主持召开了黄河流域生态保护和高质量发展座谈会，并发表重要讲话，提出了黄河流域生态保护和高质量发展重大国家战略。这是黄河流域生态保护和发展的重大战略布局，也是黄河治理史上的一个里程碑。黄河复杂难治，黄河流域生态保护和高质量发展重大国家战略的顺利实施需要全社会有关方面的共同努力，涉及多学科的理论基础和重大科技问题，有些理论和问题需要进一步攻克，有些需要综合集成研究，有些需要多学科交叉研究。因此，进一步集中研究其理论基础和重大科技问题具有重要意义。

关于黄河的研究由来已久，取得的成果不计其数，涉及自然科学、社会科学许多方面。从目前的研究来看，多集中在黄河水沙科学与泥沙治理、河道和滩区治理、洪水及灾害治理、水资源配置及调控、生态环境、河流健康、黄河文化、生态景观、流域和区域发展、法制和制度研究等方面，局限于某些专业研究领域。如何从生态文明建设需求、重大国家战略需求高度，用科技支撑黄河流域生态保护和高质量发展重大国家战略的实施，则急迫需要开展有针对性、系统性、宏观层面、多学科交叉的深入研究。

基于上述背景，在分析已有研究成果的基础上，深入理解习近平总书记2019年9月18日的讲话精神，从贯彻落实重大国家战略的高度，总结提出黄河流域生态保护和高质量发展重大国家战略的理论基础和重大科技问题研究框架，并给出其研究方向和发展路线图，以期为黄河流域国家战略的进一步研究和顺利实施提供参考。

一、对黄河流域生态保护和高质量发展战略的理解和认识

(一)战略的提出背景及目标定位

黄河流域生态保护和高质量发展战略的提出主要基于以下背景：（1）黄河流域水资源保障形势严峻，河流水环境恶化，生物多样性受损，流域生态环境脆弱，生态环境亟待改善和保护；（2）黄河流域水问题日益突出，已经影响到经济发展、小康社会建设，不能满足人民对美好生活的要求，发展质量有待提高；（3）新时代中国特色水利的历史使命[①]，保障河流安全、支撑经济社会高质量发展、传承中华水文化，需要在黄河流域具体落实；（4）黄河问题复杂，治理难度大，不是一个部门能够解决的，非一日之功，需要从国家层面，像长江经济带发展一样，上升到重大国家战略，下大力气综合治理。

根据对该战略提出背景和发展目标的分析，可把该战略的目标定位表述为：针对黄河流域生态和发展问题，着眼于生态文明建设全局，以生态保护为基础，以水旱灾害治理为要务，以高质量发展为落脚点，坚持山水林田湖草综合治理、系统治理的思想，尊重自然规律和经济社会发展规律，共同抓好大保护，协同推进大治理，实现高质量发展，让黄河造福人民。

---

① 左其亭：《新时代中国特色水利发展方略初论》，《中国水利》2019年第12期，第3-6、15页。

（二）战略实施的主要指导思想

1.人水和谐思想

人类活动或多或少都会影响到自然，包括水系统。无数的发展教训告诫人们，人类不能凌驾于自然之上，人类必须限制自己的行为，使人与自然和谐相处。人类开发利用水资源，必须限制在其承载能力范围内，走人水和谐之路是必然选择。

2.可持续发展思想

人类社会的发展不能破坏人类赖以生存的自然界，当代人的发展还要考虑子孙后代的发展，这就是可持续发展思想。

3.生态文明思想

生态文明是继原始文明、农业文明和工业文明之后逐渐兴起的社会文明形态。在伴随经济社会发展的同时，应把生态放在优先地位，加强生态环境保护，树立生态兴则文明兴的理念，走生态文明建设之路。

4.系统治理思想

治理好黄河，需要统筹考虑上下游、干支流、左右岸，需要兼顾开发与保护的协调，和不同地区、不同行业、不同阶段的协调，另外还需要选择最佳治理途径。

5.节水优先思想

水资源是有限的，必须把水资源作为最大的刚性约束，坚持节水优先思想，建设节水型社会。节水型社会体现了人类发展的现代理念，代表着高度的社会文明，也是现代化的重要标志。

6.高质量发展思想

流域内人民群众生活水平有待进一步提高；仍然存在防洪安全、饮水安全、生态安全等问题，需要推动更高质量、更有效率、更加公平、更可持续的发展，促进全流域高质量发展。

7.文化自信思想

文化自信是对自身文化价值的充分肯定、积极践行和坚定信心。黄河流域是中华文化的发祥地，保护好、传承好黄河文化对坚定文化自信具有重要意义，这是治理好黄河的精神力量和灵魂所在。

(三)战略实施的主要抓手

习近平总书记在讲话中指出,黄河问题表象在黄河,根在流域,治理黄河重在保护,要在治理,并从5个方面提出战略要求,这也正是战略实施的主要抓手。

1.加强生态环境保护

生态系统是自然界的生命共同体,是生态文明建设的载体,是保护黄河的基本点和着眼点,是该战略实施的第一抓手、直接抓手。如果生态环境保护不好,黄河就不可能保护好,更谈不上高质量发展。

2.保障黄河长治久安

"黄河宁,天下平。"从古至今,黄河治理都是安民兴邦的一件大事。黄河水少沙多,水沙关系不协调,是黄河复杂难治的症结所在。只有紧紧抓住水沙关系调节这个"牛鼻子",完善水沙调控机制,减缓黄河下游淤积,才能确保黄河安澜。

3.推进水资源节约集约利用

一方面,水资源量是有限的,必须走节约、集约利用的道路。坚持节水优先是我国新时代治水的指导思想。另一方面,科学调控好水资源分配,最大限度地发挥水资源在促进人民生活水平提高、经济发展和生态环境保护中的作用。通过优化配置水资源,获得最大的综合效益,为人民造福。

4.推动黄河流域高质量发展

按照从实际出发、因地制宜、科学施策、分类施策的思路,探索黄河流域高质量发展路线,既要保证流域生态环境健康发展,又要改善民生,促进经济社会可持续发展。

5.保护、传承、弘扬黄河文化

黄河文化是中华文明的重要组成部分,是中华民族的根和魂。首先要保护好黄河文化遗产,其次要传承好黄河文化,讲好"黄河故事",延续历史文脉。这是我们这个时代应负的历史责任。此外,还要弘扬好黄河文化,坚定文化自信,为实现中华民族伟大复兴凝聚精神力量。

二、战略实施的理论基础

实施黄河流域生态保护和高质量发展国家战略，是一项非常庞大的系统工程，涉及社会众多部门和领域，许多理论问题和科技问题需要综合多学科进行研究。实施该战略需要的理论基础和需要解决的重大科技问题，如图1所示。

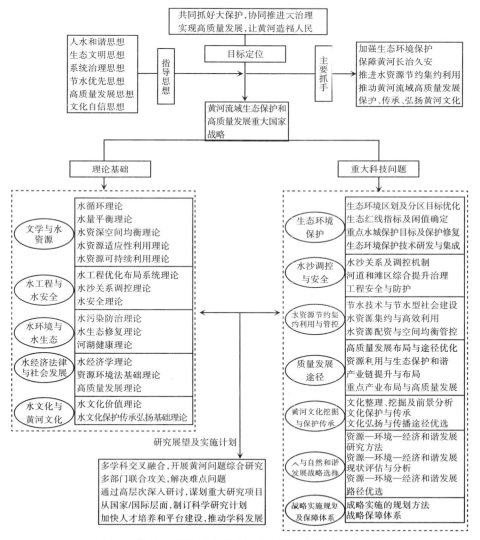

图1　战略实施的理论基础与重大科技问题研究框架

（一）水文学与水资源

1. 水循环理论

自然界中的水经历着周而复始的循环运动，这是水系统的基本原理，也是水能够被持续利用的基本特征。人类活动对水系统的所有作用都应遵循自然界水循环规律，所有的研究都要符合水循环理论。

2. 水量平衡理论

一定区域、一定时间内水量输入减去输出等于储水量的变化量；即水量是守恒的，这是物质守恒定律在水资源系统中的具体反映。人类开发利用水资源都符合水量平衡理论，比如一个地区用水增加必然会减少另一相关地区用水，生产生活用水增加必然会减少生态用水。这也是"量水而行""合理用水""节约用水"的理论依据。

3. 水资源空间均衡理论

推行空间均衡是我国治水方针之一。水资源分布的空间不均衡性导致人类用水在空间上的不匹配，需要在一定条件下实施跨区域、跨流域调水。当然，调水需要遵循自然规律，不能超出水资源承载能力，要维系水资源开发、利用与保护在空间上的相对稳定的平衡状态[①]。

4. 水资源适应性利用理论

自然界和人类社会时刻处在变化之中；水资源的开发利用也应适应气候变化和人类活动变化，适时改变治水策略，依据水资源适应性利用理论[②]，对水资源进行科学调配。

5. 水资源可持续利用理论

水是人类生存和发展不可或缺的资源，必须保持水资源可持续利用。因此，在水资源开发利用和保护中都要考虑水资源可持续利用，即遵循水资源可持续利用理论。

---

① 左其亭：《水资源空间均衡理论方法及应用研究框架》，《人民黄河》2019年第10期，第1-6、16页。

② 左其亭：《水资源适应性利用理论及其在治水实践中的应用前景》，《南水北调与水利科技》2017年第1期，第18-24页。

（二）水工程与水安全

1.水工程优化布局系统理论

水工程是一种人类从古至今利用水的最普通的方式。随着人类活动加剧和水工程规模不断扩大，水工程建设的问题越来越复杂，需要进行优化布局。这就需要用到系统理论，实现在一定约束条件下达到工程建设综合效益最大。

2.水沙关系调控理论

黄河的水沙问题历来是难以攻克的难题，既是理论技术问题，也是实践问题。几千年的治黄历史也是调控水沙关系的历史，前人积累了大量的经验，为水沙关系调控理论研究奠定了基础。黄河水沙调控和治理需要依据水沙关系调控理论，但黄河水沙关系复杂，水沙关系调控理论研究任重而道远。

3.水安全理论

水安全与粮食安全、能源安全并列为世界三大安全问题，保障水安全是国家安全的重要方面。水安全包括水资源安全、水环境安全、水生态安全、水工程安全、供水保障安全、洪涝防御安全等。在流域层面上进行任何人类活动，都要确保水安全，保证河流安澜、人民安宁。

（三）水环境与水生态

1.水污染防治理论

一般来讲，人类生活、生产都会产生一定量的污染物质，排放的污染物数量如果在自然界的承受能力范围内，就不会引起太大的污染问题；反过来，如果超过其承受能力范围，就会带来环境污染问题。随着人口增长、经济发展，带来的污染越来越严重，因此首先要预防污染，其次要治理污染。

2.水生态修复理论

水生态系统一旦遭到破坏，就应该及时进行人工修复，创造一个近自然、良性循环、生物链完整的水生态系统，提高水体的自净能力，实现人与自然和谐共生。

3.河湖健康理论

该理论认为，河湖像一个生命体一样，具有生命。为了实现河湖功能永续利用，就必须维持河湖生命健康。河湖健康理论是加强河湖管理、保护河湖的理论依据。

（四）水经济法律与社会发展

1.水经济学理论

人类对水资源的开发利用伴随着多种多样的经济活动，不断产生和丰富了水经济学理论，包括水资源价值理论、水市场理论、循环经济理论等，是人类从事水资源经济活动、以经济为杠杆管理水资源的理论依据。

2.资源环境法基础理论

流域治理和发展涉及较多的法律，其中关于保护资源、保护环境方面的一系列法规，对保护资源、利用资源、防治污染和其他公害等具有重要作用。资源环境法具有特殊性，既调整人与人之间的关系，又调整人与自然之间的关系，是一类内容丰富的法律体系。

3.高质量发展理论

高质量发展理论是新时代针对经济转型提出的新理论，追求的是效率更高、供给更有效、结构更高端、生产更绿色、社会更和谐的经济增长，为了高质量发展甚至可以牺牲一定的经济增长速度。

（五）水文化与黄河文化

1.文化价值理论

传统观点认为，只有经济领域能够创造财富，文化领域只进行价值消费，不能直接产生经济财富；文化价值理论认为，文化是有价值的，文化是整个民族或整个人类长期积累的产物，对促进社会团结、集中人类智慧、确保经济持续发展都具有重要价值。

2.文化保护传承弘扬基础理论

包括文化遗产保护、文化传承、文化弘扬的方法和途径，文化背后的历史、艺术、科学价值挖掘方法，文化的继承、借鉴与创新思路，传统文化的保护政策、制度、行政管理体系、宣传教育体系等。

三、战略实施的重大科技问题

(一)生态环境保护

1.生态环境区划及分区目标优化

黄河流域地理空间跨度大，气候和地理特征差异显著，生态环境表象具有明显的空间地域性。需要在现代流域发展思想指引下，充分考虑全国国土空间格局，对黄河流域生态环境格局进行空间优化，合理划定生态环境保护分区；充分考虑上中下游的差异和空间格局生态功能的不同要求，优化分区保护目标，实现上中下游、不同空间格局因地制宜治理黄河生态的目标。

2.生态红线指标及阈值确定

根据现代发展理念，制定生态红线指标选择原则针对不同区域和类型的生态，选择合适的红线指标；通过大量研究，确定生态红线指标的阈值，比如纳污能力、生态流量、生态水位、森林面积、湿地面积、生物多样性指标等。

3.重点水域保护目标及保护修复

通过大量调查和试验，分析确定黄河干流和支流主要河段、水库、湿地、湖泊生态保护目标，提出黄河源区、上中下游以及河口水生态保护与修复的措施。

4.生态环境保护技术研发与集成

生态环境保护涉及多种技术比如不同污染物治理、农村面源污染治理、节水、清洁生产、水土保持、生态健康评价、环境风险评估与防治等技术，需要继续开展各种生态环境保护技术的研发和应用；系统解决全流域生态环境保护问题，需要集成多种技术，进行分类施策、系统治理、综合治理。

(二)水沙调控与水安全

1.水沙关系及调控机制

通过大量连续观测，揭示黄河泥沙分布规律、产生过程、影响因素、水沙关系以及作用机制等；基于观测数据和理论分析，揭示水沙调控机制，构建水沙演变模拟模型和水沙调控模型；建设以骨干水库为主体的水沙调控工程体系，研发水沙联合优化调度系统。

2.河道和滩区综合提升治理

为了进一步提升河道和滩区治理能力，实现河道和滩区安全运行，需要深入研究河势稳定控制与洪水行洪控制、河槽输沙能力提升、滩区综合整治、堤防加固与生态廊道融合一体化建设、综合治理方案优化以及决策支持系统建设等技术方法。

3.工程安全与防护

工程安全是第一要务，首先要研究大坝工程安全评估与风险防控，其次要解决堤防无损检测、评价与防护技术问题，此外要开展结构性能加固修复等技术方法研究和应用。

（三）水资源节约集约利用与管控

1.节水技术与节水型社会建设

开展工业、农业、生活各种用水的节水技术研发及集成研究；研发节水计量技术、监测装置，开展节水效果评价，探索节水管理途径；研究以经济手段为主的节水机制与制度建设；继续开展节水型社会建设规划与推行实施。

2.水资源集约与高效利用

研究各种用水效率分析方法和水资源集约利用评价方法，研发不同行业各种用水方式的水资源集约利用技术；研究水资源高效利用评价方法，研发水资源高效利用相关技术方法。

3.水资源配置与空间均衡管控

研究水资源分析相关技术方法，比如水资源系统分析、承载能力计算、水资源配置需求分析、跨界河流分水方法、水资源配置模型等；研究满足水沙调控的水资源调度模型方法、气候变化下水资源适应性利用调控方法，创新研究水资源空间均衡管控理论方法及模型。

（四）高质量发展途径

1.高质量发展布局与途径优化

在高质量发展理论指导下，分析国土资源—生态环境—经济社会和谐关系，研究高质量发展布局方法；基于多方面影响因素分析，提出高质量发展途径优化方法。

2. 资源利用与生态保护和谐

研究资源利用与生态保护和谐平衡理论方法，构建和谐平衡模型，制定兼顾经济社会发展、资源高效利用、生态环境保护协调的发展方案。

3. 产业链提升与布局

在分析产业链发展趋势及影响因素的基础上，研究产业链提升方法；研究产业链优化布局方法、分区优化产业布局方法，以及黄河流域与"一带一路"倡议、大运河文化带等战略对接方案。

4. 重点产业布局与高质量发展

在高质量发展理念指导下，研究流域内对生态保护和经济社会发展有重要影响的重点产业（如煤炭、化工等）的优化布局；探索重点行业高质量发展新路子，最终实现用黄河水来支撑全流域高质量发展。

（五）黄河文化挖掘与保护传承

1. 文化整理、挖掘及前景分析

基于历史资料收集和整理，讲好"黄河故事"，深入挖掘黄河文化蕴含的时代价值，分析黄河文化开发前景。

2. 文化保护与传承

提出推进黄河文化遗产系统保护的思路和方法，保护好黄河文化；研究文化传承思路和方法，制定完善的黄河文化传承制度，保障历史文脉世代延续。

3. 文化弘扬与传播途径优选

研究黄河文化弘扬思路和方法，探索文化传播途径优选方法，促进黄河文化进一步发扬光大。

（六）人与自然和谐发展战略选择

1. 资源—环境—经济和谐发展研究方法

针对流域国土资源开发、生态环境保护、经济社会发展存在的不和谐因素，总结提出全流域及分区人与自然和谐发展思路，以及资源—环境—经济和谐发展量化研究方法。

2.资源—环境—经济和谐发展现状评估与分析

采用资源—环境—经济和谐发展量化研究方法，对全流域及分区和谐发展水平进行评估，并分析其空间变化规律、时间演变规律。

3.资源—环境—经济和谐发展路径优选

从国土资源开发、生态环境保护、经济社会发展三方面和谐发展角度，提出流域资源—环境—经济和谐发展路径优选方法。

（七）战略实施规划及保障体系

1.战略实施的规划方法

基于研究成果总结、国家需求分析，综合考虑生态环境保护支撑体系、水资源空间均衡调控方案、高质量发展策略，研究提出黄河流域国家战略实施的规划方法及规划方案。

2.战略保障体系

国家战略的实施是一个庞大的系统工程，需要一系列的保障作支撑。需要从技术创新、行政管理、政策、制度等方面，提出黄河流域国家战略保障体系的构建思路和方法。

四、研究展望和路线图

（一）研究展望及实施计划

1.多学科交叉融合，开展黄河问题综合研究

黄河问题的研究涉及众多学科，需要多学科交叉融合，开展综合研究。

2.组建跨行业多单位科技联盟，攻克难点问题

各部门的学科特点和优势各异，应当发挥各自优势，实现优势互补。其中一种有效方法是组建国际、国内多单位科技联盟，针对难点科技问题进行联合攻关。

3.通过高层次深入研讨，谋划重大研究项目

组织高层论坛、专家论坛、学术沙龙等不同层次研讨会从不同层面研讨发展问题。从目前的研究体系来看，可以组织国家重点研发项目黄河专项、国家社会科学基金黄河重大项目、国家自然科学基金黄河重大计划

等；针对黄河关键基础理论问题、科技问题、管理问题、战略问题进行研究。

4.从国家/国际层面，制订科学研究计划

在充分利用现有黄河水利科研机构、高校和科研院所所属黄河研究机构的基础上，组织和制订国家/国际层面的黄河科学研究计划，建议设黄河监测网和大数据研究计划，监测数据面向全球开放（除保密数据外）黄河实验室建设计划，建设对外开放的综合实验平台。包括黄河水沙调控研究计划、黄河水资源调配研究计划、黄河典型区生态环境保护研究计划等。

5.加快人才培养和平台建设，推动学科发展

进一步优化黄河问题研究学科队伍，加快人才培养，建设学科基地、工程技术研究中心、重点实验平台。支持现有省部级重点实验室的进一步发展，谋划层次更高、研究更综合的黄河国家实验室。

（二）发展路线图

1.2020—2025年：谋划阶段

进一步扶持优化黄河问题研究学科队伍，逐步形成多学科交叉融合的黄河综合研究团队，筹建黄河国家实验室，初步实施黄河监测网和大数据计划，组建跨行业多单位科技联盟，主办高层论坛、专家论坛、学术沙龙等不同层次研讨会，组织国家重点研发项目黄河专项、国家社会科学基金黄河重大项目、国家自然科学基金黄河重大计划。重点开展黄河流域生态保护和高质量发展战略研究、战略规划纲要编制，关键技术研发及集成示范、文化保护传承与弘扬方案制定。

2.2025—2030年：发展阶段

继续培育壮大研究团队，充分发挥科技联盟作用，深入研讨黄河科技发展需求，继续组织黄河重大项目，基本完成黄河监测网和大数据计划，初步建成黄河国家实验室，重点开展黄河综合治理关键技术集成与应用研究。

3.2030—2035年：完善阶段

形成力量雄厚的研究团队和高水平的学科体系，建设成世界一流的黄河国家实验室；基本解决黄河难点技术问题，80%以上技术处于世界领先

水平；通过科技创新，实现黄河生态环境良好、水旱灾害基本得到控制、工程安全风险管控能力满足需求、水资源可持续利用得到保障、流域高质量发展、黄河文化传承弘扬体系完善的目标。

结语

本文围绕黄河流域生态保护和高质量发展重大国家战略的实施，提出了初步研究框架，总结了该战略实施的指导思想、主要抓手；从水文学与水资源、水工程与水安全、水环境与水生态、水经济法律与社会发展、水文化与黄河文化5个方面阐述该战略实施需要的理论基础；从生态环境保护，水沙调控与安全、水资源节约集约利用与管控、高质量发展途径、黄河文化挖掘与保护传承、人与自然和谐发展战略选择、战略实施规划及保障体系7个方面提出了该战略实施需要解决的重大科技问题；从黄河问题综合研究、联合攻关、重大研究项目、科学研究计划、学科建设5个方面分析了未来该战略实施需要开展的研究工作，对未来15 a发展路线提出初步设想。

本文是在习近平总书记提出黄河流域生态保护和高质量发展重大国家战略后短时间内写出的一篇框架性文章，缺乏进一步的思考和深入研究，更没有在实践中应用和检验，希望能起到抛砖引玉的作用。欢迎更多的学者加入黄河流域国家战略研究中，为黄河流域保护和发展贡献智慧，也欢迎对本文提出宝贵意见和建议。

（作者左其亭系郑州大学教授、博士研究生导师）

黄河文化专题研究

先秦时期黄河文化中的农业文明

黄河文化是以农业文明为特色的文化。黄河流域农业文明的产生与发展，对黄河文化的形成与壮大发挥了重要的作用。先秦以来黄河流域农业文明的萌生以及发展过程，奠定了黄河文化发展的基础，并对后世中国文化的走向起着相当重要的引领作用。

一、黄河文化中农业文明的萌生

从黄河流域有人类活动开始，黄河文化中的农业文明即已产生。黄河流域早期活动的原始部落颇为繁多，见诸记载的大的部落有黄帝部落、炎帝部落和东夷部落。各个部落在发展进程中因地理环境的不同，其社会风貌呈现出各自的特色，因而导致其文化内涵也有差异，这就是早期黄河文化内涵在黄河流域不同地区呈现相异的重要原因。

以炎黄二帝文化而论，虽然他们早期活动的地域是相同的，但到后期随着部落势力的分化，开始逐步迁徙蔓延到黄河中下游不同的地区。《国语》卷十《晋语四》云："昔少典娶于有蟜氏，生黄帝、炎帝。黄帝以姬水成，炎帝以姜水成。成而异德，故黄帝为姬，炎帝为姜，二帝用师以相济也，异德之故也。"《索隐》案："皇甫谧云'黄帝生于寿丘，长于姬水，因以为姓。居轩辕之丘，因以为名，又以为号'，是本姓公孙，长居姬水，因改姓姬。"黄帝生于寿丘，活动在姬水。而炎帝活动的姜水则是岐水。《水经注》卷十八《渭水》云："岐水又东，径姜氏城南为姜水。"由此可知，黄帝、炎帝是部落首领少典的后代，并最终分化成为两个部落。炎、黄二帝均活动于黄河中游地区，这里是黄土高原的腹地，为早期农业文明的形成与发展提供了便利条件，且两部落均沿渭河支流居住，符合早期农业民族的生存模式。

从两个部落的名号来分析，也显示了黄河文化在形成阶段以农业为主的特色。炎帝神农氏的名号表明其部落是一个以农业为主的部落，《周易·系辞下》云："包牺氏没，神农氏作，斫木为耜，揉木为耒，耒耨之利，以教天下……日中为市，致天下之民，聚天下之货，交易而退，各得其所。"在此文之前有伏羲氏"作结绳而为网罟，以佃以渔"之句，这说明从伏羲氏时代开始，早期原始人类的经济活动以渔猎经济为主。而到炎帝神农氏时代，"斫木为耜，揉木为耒，耒耨之利，以教天下"的原始农业已经萌生。农业经济的发展也使部落之间的交换成为可能，因而有"日中为市，致天下之民，聚天下之货，交易而退，各得其所"之说。《管子·形势解》云："神农教耕生谷，以致民利。"《轻重戊》云："神农作，树五谷淇山之阳，九州之民乃知谷食，而天下化之。"《庄子·杂篇·盗跖》记载柳下跖曾说神农之世百姓"耕而食，织而衣"。《商君书·画策》云："神农之世，男耕而食，妇织而衣。"班固曰："（炎帝）教民耕农，故号曰神农。"这都说明炎帝部落是凭借农业而发展起来的，炎帝部落活动在黄河中下游地区来看，无疑奠定了黄河文化以农业文明为特色的基础。

黄帝部落名号的由来也反映了农业的重要性，"有土德之瑞，故号黄帝"，以土为德所显示的是重视农业的文化风貌。黄帝部落作为农业民族的先祖，在与炎帝部落相争时，黄帝部落采取了"轩辕乃修德振兵，治五气，艺五种，抚万民，度四方，教熊罴貔貅貙虎，以与炎帝战于阪泉之野"。姑且不论其他方面，其"艺五种，抚万民"就是以发展农业生产，增加农业人口为目的的。"艺五种"，《集解》："骃案：艺，树也。《诗》云'艺之荏菽'。《周礼》曰'谷宜五种'。郑玄曰'五种，黍、稷、菽、麦、稻也'。"《索隐》："艺，种也，树也。五种即五谷也。"可见在原始社会末期以五谷种植为主的农业已经开始出现了。司马迁论及黄帝部落的贡献时，以为有"时播百谷草木，淳化鸟兽虫蛾，旁罗日月星辰水波土石金玉，劳勤心力耳目，节用水火材物"的历史印记。对于这些记载后人多有新的阐释，如"时播百谷草木"，张守节《正义》云："言顺四时之所宜而布种百谷草木也。"关于"节用水火材物"，张守节《正义》云："言黄帝教民，江湖陂泽山林原隰皆收采禁捕以时，用之有节，令得其利也。"即使这些记载有后人的附会因素在内，也不能否认是黄帝时代先民发展农业所取得的成就奠定了黄河流域农业文明的基础，农业文明在黄河流域最先形成是难以否认的事实。

黄帝之后，活动在黄河流域的原始部落仍然是以农业为社会经济的主要部门。黄帝的孙子颛顼即位后，"静渊以有谋，疏通而知事；养材以任地，载时以象天，依鬼神以制义，治气以教化，絜诚以祭祀"。尽管从这些记载不能直接看出发展农业的情况，但"养材以任地"，《索隐》："言能养材物以任地。"也蕴含着发展农业之意。帝喾在位时，善于治民，"取地之财而节用之，抚教万民而利诲之，历日月而迎送之，明鬼神而敬事之"。这是因为在当时生产力水平低下的情况下，农业产出还不足以有剩余，所以帝喾节俭财物受到后人敬重。帝尧在位时，"乃命羲、和，敬顺昊天，数法日月星辰，敬授民时。分命羲仲，居郁夷，曰旸谷。敬道日出，便程东作。日中，星鸟，以殷中春。其民析，鸟兽字微。"这里提到了羲、和"以历数之法观察日月星辰之早晚，以敬授人时也"，即发展农业生产要把握农时，《集解》孔安国曰："敬道出日，平均次序东作之事，以务农也。"《正义》云："耕作在春，故言东作。命羲仲恭勤道训万民东作之事，使有程期。"这都从侧面说明原始社会末期农业经济已经开始步入正轨。到帝舜在位时，是原始经济快速分化时期，"舜耕历山，渔雷泽，陶河滨，作什器于寿丘，就时于负夏"。在帝舜时期主管社会二十二个方面人员中，"皋陶为大理，平，民各伏得其实；伯夷主礼，上下咸让；垂主工师，百工致功；益主虞，山泽辟；弃主稷，百谷时茂；契主司徒，百姓亲和；龙主宾客，远人至；十二牧行而九州莫敢辟违"。其中"弃主稷，百谷时茂"就是主管农业生产的官员。值得一提的是从尧开始的早期洪水，影响了黄河流域原始农业经济的发展，因而才有鲧和禹父子治水的实践，对原始农业向有规划的农业转化发挥了重要的作用。

关于从黄帝到尧舜时期黄河流域经济发展的整体状况，《周易·系辞下》云：

黄帝、尧、舜垂衣裳而天下治，盖取诸《乾》《坤》。刳木为舟，剡木为楫，舟楫之利，以济不通，致远以利天下，盖取诸《涣》。服牛乘马，引重致远，以利天下，盖取诸《随》。重门击柝，以待暴客，盖取诸《豫》。断木为杵，掘地为臼，杵臼之利，万民以济，盖取诸《小过》。弦木为弧，剡木为矢，弧矢之利，以威天下，盖取诸《睽》。上古穴居而野处，后世圣人易之以宫室，上栋下宇，以待风雨，盖取诸《大壮》。古之葬者，厚衣之以薪，葬之中野，不封不树，丧期无数。后世圣人易之以棺椁，盖取诸《大过》。上古结绳而治，后世圣人易之以书契，百官以治，万民以察，盖取诸《夬》。

《周易》这段文字反映了原始社会末期黄河流域社会经济发展的基本线索，其中有关农业经济发展的有"断木为杵，掘地为臼，杵臼之利，万民以济"，社会经济其他方面的发展都应当是建立在农业经济发展这一前提之上的。

尧舜时代所发生的大洪水虽然给黄河流域业已发展的农业经济带来了重大损害，但也为农业经济发展开辟了新的领域。关于洪水为害的景况，《尚书·尧典》尧云："汤汤洪水方割，荡荡怀山襄陵，浩浩滔天。"《益稷》云："禹曰：'洪水滔天，浩浩怀山襄陵，下民昏垫。'"《孟子》卷五《滕文公上》云："当尧之时，天下犹未平，洪水横流，泛滥于天下，草木畅茂，禽兽繁殖，五谷不登，禽兽逼人，兽蹄鸟迹之道交于中国。"可见洪水为害甚剧。

关于鲧治水的情况，也就是黄河流域早期对洪水的治理实践，《史记》卷一《五帝本纪》云：

尧又曰："嗟，四岳，汤汤洪水滔天，浩浩怀山襄陵，下民其忧，有能使治者？"皆曰鲧可。尧曰："鲧负命毁族，不可。"岳曰："异哉，试不可用而已。"尧于是听岳用鲧。九岁，功用不成。

四岳举鲧治鸿水，尧以为不可，岳强请试之，试之而无功，故百姓不便。……殛鲧于羽山，以变东夷。

《史记》卷二《夏本纪》云：

当帝尧之时，鸿水滔天，浩浩怀山襄陵，下民其忧。尧求能治水者，群臣四岳皆曰鲧可。尧曰："鲧为人负命毁族，不可。"四岳曰："等之未有贤于鲧者，愿帝试之。"于是尧听四岳，用鲧治水。

鲧治水最大的失误是采取堵的办法，即《尚书·洪范》中的"鲧堙洪水"，《礼记·祭法》中的"鲧障洪水而殛死"等说法，这对黄河流域大规模的水灾不能发挥应有的作用。而到鲧死后，其子大禹治水时则取得了很大的成功。《史记》卷二《夏本纪》云：

禹乃遂与益、后稷奉帝命，命诸侯百姓兴人徒以傅土，行山表木，定高山大川。禹伤先人父鲧功之不成受诛，乃劳身焦思，居外十三年，过家门不敢入。薄衣食，致孝于鬼神。卑宫室，致费于沟淢。陆行乘车，水行乘船，泥行乘橇，山行乘檋。左准绳，右规矩，载四时，以开九州，通九道，陂九泽，度九山。令益予众庶稻，可种卑湿。命后稷予众庶难得之食。食少，调有馀相给，以均诸侯。禹乃行相地宜所有以贡，及山川之便利。

大禹治水采取疏导的方法，即《诗经·商颂·长发》所云的"洪水芒芒，禹敷下土方"。通过疏通的办法对治理黄河流域的大洪水是有利的，通过13年之久的努力，黄河流域的水灾基本上得到控制，从而开始具有真正意义的农业生产。

由这些部落的活动情况可以看出，因为部落发展的水平不同，在这一阶段黄河文化的内涵也呈现出不同的特色，既有相对发达的原始文化，还有社会发展水平滞后的原始文化，其文化特色不同，也形成了黄河文化在不同的地域呈现出不同的文化内涵；但从黄河文化发展的总趋势来看，原始时代的黄河文化以农业文明的逐步萌生为表现形式，并且随着生产力的进步而发展起来，特别是随着大禹治水的成功，黄河流域被全面开发。在此基础之上，黄河流域的冀州、沇州、青州、徐州、豫州成为当时最为发达的农业经济区，而且各地因地理环境的不同形成了独具特色的农业区。

二、黄河文化中农业文明的发展及内涵的扩大

如果说原始时代先民通过努力奠定了黄河文化的基础，也形成了黄河文化的内涵是以农业文明为主的特色，那么到了夏商周三代时期随着黄河流域社会经济的进一步发展，黄河文化开始容纳进更多新的文化因素，此阶段是黄河文化内涵进一步扩大的历史时期。

正因为原始时代黄河流域文化发展尚有不平衡性，所以在进入阶级社会以后，在黄河流域出现了同时存在的三个政权，这就是兴起于关中的周人，活动于晋南、豫西地区的夏人和在黄河下游地区活动的商人。而且各个政权在发展过程中，都不断地融合周边地区的文化，使原来独具特色的农业文明开始融入更多的文化因素。

作为中国历史上最早建立奴隶制王朝的部落，夏人的活动范围对于我们理解黄河文化内涵的逐步扩大有很大的帮助。关于夏人活动的范围，司马迁有"昔三代之居皆在河洛之间，故嵩高为中岳，而四岳各如其方，四渎咸在山东"之说，这是就夏商周三代在确立政权之后活动的主要地区而论的。在此前夏商周三代则分别活动在黄河中下游地区，其中夏人主要活动在黄河中游地区。大禹的父亲鲧在治水过程中，就活动在黄河中下游地区。周灵王的太子晋曾说："其在有虞，有崇伯鲧，播其淫心，称遂共工之过，尧用殛之于羽山。"鲧被封为崇伯，最后死在羽山，《索隐》引《连山易》云"鲧封于崇"，故《国语》谓之"崇伯鲧"，后世又有"崇鲧"之说。崇在今河南嵩县一带，说明鲧早期活动在河南洛阳一带。大禹活动的地点也在黄河中游地区。舜死后，"三年丧毕，禹辞辟舜之子商均于阳城。天下诸侯皆去商均而朝禹。禹于是遂即天子位，南面朝天下，国号曰夏后，姓姒氏。"关于阳城地望，《集解》刘熙曰："今颍川阳城是也。"皇甫谧曰："都平阳，或在平阳，或在晋阳。"这就将禹都确定在豫西晋南一带。《逸周书》卷五《度邑解》云："自洛汭延于伊汭，居阳无固，其有夏之居。"《集解》引徐广曰："夏居河南，初在阳城，后居阳翟。"《正义》云："《括地志》云'自禹至太康与唐、虞皆不易都城'，然则居阳城为禹避商均时，非都之也。"《帝王世纪》云："禹封夏伯，今河南阳翟是。"《汲冢古文》云："太康居斟寻，羿亦居之，桀又居之。"《括地志》云：

"故郭城在洛州巩县西南五十八里也。"《竹书纪年》记载："后相即位，居商邱。"王国维按："《通鉴地理通释》四云：商邱当作帝邱。"帝邱即今濮阳。《竹书纪年》还记载，相七年，"相居斟灌"。杼在位时再次迁都，"帝宁居原，自原迁于老邱。"老邱在开封东南。廑又名胤甲，"胤甲即位，居西河"。西河在今山西汾阳。从上述所记载的夏人的都城可以看出夏人活动的地域范围基本上是在黄河中游地区。

夏人在这一地区范围所发生的一系列事情都与黄河文化内涵的变化紧密联系在一起。启即位之后，"启与有扈战于甘之野"，其中表面的原因是"有扈氏不服，启伐之，大战于甘"，最后"遂灭有扈氏，天下咸朝"。究其实应当是夏初以先进生产力为代表的夏与部落首领之间的一次决战，也是国家建立后与部落之间的一次具有代表意义的决战，因而此次战役结束后"天下咸朝"。《正义》："《括地志》云：'雍州南鄠县本夏之扈国也。'《地理志》云鄠县，古扈国，有户亭。"征服有扈氏，表明夏人的势力已经进入关中地区并有融合关中地区部族的意向。

在西部地区灭有扈氏后，东部地区的一些部落并不甘心，所以在太康时期发生了太康失国事件。《集解》孔安国曰："盘于游田，不恤民事，为羿所逐，不得反国。"羿作为东夷族的首领，进入黄河中游地区，表明当时东夷部落仍然拥有可以与夏王朝相对峙的力量。《左传·襄公四年》魏庄子云："昔有夏之方衰也，后羿自鉏（今河南滑县东）迁于穷石（今河南焦作孟州市西），因夏民以代夏政。"羿在夺取夏政权后，"恃其射也，不修民事而淫于原兽"。他又信任伯明氏的寒浞，"信而使之，以为己相"，寒浞后杀羿，"浞因羿室，生浇及豷，恃其谗慝诈伪而不德于民。使浇用师，灭斟灌及斟寻氏。处浇于过，处豷于戈"。后来相的遗臣靡逃奔有鬲氏。"靡自有鬲氏，收二国之烬，以灭浞而立少康。少康灭浇于过，后杼灭豷于戈。有穷由是遂亡，失人故也。"从有夏氏最终被融合进夏人之中，表明东夷人生产力发展水平还没有赶上夏人，这就是东夷人最终为夏人所吞并的重要原因。可见从大禹时期所开创的农业文明为夏人在黄河中游地区立国奠定了基础。从夏人不断融合周边落后部族的历史，可以看出夏人所创造的黄河文化内涵在进一步扩大。在原始时代农业经济发展的基础上，夏代的农业经济进一步助推了黄河文化以农业文明为特色的延续。

作为与夏人同时存在的商人先祖，也活动在黄河中下游地区。据学术界研究，夏朝势力强盛之时，商人臣服于夏朝。而从商人的发展历程来看，是以一个农业民族最终取代了夏朝，表明从夏代以来黄河流域农业经济的持续发展。商人的先祖契，"契长而佐禹治水有功"，被封于商。关于商的地望有两说，其一为商洛说。《集解》郑玄曰："商国在大华之阳。"皇甫谧曰："今上洛商是也。"《索隐》曰："尧封契于商，即《诗·商颂》云："有娀方将，帝立子生商"是也。《正义》（《史记正义》，后同）曰："《括地志》云：'商州东八十里商洛县，本商邑，古之商国，帝喾之子卨所封也。'"这些材料证明商人先祖的封地在今陕西商洛。其二为商丘说。契之孙相土即位后居商丘。《集解》宋衷曰："相土就契封于商。《春秋左氏传》曰：'阏伯居商丘，相土因之。'"《索隐》曰：相土佐夏，功著于商，《诗·颂》曰"相土烈烈，海外有截"是也。《左传》曰："昔陶唐氏火正阏伯居商丘，相土因之"，是始封商也。《正义》曰："《括地志》云：'宋州城古阏伯之墟，即商丘也，又云羿所封之地。'"《史记》三家注确定相土沿袭阏伯封地居商丘，说明商丘也曾是商人活动的重要地区。无论上述两种说法中的哪一种说法都表明商人活动在黄河中下游地区。从契至汤，商人前后共14世，"八迁，汤始居亳，从先王居"。裴骃《集解》孔安国曰："契父帝喾都亳，汤自商丘迁焉，故曰'从先王居'。"《正义》按："亳，偃师城也。商丘，宋州也。汤即位，都南亳，后徙西亳也。《括地志》云：'亳邑故城在洛州偃师县西十四里，本帝喾之墟，商汤之都也。'"这里所列出的商人祖先迁都都在河南境内。王国维先生考证了"八迁"的具体地点。其一，契由亳迁蕃（今山东滕县），是为一迁。其二，契之子昭明由蕃迁于砥石（说法不一，一说今河北元氏县，一说今辽宁省昭乌达盟克什克腾旗的白岔山，一说疑近砥柱，在今陕州，一说今河北宁晋、隆尧两县间），是为二迁。其三，昭明又由砥石迁于商，是为三迁。其四，昭明之子相土由商东迁泰山，后复归商邱，是为四迁、五迁。其五，今本《竹书纪年》云："帝芬三十三年，商侯迁于殷。"是为六迁。其六，孔甲九年，殷侯复归于商邱，是为七迁。至成汤始居亳，从先王居，则为八迁。商人的前八次迁都，基本上都是在黄河中下游地区移动，表明商人早期活动在夏王朝的周边地区，且与夏王朝同时存在，在此基础之上，商人所创造的黄河文化的内涵在进一步扩大，不仅在农业经济上创造了辉煌的业绩，而且在商业领域也颇有成就，即使在融合周边地区少数民族方面也促使了黄河文化内涵的进一步丰富。

从商汤灭夏后，商朝继续以黄河中游地区为活动中心，这一地区的农业经济虽然因生产工具仍然处于木石并用的时代，但因为奴隶的集体劳作，仍然使农业生产取得了长足的进步，这说明商代黄河流域的农业经济延续了夏代农业经济的传统。商代中后期，农业经济仍然是社会经济中的重要部门，盘庚迁殷后，针对百姓的不满情绪，盘庚在劝诫百姓时仍然强调发展农业的重要性，"若农服田，力穑乃亦有秋"，"乃不畏戎毒于远迩，惰农自安，不昏作劳，不服田亩，越其罔有黍稷"。盘庚强调只有从事农业生产，才能够有收获，否则就没有黍稷等粮食作物的收获。

周作为兴起于黄土高原的农业民族，周人早期的发展历史对于黄河文化内涵的丰富与扩大也起了重要的作用。

《史记》卷四《周本纪》云：

> 弃为儿时，屹如巨人之志。其游戏，好种树麻、菽，麻、菽美。及为成人，遂好耕农，相地之宜，宜谷者稼穑焉民皆法则之。帝尧闻之，举弃为农师，天下得其利，有功。帝舜曰："弃，黎民始饥，尔后稷播时百谷。"封弃于邰，号曰后稷，别姓姬氏。后稷之兴，在陶唐、虞、夏之际，皆有令德。

从《史记》所记述的材料可以看出，在原始社会末期，周人开始兴起，并且因为从事农业生产，在唐、虞、夏之际成为颇有影响的农业部落。从其被封于邰（今陕西省武功县西南），说明周人之兴就处在黄河中游地区，他们以农业立身，成为与夏、商同时存在的农业民族，开启了黄河流域农业文明的新的领域。

从此之后，周人居于关中地区，虽然在一些时期难以从事农业生产，但周人历史上还是出现了一些因农业颇有影响而引起关注的重要人物。如公刘重新振兴周人的业绩，"公刘虽在戎狄之间，复修后稷之业，务耕种，行地宜，自漆、沮度渭，取材用，行者有资，居者有畜积，民赖其庆。百姓怀之，多徙而保归焉。周道之兴自此始，故诗人歌乐思其德"。公刘在黄土高原重新振兴周人的事业，发展农业经济，是与夏人在晋南、豫西发展农业相并而进行的，这样就形成了黄河流域农业文明发展的多元化，也促使黄河文化的内涵进一步稳定化。到了商朝建立之后，周人继续在关中地区发展，到古公亶父在位时，周人的农业经济出现了新的气象，"复修后稷、公刘之业，积德行义，国人皆戴之"，面对戎狄"欲得财物"以及"欲得地与民"的侵犯，古公亶父"乃与私属遂去豳，度漆、沮，逾梁山，止于岐下。豳人举国扶老携弱，尽复归古公于岐下"，以躲避戎狄的骚扰。古公亶父又"贬戎狄之俗，而营筑城郭室屋，而邑别居之。作五官有司"。可以说古公亶父率领周人迁居岐下，是周人发展史上的重大举措，也使周人更加接近在黄河中下游活动的商人。古公亶父率领周人迁居岐下的同时，"及他旁国闻古公仁，亦多归之"。这说明古公亶父也融合了原来在周人周边活动的少数民族，因为周人既然能够"贬戎狄之俗"，这些依附于周人的也应当是少数民族。这就表明周人开始了从带有原始色彩的农业民族向具有奴隶制的方向迈进。周文王即位后，"遵后稷、公刘之业，则古公、公季之法，笃仁，敬老，慈少"，延续了先辈发展农业经济的国策，并以此奠定了发展农业经济立国的方向，确定了农业经济振兴民族的策略，最终以农业民族战败了长期统治黄河中下游地区的商朝，完成了农业民族的新的历史旅程。

到周人灭商以后，以关中地区为中心，并以河洛地区为桥头堡控制了东方广大地区，这其中最为有力的措施是采取了分封制，依靠各诸侯国完成对全国的控制。周灭商后，对于黄河流域的农业仍然重视有加。《诗经·周颂·噫嘻》云："噫嘻成王，既昭假尔。率时农夫，播厥百谷。骏发尔私，终三十里。亦服尔耕，十千维耦。"这是歌颂周成王发展农业的诗歌。《诗经·周颂》中的农业诗，还有《丰年》云："丰年多黍多稌，亦有高廪，万亿及秭。为酒为醴，烝畀祖妣。以洽百礼，降福孔皆。"《载芟》云："载芟载柞，其耕泽泽。千耦其耘，徂隰徂畛。""有略其耜，俶载南亩，播厥百谷。""有厌其杰，厌厌其苗，绵绵其麃。载获济济，有实其积，万亿及秭。"《良耜》："畟畟良耜，俶载南亩。播厥百谷，实函斯活。或来瞻女，载筐及筥，其饟伊黍。其笠伊纠，其镈斯赵，以薅荼蓼。荼蓼朽止，黍稷茂止。获之挃挃，积之栗栗。其崇如墉，其比如栉。以开百室，百室盈止，妇子宁止。杀时犉牡，有捄其角。以似以续，续古之人。"皆展示了周人辛勤耕作，农业丰收之后的景象。《诗经·豳风·七月》是流传至今的一篇农事诗的名篇，反映了西周时期关中地区农业生产的状况。此外，《诗经·小雅》中的《甫田》《大田》均反映了周代黄河流域农业生产的繁盛景象。

先秦时期是黄河文化中农业文明的萌生和确立时期，黄河流域得天独厚的自然条件为农业文明的发展提供了前提，先民们利用大自然的恩赐，在黄河流域创造了令后人深感骄傲的辉煌。正因为先秦时期黄河文化中的农业文明奠定了黄河流域社会发展的基础，所以农业文明就成为此后相沿不断的文化现象。先秦时期所创造的农业文明在后世被发扬光大，到了秦汉以后，黄河流域成为社会经济最为发达的地区之一，并且相当长的历史时期成为中国的政治中心，这都应当归功于先秦时期黄河文化中农业文明的基础性作用。

（作者薛瑞泽系河南灵宝人，河南科技大学人文学院教授）

黄河流域农耕文化述论

黄河文明是中华文明的源头和核心。远古时期，黄河流域气候温暖湿润，土地肥沃，适合于农作物的种植，也是适合古人类生存的理想沃土。华夏民族的祖先在这片沃土上生息繁衍，进行了艰苦卓绝、顽强辛勤的劳动和工作，用他们的智慧和聪明才智，创造了辉煌的农耕文化，在人类的文明史上写下了绚丽的篇章。

"农业是整个古代世界的决定性的生产部门。"黄河文明的主要特征之一是农耕文明，研究黄河农耕文明的形成及特征以及黄河文明的变迁发展历史，能够深入了解环境变迁与历史发展、文明进程、文化兴衰的关系，了解这种文明系统中农民的精神世界等，对于认识和指导当今农村的社会变革和稳定发展等有现实意义。

一、黄河流域农耕文化的起源

黄河是大自然献给中华民族的赠礼，是我们伟大民族的母亲河。黄河发源于巴颜喀拉山脉北麓的古宗列盆地，从青海高原奔腾而下，经青海、四川、甘肃、宁夏、内蒙古、陕西、山西、河南、山东九省区，汇入大海，流经5501公里，在黄河的中下游地区形成宽广美丽而富饶的冲积大平原，为华夏文明的诞生提供了优越的地理环境。

在一万七千多年以前，黄河流域就有人类生存其间了。北京猿人的发现曾经震动了世界，开辟了人类学研究的新纪元。黄河流域发现了蓝田猿人、大荔人、丁村人、许家窑人、河套人、山顶洞人、峙峪人等大量的古人类化石。这些古人类化石的发现，使我们仿佛看到华夏民族的祖先勇敢顽强开拓大自然的身影。他们在这里创造了举世闻名的磁山文化、裴李岗文化、仰韶文化、大汶口文化、龙山文化、马家窑文化、齐家文化等。通过对这些远古文化的研究发现，农业是其主要的内涵。自新石器时期开始，华夏民族已经成为农业定居的民族。华夏民族的祖先在黄河流域的大平原上选择向阳、临水的地方，用土筑起高台，在高台上建立起邑居，即作"邑"、作"丘"、作"冈"、作"京"、作"台"、筑城、作邦，就这样建立起自己的家园。

华夏民族的祖先英勇顽强地劳动，发明了耒、耜、铚、铿、镰、枷、钱、鎛、铚、艾、镢、斧（斤）、锛、犁等生产工具；从野草中培育出禾（谷子）、粟、黍、稷、麦、稻、菽、粱等统称为五谷的农作物；培育出葵、枣、瓜、郁、薁、苴麻、荼菜、芥菜、白菜等农副产品；从野兽中驯养出家畜，如猪、狗、牛、羊、鸡、犬等六畜；发明了蚕桑丝绸之业，发明了农业。河北磁山遗址中发现了大量的粮食窖穴，出土大量的农作物粟，据有关学者考证，"磁山遗址窖穴中的粟米储藏量可以十万计"。该遗址还有较多的粮食生产工具和加工工具出土，如石斧、石铲、石镰、石磨盘、石磨棒等，充分说明黄河流域农业的发达和进步。就这样，伟大的中华民族所创造的农耕文化在黄河流域形成了。黄河流域是世界上最早也是最重要的农业发源地之一。

二、黄河流域农耕文化的辉煌

华夏民族的祖先用自己辛勤的劳动，使黄河流域农耕文化辉煌灿烂，放射出绚丽的光彩。

在艰苦的劳动中，华夏民族祖先手中的生产工具也不断地改善，完成了木、石器—青铜器—铁器的巨大变革。春秋战国时期，铁器出现。铁制农具逐渐取代木、石、骨、蚌等非金属农具乃至青铜农具，成为主要的农业生产工具，普遍地应用在农业生产中。铁器时代是英雄的时代。在铁器出现的同时，人们把驯养的家畜也运用在农业生产中，换言之，牛耕出现了。铁器、牛耕的普遍应用，使农业生产出现了前所未有的大发展。

首先，大量的荒地被垦辟。《左传·昭公十六年》记载：春秋初年，郑人"庸次比耦以艾杀此地，斩之蓬蒿、藜、藋而共处之"。杜预注曰：
"庸，用也；用次更相从耦耕。"也就是说郑人用农具进行耦耕，开垦出这
片农田。《左传·襄公三十年》载："子产使都鄙有章，上下有服，田有封
洫，庐井有伍。"子产从政三年，郑人诵之曰："我有子弟，子产诲之。我
有田畴，子产殖之。子产而死，谁其嗣之？"通过子产对郑国的土地的整
治，土地已经大量开垦，并且有了可以贮藏的粮食。

春秋时期，晋有"南鄙之田，狐狸所居，豺狼所嗥"，以赐"诸戎"。
于是"诸戎除翦其荆棘，驱其狐狸豺狼，以为先君不侵不叛之臣"。（宋）
林尧叟注曰："言其地荒秽，皆狐狸所居处其地辟野，皆豺狼所嗥啸。我
诸戎除划翦削其荆棘而耕种之，驱逐其狐狸豺狼而居处之，以臣事晋之先
君，不内侵亦不外叛，至于今日，不敢携贰。"这些荒地也变成了良田。
又《左传·襄公四年》记载魏绛和戎之事。"戎狄荐居贵货易土，土可贾
焉，一也。边鄙不耸，民狎其野，稼人成功，二也。"林尧叟注曰："晋之
边鄙，与戎为和，更不恐惧。民皆狎习于其田野，耕曰农，敛曰稼，收敛
之人成其岁功。"晋国用买土地的方式把戎狄的土地买过来，让晋国之民
进行开垦，以成农稼之功。

春秋战国时期，由于农具的进步，各诸侯国都开始了垦荒的高潮。韩
非子在谈到战国时期韩国的垦荒时说："今上急耕田垦草，以厚民产。"又
说："不能辟草生粟，而劝贷施赏赐，不能为富民者也。"垦荒的结果是，
黄河流域凡是当时具备条件的全部开垦。当时诸侯国之间一般有一个缓冲
地带，如宋郑两国间原来有"隙地"，这里原来是无居民的荒芜之地。春
秋后期，这片荒地已被垦辟，后来史书上再也见不到这块"隙地"了。是
时，在黄河流域凡是具备可耕种条件的土地几乎全部开垦。

自西周时期始，在休耕地的基础上逐渐地发展到自觉的农肥耕作。农
夫把杂草或用铲子铲除，或用火烧死，或使其被炎夏的热雨水烧死，这样
死去的杂草就可以腐朽成为沃地的农肥，即灾杀草木而积肥。《尔雅·释
地》孙炎注云："灾，始灾杀其草木也。"《左传·隐公六年》载："农夫之
务去草焉，芟夷蕴崇之，绝其本根，勿使能殖。"《礼记·月令》于夏月下
云："是月也，土润溽暑，大雨时行，烧薙行水，利以杀草，如以热汤，
可以粪田畴，可以美土疆。"这是一种利用夏日溽暑时湿度热度以加速堆

肥腐化的措施。《周礼·地官·草人》曰："掌土化之法，以物地，相其宜而为之种。凡粪种，骍（色赤）刚（土强）用牛，赤缇（赤黄色）用羊，坟（润）壤用麋，渴（涸）泽用鹿，咸潟用貆，勃（粉解）壤用狐，埴垆（黏疏者）用豕，强檗（强坚者）用蕡，轻㙙（轻脆者）用犬。"这是利用各种不同畜类粪便来改变不同土壤的土质的经验。

周代，较为整齐划一的沟洫制度，也在黄土高原地区逐步出现。《周礼·地官·遂人》："凡治野，夫间有遂，遂上有径；十夫有沟，沟上有畛；百夫有洫，洫上有涂；千夫有浍，浍上有道；万夫有川，川上有路。"《考工记·匠人》与其所载的沟洫制度是一致的。在衍沃肥美的平原地区实行井田制，称为"井衍沃"。耕字偏旁从井，《说文》云："耕从耒、井，古者井田，故从井。"耒是殷周两代主要的生产工具，用于刺土深耕。耕从耒、井，说明井田是古代平原低地沃土普遍存在的制度，也说明古代井田存在的事实。

春秋战国时期，水利工程的灌溉已广泛地为人们所利用。各诸侯国都开始了开挖、建设大型水利工程的工作。如魏国"西门豹引漳水溉邺，以富魏之河内"。秦国开凿郑国渠、筑都江堰等。同时，各国均开始了对黄河的治理，大量地修筑堤防。铁制工具在开挖河渠施工方面的便利条件，成就了大型水利工程，而水利工程又为黄河流域的农业生产，尤其是为粮食作物的抗灾稳产乃至高产提供了有力的支持。

铁农具和畜力犁耕的应用为土地深耕创造了条件，对农田的整治和田间管理都是农业技术提高、产量提高的重要手段。《庄子·则阳》记载："深其耕而熟耰之，其禾繁以滋。"《吕氏春秋·任地》亦记载：深耕以后，"大草不生，又无螟蜮。今兹美禾，来兹美麦。"土地的深耕，使农田得到大大的改善，可以不生杂草，不生害虫，又可以使庄稼禾苗繁滋旺盛生长。荀子说"今是土之生五谷也，人善治之，则亩数盆，一岁而再获之。"一盆等于二石，此外，这里的亩制应是大亩，石也是大石。"一岁而再获之"，是说一年可以收成两次。

《孟子·万章下》云："耕者之所获，一夫百亩，百亩之粪。上，农夫食九人；上次，食八人；中，食七人；中次，食六人；下，食五人。庶人在官者，其禄以是为差。"宋代孙奭《音义》云："盖耕者所得，一夫一妇佃田百亩。而百亩之田，加之以粪，是为上，农夫其所得之谷，足以食养其九口；上次，则食八人；中，食七人；中次，则食六人；下，食五人。其庶人在官者，食禄之等差亦如农夫，有上、中、下之次，有此五等矣，若今之斗食佐史属史是也。"《吕氏春秋·上农》则称："上田，夫食九人。下田，夫食五人。可以益，不可以损。一人治之，十人食之，六畜皆在其中矣。"春秋战国时期，由于农业技术的提高，粮食产量大大增加，是时，赵国、韩国、楚国、燕国都是可以"粟支十年"的诸侯国。一人生产的粮食可供 5 人至 10 人用，这样就可以解放出大量的劳动力去从事其他行业的劳动。

春秋战国时期，随着农业的发展，社会人口迅猛增加。与此同时，黄河流域出现了许多大城市。如魏国的大梁（今河南省开封市）是人文荟萃之地，"人民之众，车马之多，日夜行不休已，无以异于三军之众"。齐国的都城临淄（今山东省淄博市），"临淄甚富而实，其民无不吹竽、鼓瑟、击筑、弹琴、斗鸡、走犬、六博、蹹鞠者。临淄之途，车毂击，人肩摩，连衽成帷，举袂成幕，挥汗成雨"。据说临淄有 7 万户人家，能征 21 万兵卒。有学者估计，秦统一中国时，华夏人口达到了 2 千万左右①。黄河流域农业的辉煌成就，带来了社会的繁荣和进步。我国自先秦、两汉、魏晋、隋、唐、宋、元、明、清，各个朝代的都城基本建在黄河流域，这与黄河流域农业经济的发展与辉煌有密切的关系。

三、黄河流域的农书与农业技术理论

我国自古就是一个以农为本的国家。自夏、商、西周至春秋战国，直至明清，历代王朝皆设有农官。在管理农民、治理土地方面有其成熟的思想和经验。自石器时代起，中华民族就开始了对天文、天象的观测，创造了科学的历法。先秦时期的《尚书·禹贡》《礼记·月令》和《吕氏春秋·上农》等文，包含有丰富的农业知识，对后世产生了深远影响。

《尚书·禹贡》分天下为九州——冀州、兖州、青州、徐州、扬州、荆州、豫州、梁州、雍州，按照九州的区域划分对土壤进行分类，并分别

---

① 范文澜：《中国通史简编》（修订本第二编），人民出版社，1964，第 18 页。

介绍了九州适宜生长的植物。

《礼记·月令》是以阴阳五行思想为指导、论述一年十二月应如何适时安排农事的著作，是后世月令书的代表作。《礼记·月令》中有丰富的农时、物候等思想，按照时序把自然现象和人的社会活动与农业生产相联系，并以此为依据来发布政令，显示出一种农业社会的管理体系的理论。《月令》重视农时，强调按照农时发布政令。农业生产在很大程度上要受自然条件的制约，所以重视农时就是保证农业丰收的前提。

《吕氏春秋》中的《任地》《辩土》《审时》所介绍的是古代农业生产经验和技术，当是古代农官思想的总结。《任地》记载了整理土的技术，如耕地的深度必须达到润泽之土等，还记载了耕地所用耜的宽度、施肥的情况、怎样殖稼等。《辩土》记载了辨别土地及耕种、间苗等技术。《审时》篇提出，种稼者必审以时，然后为之，这样才能得到丰收，而且所得果实亦美好；又分别介绍了麻、菽、麦等种植技术。《审时》云："得时之稼兴，失时之稼约。茎相若称之，得时者重，粟之多。量粟相若而舂之，得时者多米。量米相若而食之，得时者忍饥。是故得时之稼，其臭香，其味甘，其气章，百日食之，耳目聪明，心意睿智，四卫变强，凶气不入，身无苛殃。"

《管子》的《地员》《小匡》《山国轨》亦是介绍农业生产经验的篇章。《地员》把土壤分成五种成分，并分别介绍了什么样的土壤宜种什么庄稼，对树木做了分析介绍。《小匡》对农时进行了详细的介绍，曰："审其四时权节，具备其械器用，比耒耜谷芨。及寒，击槁除田，以待时乃耕，深耕、均种、疾耰，先雨芸耨，以待时雨。时雨既至，挟其枪刈耨镈，以旦暮从事于田野。税衣就功，别苗莠，列疏遫。"《山国轨》云："春十日，害耕事；夏十日，不害芸事；秋十日，不害敛实；冬二十日，不害除田，此之谓时作。"

《管子》中的农业知识以《地员》篇为代表，《四时》《五行》《度地》等篇中也记载着各种农业生产经验。在《管子》中，以农为本的思想贯穿全书，同时对农时、土壤、农作物栽培、农田水利、家禽牲畜饲养等多方面的关注，使《管子》形成了比较完整的农学知识体系，在先秦农书中有独到的特点。

《吕氏春秋》《管子》中许多篇都提到农业与治国为政的关系，反映了封建统治者对农业生产经验和技术进行总结，形成理论，又反过来指导农业生产。他们把农业看成治国之根本。

后代，我国又出现一些农书，如（宋）陈勇撰写的《农书》、（宋）秦观撰写的《蚕书》、（元）司农司撰写的《农桑辑要》、（元）鲁明善撰写的《农桑衣食撮要》、（元）王祯撰写的《农书》、（明）周王朱橚撰写的《救荒本草》、（明）徐光启撰写的《农政全书》、（明）熊三拔撰写的《泰西水法》、（明）鲍山撰写的《野菜博录》、清朝皇帝下令编写的《御制授时通考》等。这些农书皆是在先秦农书的基础上写成。先秦农书是对先代农业生产经验的继承与总结，又为以后各代农学思想的发展成熟奠定了基础，奠定了中国农业的基础理论和农学体系，是中国古代农学体系形成之初的重要参考依据。黄河流域中下游地区的农耕文明在华夏文明发展史上有重要的地位。

四、黄河流域的农业管理与赋税政策

农业管理与赋税政策是农耕文化的重要组成部分，这些管理与政策虽然是属于人为的，但它又常常决定农业的发展和进步。自国家形成之后，统治者视农业如自己的生命线，对农业管理与赋税政策都是非常重视的。商代卜辞记载，商王武丁每年春耕前或秋收前都要举行"求年"的祭祀，以祈求农业的丰收；经常卜问是否"受年"。武丁还经常派大臣去看视农田、猎地和边区的情况，卜辞中叫作"省田"或"省鄙。""鄙"指王都以外的田野。

西周时期，周天子为了维护自己的统治，西周王朝采取分封制度，即"授民授疆土"，把土地和人民分封给贵族做采邑。采邑主拥有采邑上的一切政治、经济、军事大权，容易形成尾大不掉之弊，对天子、国君形成威胁。如春秋时期的三家分晋、田氏代齐就是由于采邑主的势力膨胀以后，对国君取而代之的后果。

春秋后期，在各个诸侯国中普遍实行了郡县制度。县邑制的建立是地方行政制度的革新，其政治机构、军事组织、赋税制度、土地占有形式等都发生了巨大的变化。县公、县尹不是世袭之官，虽然偶有父子相继的情况，但绝非世代相袭。县公、县尹是诸侯国君可以随时调遣的地方官吏，从而突破世袭贵族政治的限制。县制的建立，使诸侯国的军事组织也发生了变化。县制建立之前，其军队主要是公卒和私卒，即由卿大夫采邑上的族人组成，带有浓厚的宗族色彩。诸侯国向县邑直接征兵，以县邑地区为单位建立起直属国君的正规军，从而开辟了新的兵源。县邑制的建立，使广大野人与国人一样被征用从军，不仅扩大了兵源，而且打破了国与野的界限，促进了社会的进步。

战国初年，三晋和田齐正式列为诸侯。这些新建的诸侯国君接受晋国和姜齐覆灭的教训，在政治方面进行改革。为了防止军功、事功权贵势力的膨胀，各国都进行改革变法。如魏国的李悝变法、楚国的吴起变法、秦国的商鞅变法等，废除世袭制，采取任用贤能的政策。

战国以后，边地逐渐重要，郡多设在边境。在边地战争紧张时，又联县为郡，故郡的组织开始高于县，并统属县邑；于是产生了郡、县二级制的组织。郡县制度可以有效地防止地方上的"尾大不掉"之弊端，加强诸侯国君的专制权力。

赋税制度也是统治者最关心的问题。西周至春秋前期实行的是劳役地租形式。当时的田制是井田制和爰田制。《孟子·滕文公上》云："夏后氏五十而贡，殷人七十而助，周人百亩而彻，其实皆什一也。彻者，彻也；助者，藉也。""方里而井，井九百亩，其中为公田。八家皆私百亩，同养公田，公事毕，然后敢治私事。"意思为，方一里为一井，每井九百亩，在中间的一百亩为公田，其他八家，每家一百亩。公田为八家共同耕种，待公田上的农事做完后，才开始做私田上的农活。爰田制，也是采取"一夫百亩"的形式，每个农夫再无偿地为国家统治者耕种十分之一的土地，成为"藉田"。《诗·周颂·载芟序》郑氏笺云："藉，之言借也，借民力治之，故谓之藉田。"《风俗通·祀典》云："古者使民如借，故曰藉田。"《礼记·月令》云："藏帝藉之收于神仓。"称藉田为"帝藉"，称仓廪为"神仓"。"藉田"，就是借民力耕种的田地，这是统治者赖以生存的经济基础。

春秋以后，由于生产工具的改进，大量的农田得到垦辟。不是国家分配的，而是农夫个人开垦的私田出现了。这使国家很难完全掌握土地的情况。另外自西周后期至春秋以来，连年的战争，把人民拖到战场上，从而使大片土地荒芜，周王室的"公田"无法得到预期的收成，于是春秋时期的土地与赋税的改制开始了。春秋时期，齐国的"相地而衰征"、晋国的"作爰田"、鲁国的"初税亩"、郑国的"作丘赋"、秦国的"初租禾"、楚国的"量入修赋"等皆是按土地的多少和好坏而收取赋税。这是对赋税制度的改革，是一种从劳役地租向实物地租转变的形式。

春秋战国时期的地方行政制度机构的形式和赋税政策，基本上奠定了我国几千年封建社会乡村地方行政制度机构和管理体制的雏形。

五、黄河流域的农神崇拜

中国古代是一个农业社会，农业的收成是人们赖以生存的基础。希望消除灾害、祈求丰收、祈福、报答祖先之恩，是农业社会人们的共同心理，在黄河流域这样一个农业为主的社会环境中，自然产生了农神崇拜。农神崇拜是社会学的大问题，也是农耕文化的重要内容。

中国最早出现的农神是神农氏和后稷。《周易·系辞上》云："包牺氏没，神农氏作，斫木为耜，揉木为耒。耒耨之利，以教天下盖取诸益。炎帝为耒耜耕耨，以教民粒食，故号神农。"所谓神农，就是炎帝，故炎帝又称为炎帝神农氏。《白虎通·号》云："古之人民皆食禽兽肉。至于神农，人民众多，禽兽不足，于是神农因天之时，分地之利，制耒耜，教民农作，神而化之，使民宜之，故谓之神农也。"（宋）郑樵《通志·三皇纪第一》记载：远古时期，"民有疾病，未知药石，乃味草木之滋，察寒温之性，而知君臣佐使之义，皆口尝而身试之，一日之间而遇七十毒。或云神农尝百药之时，一日百死百生，其所得三百六十物，以应周天之数。后世承传为书，谓之《神农本草》"。

神农氏不仅发明农业，还亲尝百草，对植物进行分辨，辨认哪些是可以食用的植物、哪些是有毒的植物。有关神农氏的记载，表现了我国古代人民与大自然斗争的艰辛，在文明的道路上所付出的努力和表现出来的百折不挠的精神。

后稷是我国古代受尊崇的又一重要的农神。后稷是周人的始祖，兼有祖先神的性质。后稷是西周"后社稷"的神主同时配食郊天。"后稷教民稼穑，树艺五谷，五谷熟而人民育。"①他教民种植，教民稼穑，即"使民知稼穑之道"。传说中的农神后稷，曾为早期种植业的发展作出了巨大贡献，因此被世代供奉歌颂，享祀于国典。对农神的崇拜歌颂是一切农耕民族文化的核心特征。

中国古代对农神要举行隆重的祭祀，每年春天，天子要行亲耕之礼。先秦至唐朝前期，祭先农（即神农）是立坛于藉田之中。"立坛于田，所祠之其制度如社之坛。坛或祭先农或祭社祭或以太牢或以羊此历代之礼所尚异也"，并且坛祭时天子举行亲耕之礼。《国语·周语上》云："司空除坛于藉……王乃淳濯飨醴。……王耕一墢，班三之，庶人终于千亩。"就是周天子要在藉田上设坛，亲自以酒醴敬献农神；然后亲自耕田一墢。一墢，一耜之墢也。王耕一墢，公卿、九大夫要耕三墢，而"庶人终于千亩"。"庶人"才是藉田的真正耕作者，但这也表现出贵族统治者对农耕的重视。

先秦时期，农神祭祀还包括蜡祭。蜡祭是报谢万物诸神及庆祝丰收的节日，祭祀的对象是：先啬——神农氏；司啬——后稷；农官田畯神，即所谓的"农"；田间设施诸神，所谓"邮表畷"，"邮"是亭舍；农业益虫神，如猫、虎之类；水利设施神，所谓"坊与水庸"。《郊特牲》"天子大蜡八"，不仅是指蜡祭八神；而是"合祭万物而索飨之"，所指万物之神。

自唐朝武则天开始，筑先农坛以祭祀神农。"武后改藉田坛为先农坛。"先农坛还曾经被改为"帝社"。从先秦时期的祭祀藉田，"立坛于田"，到筑先农坛、帝社，直至清王朝时期在帝都北京建筑的祈年殿，表现出历代帝王对农业的重视，对农神的崇拜。

中国是闻名世界的丝绸之国，勤劳智慧的中华民族用蚕丝制成美丽的绫罗丝绸，是蚕桑业的发明者。中华民族把蚕桑的发明者尊为蚕神。蚕神在中国古代又叫先蚕。中国古代农业往往又被说成农桑，也就是说农业包括蚕桑，黄河流域也盛行蚕神崇拜。黄帝元妃西陵氏嫘祖，被尊为先蚕，也就是蚕神，历代因之。中国史书承认西陵氏嫘祖是古代正统的蚕神。除此之外，莞窳妇人、寓氏公主、蜀蚕丛帝、蚕女马头娘等，是民间祭祀的

---

① 焦循：《孟子·滕文公下》，中华书局，1987，第383页。

蚕神。

古代帝王对先蚕，即蚕神的祭祀是非常隆重的：要堆筑先蚕坛，奉安先蚕神位，皇后身穿祭服要帅百官夫人躬亲蚕桑。晋代以后开始出现了先蚕坛。先蚕西陵氏受后齐、后周、隋、唐、宋、元、明、清等中国历代朝廷的祭祀。

中国古代对农神、蚕神的祭祀与崇拜，表现出农业社会的重要特征。农神崇拜是农耕文化的重要内容。

六、黄河流域产生的农商思想对中国古代社会的影响

思想意识属于上层建筑领域的范畴。一种思想意识形态往往决定了社会发展的方向。黄河流域的农业思想，特别是关于农商关系的思想和政策对中古代社会有重要的影响。

春秋战国时期，在百家争鸣的大背景下所产生的农商思想主要分为两支流派：一支是农商并重思想，另一支是重农抑商思想；其中重农抑商思想是中国古代社会历代王朝的指导思想。

夏、商、周、春秋直至战国初年，我国最早形成的关于农商关系的思想是农商并重的思想。如齐国太公望、管仲是最早的重农业、又重商业的政治家。他们采取的农商并重、通关利商的政策使齐国受益无穷。《史记·货殖列传》云："太公望封于营丘，地潟卤，人民寡。于是太公劝其女功，极技巧，通鱼盐，则人物归之，襁至而辐凑，故齐冠带衣履天下，海岱之间敛袂而往朝焉。其后齐中衰，管子修之，设轻重九府，则桓公以霸，九合诸侯，一匡天下；而管氏亦有三归，位在陪臣，富于列国之君，是以齐富强至于威、宣也。"《正义》云："轻重，谓钱也。"齐国因发展商业而建立霸业，成为一个强大诸侯国，并成为春秋时期第一个霸主。

春秋后期，范蠡的经济思想也是农商并重的思想。《史记·货殖列传》记载：范蠡认为，"夫粜，二十病农，九十病末。末病则财不出，农病则草不辟矣。上不过八十，下不减三十，则农末俱利，平粜齐物，关市不乏，治国之道也。"范蠡主张"农末俱利"。

战国初年的政治家李悝也主张农商并重。李悝提出"尽地力之教"的同时，又认为粮贵则对士民工商不利，谷贱则伤农。李悝说："籴甚贵伤

民，甚贱伤农。民伤则离散，农伤则国贫。改甚贵与甚贱，其伤一也。善为国者，使民无伤而农益劝。"韦昭注曰："此民，谓士、工、商也。"

农商并重的思想对社会的发展是有好处的。司马迁在《史记·货殖列传》中说："被服饮食，奉生送死之具也。故待农而食之，虞而出之，工而成之，商而通之。"又云："《周书》曰：农不出则乏其食，工不出则乏其事，商不出则三宝绝，虞不出则财匮少。财匮少而山泽不辟矣。此四者，民所衣食之原也。原大则饶，原小则鲜；上则富国，下则富家；贫富之道，莫之夺予。"但《货殖列传》所引《周书》之论点，在今本《周书》《逸周书》中皆不存在了。《四库全书》总纂官纪昀在《逸周书提要》中所言："今本皆无之，盖皆所佚。"但是司马迁的《货殖列传》还是把古代的农商并重的思想保留下来，从而使我们更加了解和明白古代对农商关系的观点和思想。

战国时期自商鞅开始，提出重农抑商思想和政策。《史记·商君列传》记载：商鞅变法令规定，"戮力本业耕织致粟帛多者，复其身，事末利及怠而贫者，举以为收孥"。"本业"，指的是农业生产，"末利"指的是指商业和手工业。这是最早的关于重农抑商的法令和政策。

法家学说的集大成者韩非子主张耕战为上。他所著的《五蠹》篇把诸侯国中五种很活跃的人：儒、侠、纵横游说之士、商、工等称为五蠹。蠹，木中之虫也。五蠹，就是五种损害诸侯国利益的人。《五蠹》篇集中地表现出韩非子的重农抑商思想。

《管子》虽假托管仲所做，其实与管仲的经济思想是不一样的。《管子》成书于战国，是齐国稷下学者的集体创作。其中的某些篇章则更系统地阐述了重农抑商思想。《管子·治国》云："夫富国多粟，生于农，故先王贵之。凡为国之急者，必先禁末作文巧。末作文巧禁，则民无所游食，则必农。民事农则田垦。田垦则粟多，粟多则国富。"

诸侯国为什么采取重农抑商的政策呢?《管子·轻重甲》记载："管子曰：万乘之国必有万金之贾，千乘之国必有千金之贾，百乘之国必有百金之贾。非君之所赖也。君之所与，故为人君而不审号令，则中一国二君二王也。"《管子·国蓄》云："利出于一孔者，其国无敌；出二孔者，其兵不诎；出三孔者，不可以举兵；出四孔者，其国必亡。先王知其然，故塞民之养，隘其利途，故予之在君，夺之在君，贫之在君，富之在君，故民之戴上如日月，亲君若父母……国多失利，则臣不尽其忠，士不尽其死矣。"

限制商贾、实施国家专卖才能使利润皆归于国君，国君才能掌握生杀之大权。臣民的一切生活来源全在于国君，这样才能全部依赖国君，对国君"亲君如父母"，反之，如果利归商贾，国多失利，臣就不会尽其忠，士也不会尽其力，"其国必亡"。重农抑商是为了加强专制主义的集权制度。

战国以来的重农抑商思想对中国封建社会产生了极大的影响。西汉初年开始限制商贾。《汉书·高帝纪》记载：汉高祖八年下诏令："贾人毋得衣锦绣绮縠、絺、纻、罽，操兵、乘骑马。"至汉武帝时期，西汉王朝以更加严厉的手段打击商人。《汉书·武帝纪》记载：太初四年（公元前101年），汉武帝"发天下七科谪"，前去征战边疆。颜师古引张晏注曰："七科谪，吏有罪一，亡（人）（命）二，赘婿三，贾人四，故有市籍五，父母有市籍六，大父母有市籍七，凡七科也。"汉武帝要发配的七种贬谪之人，其中有四种属商人。

汉武帝时期的告缗令彻底地摧毁了商人的经济基础。元狩四年（公元前119年），汉武帝令"初算缗钱"。颜师古注曰："谓有储积钱者，计其缗贯而税之。"这就是算缗令。由于汉武帝所令收的税特别重，故许多人隐瞒财产，以求少交算税。

元鼎三年（公元前114年），《汉书·武帝纪》载：汉武帝诏令："令民告缗者以其半与之。"孟康注曰："有不输税，令民得告言，以半与之。"这就是告缗令。此令一下，"告缗遍天下，中家以上大抵皆遇告。……得民财物以亿计，奴婢以千万数；田，大县数顷，小县百余顷，宅亦加之；于是商贾中家以上大率破。"汉武帝残酷地打击了商人，并对盐、铁等物质实行官府专卖，限制商人经营。汉王朝打击商人的政策，对我国后世有深远的影响。我国整个封建社会时期，基本上都实施重农抑商的政策，自汉武帝以后至明清以前中国几千年的封建社会几乎没出现过著名的大商人。

中国封建王朝推行重农抑商政策，其目的在于巩固加强其专制统治。

但商业被限制，客观上也束缚了农业的发展，阻碍了中国社会的发展和进步，是中国封建社会长期停滞不前的重要原因之一。

（作者李玉洁系史学博士，博士研究生导师，河南大学黄河文明与可持续发展研究中心教授，主要从事中国古代史研究）

考古视野中的黄河文化

  植根于黄河流域的黄河文化是中华文明最具代表性、最具影响力的主体文化。黄河文化是中华文明之根，黄河流域的中原地区则是主根主脉。对新石器时代的考古研究表明，距今5300年左右的中华文明形成阶段就呈现出以中原地区为中心的历史趋势，夏商周三代的都城都分布在黄河流域，秦汉至宋金时期的王朝都城绝大部分在黄河流域。著名历史地理学家侯仁之先生把元明清时期的都城北京作为黄河文化的集大成者。可见，黄河文化是中华文明形成过程中的主导文化，也是夏商周以来历朝历代的主流文化。

  考古视野中的黄河文化体现在物质文化遗产方面，距今约10000年至4000年的黄河文化几乎完全依赖考古材料和考古学研究来阐释，距今约4000年至3000年的黄河文化主要依靠考古发现和研究来揭示，距今3000年以来的黄河文化需要通过考古材料来充实丰满。

  距今约9000至7000年的中原地区的裴李岗文化时期，农业生产已经普遍，甚至对黄河上游的甘肃秦安大地湾一期文化产生了远距离的文化影响，黄河流域逐渐成为中国早期社会复杂化的地域基础。

  距今约7000至5000年的仰韶文化时期（黄河下游是大汶口文化）是黄河流域文明形成的关键阶段，在黄河的上、中、下游都发现有规格非常高的聚落遗存，如西安半坡、临潼姜寨、秦安大地湾、章丘焦家、泰安大汶口等遗址。距今6000年左右的仰韶文化庙底沟类型的强力影响使黄河流域乃至更广的范围联系成相关的文化共同体，形成"庙底沟时代"。"庙底沟时代"的社会复杂化程度已相当高，环壕聚落比较普遍，也出现了城垣，人类已经站在文明社会的门槛上，此时期奠定了中华文明的文化根基。郑州地区仰韶文化晚期的大型环壕聚落和古城密度最高，已知有西山古城、大河村环壕聚落、青台环壕聚落、双槐树环壕聚落等，以中原地区为中心的历史趋势日益彰显。

距今5000年前后黄河流域的主要地区都处于文明的形成阶段，1000年后的龙山时代以中原地区为中心的历史趋势已经形成，形成以登封王城岗古城、襄汾陶寺古城为代表的早期国家和文明社会，与尧、舜、禹等为首的上古帝王活动的时代相对应。龙山时期的城邑以中原地区为代表，主流是夯土筑城或堆土筑城的"土城"，郑州地区发现有登封王城岗、新密古城寨、新密新砦等古城，是当时主流"土城"分布密度较高的地区。黄河下游龙山时代城邑林立，也流行"土城"，著名的有章丘城子崖、五莲丹徒等遗址。晋陕高原和河套地区龙山时期流行依山营建石城，著名的如神木石峁、兴县碧村等，代表了黄河中游的城邑形态，呈现出另一种政治文化景观。文献上以"万邦""万国"形容尧舜禹时代邦国林立的局面，龙山时代黄河流域城邑林立、文化多元的现象，与文献上描述的政治文化景观相符合，不必对号入座，却值得高度重视。

距今4000年前后进入历史纪年的夏王朝，此后1000年的夏商文明呈现加速度式发展，形成以超大型都邑偃师二里头为代表的"最早的中国"。二里头都邑、郑州商城、偃师商城、郑州小双桥商都、安阳洹北商城和安阳殷都等夏商王朝的都城，均沿古黄河附近选址营建，可以说黄河哺育了中华文明之根。郑州商城是商王朝早期都城，其代表的商王朝影响范围达到黄河流域的主要地区，还扩展至长江流域。安阳殷都是商王朝晚期都城，不仅形成了面积达30平方千米以上的"大邑商"，还创造了以高规格宫殿宗庙建筑、大型王陵、青铜礼器手工业作坊、路网水网系统及成熟的甲骨占卜书写系统为代表的高度文明社会。黄河流域的中原腹地孕育出的夏商文明，是中华早期文明前期发展的集大成和第一个高峰，奠定了此后周文明的坚实基础，成为中华文明传承发展至今的主流脉络。

夏商以来，黄河流域形成了以洛阳、郑州、安阳、西安、开封等主要古都为中心的核心区域，一座座古都像是镶嵌在古黄河沿岸的一颗颗璀璨明珠。洛阳古都区考古发现的古代王朝都城主要有偃师二里头夏都、偃师商城、西周成周、东周王城与汉魏洛阳城、隋唐洛阳城等，洛阳邙山还发现有东汉、北魏帝陵。郑州古都区考古发现的都城有商王朝前期的郑州商城、小双桥商都。安阳古都区考古发现的都城有洹北商城、殷都和曹魏北朝邺城。西安古都区考古发现的都城有西周丰、镐，秦都咸阳，西汉长安城，隋大兴城，唐长安城等，还发现有秦始皇帝陵及汉唐帝陵。开封古都区考古发现的都城主要是北宋东京城，此地还是五代时期后梁、后晋、后汉、后周的都城，金朝晚期也定都于此。龙山文化时期以来黄河流域的重要城市都营建在黄河及其支流沿岸，黄河冲积平原为建城和农业发展提供了广阔的空间。黄河及其支流既能满足先民渔猎的需求，又能提供水上交通的便利，还为农业和手工业生产提供用水。黄河流域龙山文化以来的中小型城邑和夏商以来的都城是非常珍贵的黄河文化遗产，从这些城市五千年发展变迁的长时段观察中汲取智慧，对黄河流域当今的城市建设和发展具有重要的现实意义。

黄河流域还有很多非常重要的古城和古迹，如新郑郑国都城、侯马晋国都城、商丘宋国都城等中原春秋列国都城，又如洛阳龙门石窟、敦煌莫高窟、天水麦积山石窟、大同市云冈石窟、邯郸市响堂山石窟等。黄河上还营建了一个个渡口，如永济市蒲津渡对研究唐代以来黄河渡口变化及河道变迁具有重要价值。

黄河文化是有一定的载体的，考古是揭示和阐释黄河文化的一个重要手段。从考古和文化遗产保护的角度保护、传承和弘扬黄河文化，可以揭示黄河文化丰富而深厚的内涵，证明其就在我们脚下的这片沃土中。

（作者侯卫东系博士，副教授，硕士研究生导师，教育部高校人文社科重点研究基地河南大学黄河文明与可持续发展研究中心副主任）

论百年黄河红色文化与红色基因

"黄河文化是中华文明的重要组成部分，是中华民族的根和魂。"①根脉所系、文明所依，黄河不仅孕育、承载着中华古代文明的灿烂辉煌，也承转、赓续着中华文明的近代转型。在从中华传统农耕文明向近代工业文明的艰难转型中，20世纪初马克思主义在黄河流域落地、传播与扎根，逐渐催生、孕育、生成了黄河红色文化，将黄河文化的演进嬗递推至新的时代高度。本文界定黄河红色文化的概念，从文化生态学的视角考察黄河红色文化的百年演进，提炼黄河文化的红色基因，从文化符号学视角阐释其表达载体，以期对黄河文化的研究、开发及传播有所助益。

一、新的文化形态：黄河红色文化的概念界定

文化是含义最为复杂的概念之一，几乎所有人文社会科学学科都会涉及对文化的研究，这就造成对文化理解的歧义与界定文化概念的困难。马克思、恩格斯虽未明确界定文化概念，但却为界定文化概念提供了科学的方法论。马克思主义认为，文化可以从广义、狭义两个角度进行界定。广义上，"文化的实质性含义是'人化'或'人类化'，是人类主体通过社会实践活动，适应、利用、改造自然界客体而逐步实现自身价值观念的过程"②，即文化就是自然的"人化"，是人类在利用、改造、顺应自然界过

---

① 习近平：《在黄河流域生态保护和高质量发展座谈会上的讲话》，《中国水利》2019年第20期，第1–3页。

② 张岱年、方克立：《中国文化概论》，北京师范大学出版社，2004，第3页。

程中的一切物质与精神创造。从狭义的角度而言，文化专指人类在精神领域的创造性活动及其成果。毛泽东指出："一定的文化是一定社会的政治和经济在观念形态上的反映。"①它所包容的是包括知识、科学、技术、道德、观念、信仰、制度、风俗、习惯、文学、艺术、社会心理、思维方式等等在内的一切精神成果，即社会上层建筑。

　　具体到黄河文化的界定，学界已有相当深入的研究。在历史学意义上，作为地域文化形态的黄河文化，是自上古以来生活于黄河流域的劳动人民所创造的人类文明成果，"其产生的时限当在新石器时代"②，亦有学者主张"黄河文化最早孕育于石器时代"③，黄河文化自此开始孕育。时至近代，以耕织结合的小农经济为基础的黄河文化开始受到近代工业文明的影响，并开启了黄河文化的近代转型。20世纪初，马克思主义在黄河流域的传播为艰难转型中的黄河文化注入了生机与新的力量，并由此开启了中国共产党领导黄河流域人民走向翻身解放、民族独立、国家富强、民族复兴的伟大历程，红色文化即在此过程中应运而生。

　　红色文化的概念学界也有较多讨论，并从不同学科视角予以界定，但"红色文化概念的研究现在还处在争鸣阶段，科学界定红色文化的理论任务尚未完成"④。笔者认为："红色文化是在马克思主义中国化进程中，中国共产党在民族文化基础上创造的崭新文化形态，既区别于传统文化，也有别于近现代以来其他阶层与党派的文化创造。它是物态文化、制度文化、行为文化、心态文化的统一整体，构成20世纪以来中华文化发展的主流和前进方向。"⑤

　　由此界定出发，黄河红色文化是在中华民族文化、古代黄河文化以及马克思主义基础上的文化创新与创造。自马克思主义在黄河流域传播扎根

---

① 毛泽东：《毛泽东选集》（第二卷），人民出版社，1991，第694页。
② 安作璋、王克奇：《黄河文化与中华文明》，《文史哲》1992年第4期，第3–13页。
③ 魏晓璐、蒋桂芳：《黄河文化：华夏文明的重要源头》，《河南日报》2022年7月19日第5版。
④ 邓显超、邓海霞：《十年来国内红色文化概念研究述评》，《井冈山大学学报》（社会科学版）2016年第1期，第29–39页。
⑤ 魏本权：《从革命文化到红色文化：一项概念史的研究与分析》，《井冈山大学学报》（社会科学版）2012第1期，第16–21、31页。

到中华人民共和国成立，黄河流域作为中国革命的最重要战略基地，孕育形成了厚重的黄河革命文化。中华人民共和国成立后黄河革命文化持续发扬光大，赓续衍生了生机勃勃的黄河红色文化。它是原生性与衍生性文化的连续体，原生于新民主主义革命时期，衍生于中华人民共和国成立后革命文化的赓续传承。它包括了中国共产党领导黄河流域人民在革命、建设、改革不同历史时期创造的新民主主义文化和社会主义文化两个发展阶段，是红色物态、制度、行为和心态文化的总和。

简而言之，本文认为黄河红色文化可以这样界定：黄河红色文化是黄河历史文化的近现代形态，是马克思主义在黄河流域落地生根后孕育生成的近代文化形态及其当代发展，本质上来说，是黄河革命文化以及革命文化的创造性转化与创新性发展的成果总和。

二、从革命文化到红色文化：黄河红色文化的百年演进

黄河红色文化原生于艰苦卓绝的新民主主义革命时期，它先以新民主主义革命文化的形态存在，积淀为深厚的红色文化资源。中华人民共和国成立后，黄河红色文化资源得以开发利用、传承弘扬，在社会主义革命、建设、改革进程中衍生赓续，并生成新的时代性元素。

（一）原生形态：新民主主义革命时期的黄河革命文化

新民主主义革命时期的黄河革命文化是黄河红色文化的原生形态，以革命遗址旧址、革命文物、革命文艺、革命精神、革命传统等具体形态存在。以新民主主义革命为中心凝聚而成的革命文化，是传承红色基因、赓续红色血脉的文化资源。

黄河革命文化萌发于马克思主义在此地区的落地、传播与扎根。在陕西，"此间同志，自一九二二年七月加入S·Y"[①]，中国社会主义青年团赤水支部（今华州区赤水镇）在中国社会主义青年团成立后的两个月即扎根渭华大地。1925年初，赤水支部书记王尚德给团中央的报告就明示："我

---

① 《王尚德关于重建团赤水支部给团中央的报告》，转引自中央档案馆、陕西省档案馆《陕西革命历史文件汇集（1924年—1926年）》，内部发行，1991，第1页。

们均愿加入C·P"。^①可见，19世纪20年代前期，在中国共产党、中国社会主义青年团成立后不久，陕西即有党、团组织的秘密活动和马克思主义的基层传播。在三晋大地，"山西是响应五四运动最早，传播马克思主义、建立地方党团组织较早的省份之一"^②。山东是马克思主义传播最早的地区之一，王尽美、邓恩铭于1921年春即建立了济南共产党早期组织，致力于宣传马克思主义，7月两人共同参加了中共一大。在河南，1921年12月，河南最早的中国共产党组织——中共洛阳组成立；1923年2月爆发的京汉铁路工人大罢工，标志着中共领导的第一次工人运动高潮的顶峰。在宁夏，1926年9月成立了中共宁夏特别支部，"宁夏红色文化始于国民革命时期中共宁夏特别支部有组织的革命活动"^③。总的来说，在党的创立时期和国民革命时期，黄河流域诸省的中共党组织或在国共合作统一战线下，或秘密从事革命活动，推动了马克思主义在黄河流域的扎根与生根，为革命文化的形成奠定了思想根基。

土地革命时期，黄河革命文化的发展融汇了本地内生力量、红军长征及中国革命战略转移所带来的南方革命力量，形成了以西北及华北革命、长征、中华民族局部抗战、中国革命的西北大本营为历史主线的革命文化序列。一是黄河流域武装斗争以及革命根据地的创建与发展为中国革命的转移提供了战略基地，土地革命从以华南为中心转向以西北为中心，从"中央苏区时代"转向"陕甘宁苏区时代"。1935年，刘志丹、谢子长、习仲勋等领导创建的陕甘边、陕北等革命根据地合并为西北革命根据地，根据地在经济上实施同工同酬，"青年工人与成年工人做同量工作者，须得同量报酬"^④，根据地经济的发展为中共中央与工农红军转移提供了回旋之地。二是自1934年10月至1936年10月，自南方向西北转移的中共中

① 《团赤水支部关于组织情况给团中央的报告》，转引自中央档案馆、陕西省档案馆《陕西革命历史文件汇集（1924年—1926年）》，内部发行，1991，第9页。
② 中共山西省委党史办公室：《山西红色文化的形成脉络和内涵价值》，《党史文汇》2015年第12期，第4-12页。
③ 张雪红：《宁夏红色文化的形成及内涵》，《宁夏师范学院学报》2018年第12期，第58-60页。
④ 鲁运庚：《儿童劳动的历史考察》，人民出版社，2021，第358页。

央和红一、红二、红四方面军的长征，在中国东南、西南、西北版图上画出了一条鲜血染成的"红飘带"，极大地丰富了四川、青海、甘肃、陕西、宁夏等省区的革命文化。在黄河源头的青海，"1936 年 7 月，红军长征途经青海是红色革命的火种第一次在青海传播"①。三是中共中央和工农红军主力转移到陕北后，中共推动建立抗日民族统一战线，和平解决西安事变，中国人民红军抗日先锋军率先东渡黄河东征山西，也累积了更为深厚的红色文化。四是土地革命时期黄河流域的革命斗争，孕育形成了长征精神、照金精神、南梁精神等革命斗争精神。

全面抗战时期，中国共产党领导的敌后力量成为世界反法西斯战争的重要组成部分和中国人民抗日战争的中流砥柱，中共中央所在的陕甘宁边区是敌后抗战的指挥中枢、"中国人民抗日战争的政治指导中心"②。在黄河流域诸省区，中国共产党领导的八路军在华北、西北大力开展敌后抗日游击战争，创建了陕甘宁、晋察冀、晋绥、冀鲁豫、晋冀豫、山东等多块敌后抗日根据地，为抗战胜利积淀了强大力量，宝塔山、太行山、沂蒙山、吕梁山、大青山等山系、山脉，为敌后游击战争创造了广阔战略空间，黄河、延河、汾河、运河等主流、支流水系，浇灌了支援革命的五谷杂粮。党领导黄河流域各地的抗日战争，孕育出抗战精神、延安精神、太行精神、沂蒙精神、南泥湾精神、张思德精神、抗大精神等精神文化，外国来华援华的国际共产主义战士弘扬了伟大的国际共产主义精神。全面抗战时期，马克思主义中国化推进到新的阶段，党的七大将毛泽东思想写入党章确立为全党的指导思想，马克思主义重塑了党和根据地人民群众思想观念、信念信仰、价值观念、思维方式，形成新的社会风尚、革命作风与精神风貌，用"延安作风"打败了"西安作风"。

解放战争时期，中国共产党领导中国人民粉碎了国民党军队对解放区的全面进攻和重点进攻，取得了从战略防御到战略进攻、再到战略决战的军事胜利，形成了无数的解放战争军事遗址与战场旧址。西北和华北解放

① 丁柏峰：《青海红色文化资源与党史学习教育》，《青海师范大学学报》（社会科学版）2021 年第 6 期，第 134-141 页。

② 《习近平在瞻仰延安革命纪念地时强调弘扬伟大建党精神和延安精神为实现党的二十大提出的目标任务而团结奋斗》，《人民日报》2022 年 10 月 28 日第 1 版。

区囊括了陕甘宁、晋绥、晋冀鲁豫、山东、豫皖苏等解放区，党政军机构的革命旧址、遗址星罗棋布。中共中央在西北和华北解放区指挥了全国的解放战争和解放区建设，中共中央曾经的所在地延安，见证了中共中央运筹帷幄、决胜千里的壮阔历史。党始终坚持人民至上理念，为人民解放事业不懈奋斗，西柏坡精神、支前精神等革命精神交相辉映，迎来了中华人民共和国的成立。

（二）衍生形态：中华人民共和国成立以来的黄河红色文化

中华人民共和国成立后，黄河革命文化以红色文化资源的形态得以赓续发扬，传承不辍，形成了从革命文化到红色文化的文化传承脉络，衍生了以社会主义革命、建设、改革、发展、复兴为核心主题的时代伟业，并创造出新的时代性文化元素，这是一个近代黄河革命文化创造性转化和创新性发展为红色文化的过程，汇入社会主义先进文化建设的主流。

中华人民共和国成立后，近代黄河革命文化首先在党和国家领导黄河流域人民根治黄河、理顺天人关系的伟大实践中赓续传承，衍生为黄河水利红色文化。中华人民共和国成立以来的黄河水利文化，是水利万物、利民厚生生态文明的结晶，包含着人定胜天的艰苦奋斗精神。在黄河水患治理、黄河流域水土保持与生态保护、黄河水利水电开发、引黄灌溉大型工程、黄河自然景观呈现、黄河国家文化公园筹建中，黄河水利文化的内涵进一步丰富与拓展，举世瞩目的黄河大型水利工程彻底根治了黄河水患，变害河为利河，创造水利水电开发的世界成就。20世纪50年代以来的黄河中上游水土保持治理，创造了水土风沙综合治理的世界经验。

近代黄河革命文化在中华人民共和国的赓续传承，凝成了感人至深的黄河红色精神。黄河流域人民群众发扬自力更生、艰苦奋斗的精神，在国防、科技、工业、农业等各条战线上创造了从无到有、从落后到先进、从不可能到可能的奇迹，生成了西迁精神、王杰精神、青藏铁路精神、抗震救灾精神、焦裕禄精神、红旗渠精神、右玉精神等精神财富，并被纳入了中国共产党人精神谱系，这是当代中国黄河红色文化的思想结晶。

近代黄河革命文化的赓续传承，还体现在当代中国红色文艺事业的繁荣发展中，衍生出更为丰富的红色经典。传播黄河文化、讲好黄河故事，文学艺术是最大众化、通俗化的载体。中华人民共和国成立以来的黄河文学艺术是黄河流域劳动人民文艺创作的结晶。新民主主义革命时期，以黄河为背景或题材的红色文艺作品不乏其篇，如《东方红》《黄河大合唱》《白毛女》等均堪称不朽经典。中华人民共和国成立后，李準《黄河东流去》、路遥《平凡的世界》、陈忠实《白鹿原》、陈启文《大河上下——黄河的命运》等为代表的经典作品，滋养了一代代国人心灵，足堪"黄河故事"经典。多样化体裁的红色文艺经典承续延绵着黄河革命文化的精神之魂。

中华人民共和国成立以来近代黄河革命文化的赓续传承，以文化产业、红色旅游的发展较具代表性。黄河红色旅游是用好红色资源、传承红色基因、赓续红色血脉的文化传承。21世纪初以来，国家先后公布了2004—2010年、2011—2015年、2016—2020年全国红色旅游发展规划纲要，红色旅游的发展带动了黄河流域红色文化的开发利用。《2004—2010年全国红色旅游发展规划纲要》规划的12个"重点红色旅游区"中，黄河流域包括了"陕甘宁红色旅游区""鲁苏皖红色旅游区""太行红色旅游区"。按照《2016—2020年全国红色旅游发展规划纲要》的部署，2017年中央14部委公布的全国红色旅游经典景区名录纳入海北州青海原子城遗址、玉树抗震救灾纪念馆等红色景区。以黄河文化为核心的文化产业，沿黄各省均极为重视，演艺、会展、文创等产业与文化旅游融合，成为新时代文化建设中的重要力量。

综上所述，从20世纪以来中华民族文化的历史演进角度而言，黄河红色文化是原生性革命文化与衍生性红色文化的连续体，是当下社会主义先进文化构建中特别值得研究的红色文化现象。

三、斗争精神与和谐和合：黄河文化的红色基因

在梳理百年黄河红色文化及概念界定基础上，提炼和锤炼黄河红色文化内涵与红色基因，在更高层次上挖掘其价值，可为黄河红色文化传播交流、发扬光大奠定基础。

　　首先，以黄河流域自然生态为基础形成的革命文化是黄河红色文化的原生形态。"文化生态学是一门研究文化与生态环境之间关系的学问，也就是研究土地、自然资源等自然条件与技术、经济等文化因素之间的互动关系所造成的不同文化之异同和变化的学问。"①从此视角可以发现，革命战争年代的黄河革命文化与黄河流域的自然地理环境存在着紧密联系，二者相互依存、嵌入、影响、生成。黄河红色文化的文化核心取决于中国革命在黄河流域得以发展壮大所需的自然地理环境，黄河流域的社会经济尤其是以农耕经济为主的生计模式，以及长期积淀的"黄土"文化传统。中国工农红军的长征，使中国革命的中心从华南转到了黄河流域，黄河流域诸省区多样化的空间地理环境为中国革命提供了回旋区间与战略基地，黄河流域的旱作及灌溉农业为西北、华北抗日根据地及解放区提供了基本物资和经济支撑，中国革命农村包围城市的道路决定了农村和农民是中国革命的主要支持力量。上述因素的相互叠加与叠合，构成了黄河流域红色文化的"文化核心"与"次级特征"。

　　其次，就文化属性而言，黄河红色文化本质上是革命文化以及革命文化的创造性转化与创新性发展。黄河流域的自然地理环境、社会经济、生计模式、文化传统所决定的黄河红色文化，源于特定的自然地理与近代革命环境。黄河文化是世界著名大河文化，就其作为农耕经济与高度发达的农业文明而言，黄河红色文化与黄河农耕文化存在着天然的相互联系，黄河红色文化是黄河流域人民与自然关系相互调适的文化结晶，是黄河流域人民艰苦奋斗精神的体现。黄河文化发展至近代，注入了黄河流域人民反帝反封建斗争的革命文化，革命战争年代的黄河红色文化的核心是革命文化，即中国共产党领导中国人民追求民族独立、人民解放的过程中形成的革命文化。中华人民共和国成立后的黄河红色文化是革命文化的赓续与传承，黄河革命文化为中国共产党领导中国人民追求国家富强、人民富裕的伟大奋斗注入文化力量，是社会主义文化的重要构成。

　　最后，黄河红色文化的核心内涵最终沉淀为黄河文化的红色基因。文

---

① 石奕龙：《斯图尔德及其文化人类学理论》，《世界民族》2008年第3期，第62-71页。

化基因是一种文化传承不辍的内隐信息与文脉主线，红色基因是中国红色文化中蕴含的文化密码。从百年黄河红色文化的演进可以看到，黄河红色文化是黄河流域人民应对自然、应对社会危机的应然结晶。"与政治军事因素相比，文化对人类社会的影响方式多是潜在的，却牢固镶嵌于社会结构的最深处。"[1]从黄河古代文化向近代文化转型的角度看，黄河红色文化是在古代黄河文化的基础上，在马克思主义落地生根于黄河流域后孕育生成的、以革命斗争为核心内涵的新的文化形态，革命斗争精神是黄河红色文化的核心内涵，黄河文化的红色基因即蕴含其中。这一核心内涵可以从两个层面加以分析。一是从天人关系角度看，历代与黄河水患斗争形成的不屈不挠、勇于斗争、艰苦奋斗的精神，丰富了天人合一、自强不息、厚德载物的中华民族精神，形成了历史上黄河治水文化的洋洋景观。黄河红色文化的传承赓续，内含着黄河流域人民战胜天灾、根治水患的天人相应、天人合一的艰苦斗争精神。二是从革命与建设的角度看，革命就是破除阻碍经济社会发展的桎梏，协调生产力与生产关系的矛盾，解决社会主要矛盾。黄河红色文化同样内含着黄河流域人民根除社会经济发展桎梏，以革命建设改革等手段追求新的生产力与生产关系辩证统一的伟大斗争精神。

因此，以伟大斗争精神求得人与自然、人与社会的和谐和合是黄河红色文化的核心内涵，黄河文化的红色基因即蕴含其中。借助文化符号学，可以进一步理解黄河红色文化的核心内涵以及红色基因。

四、黄河红色文化的意义阐释：以"小米加步枪"为例

符号学将文化理解为一系列符号，提供了表达、阐释、理解文化内涵及特质的理论工具，运用符号学与象征主义理论可以深化黄河红色文化的意义阐释。"符号就是意义，无符号即无意义、符号学即意义学。"[2]此外，象征主义作为文化学理论之一，也强调将人类文化看作一种象征体系，"对于象征主义来说，对于人类文化的研究就是发现不同文化要素或现象

---

① 赵光怀、马文霞：《"中国梦"话语构建与传播研究》，九州出版社，2021，第240页。

② 赵毅衡：《符号学原理与推演》，南京大学出版社，2016，第3页。

的象征意义，借以解读人类文化，并达到对整个人类社会和人类个体行为的更好的认知"①。在黄河红色文化中，"小米加步枪"作为代表性与标识性符号之一，具有深刻的象征性意义，以之为个案可以进一步理解黄河红色文化的内涵。

1946年8月6日，毛泽东在同美国记者安娜·路易斯·斯特朗的谈话中说道："拿中国的情形来说，我们所依靠的不过是小米加步枪，但是历史最后将证明，这小米加步枪比蒋介石的飞机加坦克还要强些。"②身处陕北的毛泽东，立足全国解放战争大势，以深邃的辩证思维对解放战争初期的中共武器装备、战争供给、人心向背予以极度凝练的形象概括，提出了"小米加步枪"的明喻。这一形象化表达可以从一个侧面表达黄河红色文化的内涵。76年后的2022年10月27日，习近平总书记带领新一届中央领导集体瞻仰延安革命纪念地时强调："巍巍宝塔山，滚滚延河水。延安用五谷杂粮滋养了中国共产党发展壮大，支持了中国革命走向胜利。"他还强调，党在延安时期"靠小米加步枪打开了中国革命新局面"③。延安时期党中央13年的艰难困苦、玉汝于成，离不开延河浇灌的五谷杂粮、延河两岸劳动人民的坚定支持，黄河之水浇灌的五谷杂粮养育了中国革命。中国共产党以"小米加步枪"战胜了敌人的飞机和坦克，赢得了革命的最终胜利，缔造了中华人民共和国。

（一）小米：五谷杂粮与人民群众

在黄河红色文化中，小米是粮食作物，养育了中国革命，因为"没有粮食，就没有根据地"④。小米也不仅是粮食作物，它还是人民群众力量的象征。在中共领导下的敌后根据地和解放区，小米的意义并非仅仅在于它是维持军队和人民群众生活的粮食，小米还充当着粮食、劳力、货币折

---

① 张岳、熊花、常棣：《文化学概论》，知识产权出版社，2018年第77页。

② 《和美国记者安娜·路易斯·斯特朗的谈话》，毛泽东《毛泽东选集》（第4卷），人民出版社，1991，第1195页。

③ 《习近平在瞻仰延安革命纪念地时强调　弘扬伟大建党精神和延安精神　为实现党的二十大提出的目标任务而团结奋斗》，《人民日报》2022年10月28日第1版。

④ 王稼祥：《晋察冀边区的财政经济》，转引自魏宏运《抗日战争时期晋察冀边区财政经济史资料选编：总论编》，南开大学出版社，1984，第580页。

合的中介，起着稳定根据地社会秩序、经济运行乃至金融体系的作用，是剧烈变动的根据地乡村社会中维持生产生活稳定的力量。更重要的是，小米是人民群众力量的象征，是小米养育了中国革命。

近代中国粮食作物是南方稻米、北方小麦为主的基本结构，但小米、高粱、玉米、大豆、甘薯等杂粮作物的食用价值与经济价值也极其重要。在贫困的近代，"贫苦的人民只能吃养分较少的副产品，即非常贱价的五谷。在北方的人民是吃山药，玉蜀黍，高粱与小米子"①。革命年代，小米在中国革命中的地位更加凸显出来，"农民们都是用水牛、母牛、雄牛、骡、驴去耕田，他们的主要食粮常常是营养不足的穆子、高粱、小米、地瓜（中国山芋），麦子及大米的产量较少，但是许多的地方出产异常甜蜜的梨子、桃子、苹果、葡萄和西瓜，满树林的栗子和胡桃"②。这样多元化的食物来源结构，基本反映了黄河流域地区的乡村农业实际。

在军事方面，不仅战时军民生存所需均仰给于粮食，而且炮弹装备、维持兵力的成本也常以小米计算。"在抗日战争时期，养活一个兵每年需要1300～2200斤小米；到解放战争时期，由于装备的发展，作战消耗的增加，养活一个兵则需要3800～4200斤小米。尤其是作战的弹药消耗，打一发八二炮弹，等于打掉800斤小米，大约相当一个中农的全年收入；打一发山炮弹，等于打掉一个富农的年收入。"③小米还可出口换取军用民用物资，"我们的一切粮食都能出口，吃白面的国家不多，尤其一斤多小米可换一斤汽油"④。从人民负担能力与士兵生活所需的比例来看，"人民负担能力，可能占其生产量的百分之十五至二十；养兵需要而且可能达到人口的百分之一至一点五；一个兵的生活水平，每年约需小米十六石左右；这

---

① 卡赞宁：《中国经济地理》，焦敏之译，上海光明书局，1937，第148页。

② 罗生特：《山东印象记》，转引自中共山东省委党史研究室、山东省中共党史学会《山东党史资料文库：第15卷》，山东人民出版社，2015，第711页。

③ 周文龙：《华北解放区后勤工作的回顾》，转引自华北解放区财政经济史资料选编编辑组等《华北解放区财政经济史资料选编：第1辑》，中国财政经济出版社，1996，第746页。

④ 《宋劭文部长在华北农林会议上的报告》，转引自华北解放区财政经济史资料选编编辑组等《华北解放区财政经济史资料选编：第1辑》，中国财政经济出版社，1996，第1089-1092页。

个比率，一般不能变动"①。也就是说，革命战争年代维持1个士兵，每年需要16石小米的保障。

不仅如此，小米还有更为重要的象征性意义，它是人民群众力量的象征，"小米代表人民、步枪代表军队的解释，应该说更接近'小米加步枪'的含义，是人民和军队的密切配合打败了国民党军队"②。1947年5月6日，贺龙在晋绥军区建军会议上就说道："群众是我们力量的源泉，我们依靠群众来建党、建政、建军，来战胜一切敌人。没有阶级性、群众性的单纯建设军队，是不行的。毛主席说：'我们的力量就是小米加步枪，如果看不见小米，即群众力量，这支步枪，一定不会有任何作用。'"③贺龙还讲道："我们胜利的原因在哪里呢？就是毛主席讲的：小米加步枪这个'无敌将军'。小米是群众，步枪是军队。"④小米即群众，小米即人民力量，充分表达了小米在革命中的意义。

(二)步枪：武器装备与人民军队

武装斗争是中国革命取得胜利的三大法宝之一。武装斗争的胜利、新民主主义革命的胜利，离不开枪杆子——武器装备，步枪就是中国近代枪械中最重要的一种，"据不完全统计，整个近代时期，共生产各式步枪（含马枪、抬枪）约280万支"⑤。不足之数，多从国外进口或走私而来。新民主主义革命时期人民军队的武器装备长期是落后的、匮乏的，"主要方法是自己制造"⑥，"我们一无飞机、大炮、坦克，再则我们的步枪、机

①《华北财政经济会议决议》，转引自中央档案馆《中共中央文件选集：第16册》，中共中央党校出版社，1991，第566页。

② 罗平汉：《人民解放军小米加步枪不等于装备落后》，《安徽史学》2020年第6期，第105–111页。

③ 总参谋部《贺龙传》编写组：《贺龙军事文选》，解放军出版社，1989，第303–304页。

④ 总参谋部《贺龙传》编写组：《贺龙军事文选》，解放军出版社，1989，第323页。

⑤《中国近代兵器工业》编审委员会：《中国近代兵器工业：清末至民国的兵器工业》，国防工业出版社，1998，第26页。

⑥ 薛幸福：《革命根据地军工史料丛书：陕甘宁边区》，兵器工业出版社，1990，第11页。

枪质量也差，子弹也日益困难"①。可以说，军队武器装备上的敌强我弱、敌大我小、敌优我劣在人民战争的长时段内是客观存在的。

但是，武器装备的优劣不是决定战争胜负的根本性因素，决定战争胜负的是人的因素、战争的性质。首先，"唯武器论"是片面的，"是战争问题中的机械论，是主观地和片面地看问题的意见"，"武器是战争的重要因素，但不是决定的因素，决定的因素是人不是物。力量对比不但是军力和经济力的对比，而且是人力和人心的对比"②。人，才是决定性因素，人民战争才是克敌制胜的法宝。其次，侵略战争、非正义战争的退步性和野蛮性，人民战争、解放战争的进步性与正义性才是决定性因素。因此，毛泽东强调，战争是力量的竞赛，"战争的伟力之最深厚的根源，存在于民众之中"③，"我们共产党人从来认为战争胜负的决定因素不是武器而是人"④。因此，团结人民、发动最广大范围的人民战争，陷敌人于人民战争的汪洋大海，才是人民战争的取胜之道，"兵民是胜利之本"⑤。步枪和手握步枪的人的一致，官兵一致、军民一致、党群一致，这是黄河红色文化，也是中国红色文化留存下来的丰厚遗产。

结语

党的二十大报告强调，要"发展社会主义先进文化，弘扬革命文化，传承中华优秀传统文化"⑥。因此，在黄河文化、中华民族文化的文脉延续中，要提炼出黄河流域红色文化基因以及流淌于黄河流域的红色血脉及其核心内涵。从百年来黄河红色文化的演进与变迁可以看出，黄河红色文

---

① 薛幸福：《革命根据地军工史料丛书：陕甘宁边区》，兵器工业出版社，1990，第25页。

② 毛泽东：《毛泽东选集》（第二卷），人民出版社，1991，第469页。

③ 毛泽东：《毛泽东选集》（第二卷），人民出版社，1991，第511页。

④ 吴东才：《革命根据地军工史料丛书：晋冀豫根据地》，兵器工业出版社，1990，第88-89页。

⑤ 毛泽东：《毛泽东选集》（第二卷），人民出版社，1991，第509页。

⑥ 习近平：《高举中国特色社会主义伟大旗帜　为全面建设社会主义现代化国家而团结奋斗——在中国共产党第二十次全国代表大会上的报告》，《人民日报》2022年10月26日第1版。

化是近代革命孕育的红色文化类型，是以革命文化为内核的文化模式，以伟大斗争精神追求人与自然、人与社会的和谐和合是其文化追求。黄河红色文化是充满生命力与传承力的有机文化，是传承红色基因、赓续红色血脉的红色文化资源。在中国共产党创造人类文明新形态的视域下，进一步阐释黄河流域红色文化的世界意义及其文化价值，是讲好黄河红色文化故事、传播黄河红色文化的前提，对于帮助国际社会读懂中国和中国共产党具有重要意义。

（作者魏本权系临沂大学历史文化学院教授）

黄河文化与西部中国

在黄河流经的九省区中，青海、四川、甘肃、宁夏、内蒙古、陕西六省区属于中国的西部。高山、大河、戈壁、荒漠、丘陵、山地、平原，几乎中国北方所有的陆地地貌都可以在西部黄河流域找到身影。生活在黄河西部流域的各族人民与中原汉民族一起，共同守护母亲河，谱写了中华民族源远流长的文明之歌。千百年来，九曲黄河奔腾向前，以百折不挠的磅礴气势塑造了中华民族自强不息、刚健有为的民族品格。黄河是中华民族的重要象征，是中华民族精神的重要标志，是中华民族坚定文化自信的重要根基。

春天，青藏高原巴颜喀拉山麓的约古宗列盆地里散布着许多水泊，水泊间满是水草丰美的沼泽草甸，汩汩的泉眼汇成涓涓溪流，穿过扎陵湖、鄂陵湖，东行至玛多出河源区，然后流过龙羊峡、李家峡、积石峡，穿过兰州，继而北上，从内蒙古托克托县双河村开始山陕峡谷旅行。黄土高原将最丰厚的黄土给予黄河，致使至壶口浊浪排空、潼关水激潼山，之后黄河结束它波澜壮阔的西部旅程，驶入中原并最终在山东垦利区注入渤海湾。

5464公里的中华民族母亲河，哺育了大河上下、一河两岸无数炎黄子孙，孕育了博大精深的华夏文明。

一、黄河与西部

在黄河流经的九省区中，青海、四川、甘肃、宁夏、内蒙古、陕西六省区属于中国的西部。高山、大河、戈壁、荒漠、丘陵、山地、平原，几乎中国北方所有的陆地地貌都可以在西部黄河流域找到身影。西部中国壮丽的河山与沿河人民丰富多彩的生活构成最让人难以忘怀的动人画卷，大漠余晖、河曲盘旋、草原生雾、朝晖夕阴，以及那若尔盖草原绿草如茵，兰州百里黄河风情线上水车翻转，白银人工自流河渠灌溉景观阶梯分布，还有山陕峡谷里九曲十八弯，禹门口宽广辽远。黄河上每一条重大支流都孕育出自己的文明，河湟文化、黄河滋养出了银川、包头、呼和浩特绿洲，渭河冲积出了八百里平川。黄河与西部中国紧紧拥抱在一起，既是山水画册，也是诗酒壮歌。

然后，站在黄河边向中国北方的崇山峻岭间看去，发现与黄河几乎并行的还有一条文化线，那就是迤逦在甘肃、宁夏、陕北、内蒙古的中国长城一线。这条有形的文化线是自然与文化的混合物，是气候、植被和人类经济活动交织的文明遗产。嘉峪关关城是最西部的长城关隘所在，关内尚是农耕生活，关外便是游牧民族驰骋的疆土。然而，每当夕阳笼罩了边塞的荒漠、城楼，或者关城，那已逝去的秦时明月、汉时关便在血色残阳中复活、浮现。再沿着河西而行，一路上皆是秦时长城、汉时亭障、墩台、明代边墙、残垣，宁夏中卫沙坡头黄河两岸至今留下700多公里长城遗迹。回首陕北高原，战国、秦时、明长城赫然屹立在府谷、神木、榆林、横山、靖边、吴起、定边，它们是蒙恬修筑的抵御外族入侵的防御线，也是大明王朝的九边之一，更是边塞与内地物质文化贸易地。无疑，黄河流过的西部是雄浑刚健阳刚的英雄文化与源远流长的河流文化融合体，是长河落日圆、英雄扬刀跃马的悲壮画面，是多情花儿与狂野信天游交织在一起的家园，是充满硬朗悲壮气质和侠骨柔情的空间。

为黄河流域西部六省区添上浓墨重彩一笔的还有生活于斯的藏、回、蒙古、东乡、土、撒拉、保安、裕固、满族等少数民族，正是由于他们的存在，黄河文化才更加绚烂而斑斓。

在四川若尔盖县与甘肃玛曲县交界处，黄河环绕玛曲县境绕了一个180度的弯，人称"九曲黄河第一弯"的唐克湾。在青海同德县境内的切木曲（河）汇流处黄河折而北流，至贵南与共和交界的龙羊峡东流，形成黄河上第二个弯——唐乃亥湾，这里环抱着青、甘、川三省的黄南、海南、甘南、临夏、阿坝（北部）五个民族自治州及周边地区，拥有长江水系的白龙江、岷江和黄河水系的洮河、渭河、大夏河、白河、黑河、隆务河、巴曲等河流，沿着这些河流下切形成的河谷踏出了南北、东西走向的古今民族迁徙走廊，这就是人们所讲的河曲民族走廊。位于青海省循化撒拉族自治县，黄河岸边居住着撒拉族，而与循化相毗连的大夏河畔则是回族之乡，传说中大禹导河积石山之处，这里是保安族的家园，临夏的大河家是回族人聚居处，是西北民歌"花儿"的故乡，在甘肃省肃南裕固族自治县居住着一个叫裕固族的草原游牧民族，已是一个非常稀有的少数民族了。当然上述这些少数民族只是西部众多民族中的一部分，他们与中原汉民族共同守护黄河这条母亲河，共同谱写了中华民族源远流长的文明之歌。

二、母亲河与中华文明根脉

20世纪初叶，西方人安特生在河南仰韶村发现了史前仰韶文化遗址，之后在黄河中游三角洲的一系列考古发现，使人们坚信黄河流域中游地区毫无疑问是"中华民族的摇篮"，中华文明乃是华夏民族的本土创造。

陕西关中渭河流域是华夏民族和文明重要发祥地之一，横贯甘肃、宁夏、陕西三省区的渭河是陕西的母亲河，也是黄河上最大的支流。优越的自然条件，适宜的生态气候，致使生活在这里的人们逐水而居、农耕而生，大概在距今八十万年的渭河支流灞河上的公王岭"蓝田猿人"生活于此，距今十五万年的渭河谷地生活着大荔人，而在灞河支流浐河边是距今六七千年的母系氏族社会半坡遗址。无疑，陕西关中是仰韶文化最集中的区域之一，不仅诞生了早期中华文明，而且周秦汉唐等十三个王朝更是奠定了中华文化因子。西周封建一统、井田制、宗法制，以及在此基础上形成的礼乐文化成为中国文化根基。至秦代推行郡县制，统一文字，影响后世两千年。汉武帝时独尊儒术，解决了西周和秦都没有解决的思想一统问题，到隋唐开科举制度，中华思想文化定型于此。无疑，中华民族最重要的文化基因在黄土高原上的渭河流域完成，从而奠定了中华文明的深度和厚度，为中国制造最强的文化基因，此后，不管如何改朝换代，这些文化基因始终不变。

从西安北上，过铜川，在陕西黄陵的桥山上是人文始祖轩辕黄帝陵寝。郁郁葱葱的松柏掩映之中，华夏民族的始祖黄帝衣冠冢在此。黄帝时代是中国文明起源时期，井、房屋、舟车、服饰、釜、甑、灶、杵臼、陶器都被创造出来，黄帝史官仓颉创造出文字，中华文明的曙光已经到来。因此，黄帝是奠定中国文明的第一座基石，黄河、黄土、黄帝构成中华文明最独特的民族标志。

从黄河中游上溯，仰韶文化在不断扩散。甘肃临洮县城南的马家窑遗址是距今四千年的黄河上游史前文明——仰韶文明，其所创造的彩陶文化达到世界远古彩陶史的顶峰。齐家文化是以甘肃为中心地区的新石器时代晚期至青铜时代人类早期文化，而当公元前1700年左右齐家文化衰落后，原齐家文化地域之西部兴起卡约文化，其东部则有辛店文化，青海东部的黄河上游与湟水流域大多在卡约文化范围内。甘肃南部洮河、大夏河入黄河的地带是辛店文化分布之区。黄河流域最早的新石器文化是青藏高原的卡约文化，向东北影响到以辽宁西部和内蒙古东部赤峰市为中心区的红山文化，向东影响到以海岱地区为中心的大汶口文化，向南影响到长江中游的大溪文化和长江下游的崧泽文化。显然中华文明在黄河中游发祥，然后由中心向四周扩散，与周边诸多文明进行交流碰撞，最终形成一个具有广阔地理空间的华夏大文明。

三、农耕与游牧

黄河流域是中国农业文明重要发祥地，因此讲黄河文化必然要讲农业文明。我国历史上不同类型的农业文化，可区分为农耕文化和游牧文化两大系统。农耕文化和游牧文化的交流和碰撞，是我国古代农业史发展的主要线索之一。农业是种植植物和饲养动物的活动。黄土高原上是最初农业发祥的地方，也因此是中华民族活动的大舞台。在黄河流经的九省区中，青海东部、宁夏、陕西、山西、甘肃、内蒙古共同组成黄土高原这一地理空间。中华文明起源于黄河流域中游，准确地讲，是起源于黄河岸边的台原阶地上。由于早期人类改造自然能力比较弱小，而黄土土质疏松，最易开发，所以文明曙光最早发祥在北方黄土最厚的地方。

新石器时代原始先民采集野生谷物，加以驯化，黄河流域中游的粟和稷因为耐旱，利用有限水分的效能最佳，首先得到推广。《诗经》中各项粮食作物出现的次数以黍稷居首位。中国的桑生产最先也是在黄土高原上发祥，《诗经》中桑字出现二十篇诗，间接证明蚕丝的存在。陕西泾阳县的郑国渠是秦时修筑的水利灌溉系统，距今已有二千二百三十多年历史，是我国古代著名的三大水利工程之一，对秦始皇统一中国起到重要作用。郑国渠之后，屡废屡修，几易渠名，经久不辍，至汉代为白公渠，唐代为三白渠，宋代为丰利渠，元代为王御史渠，明代为广惠渠，民国时，水利家李仪祉先生继承引泾灌溉的历史经验，采用科学技术，主持兴建泾惠渠工程。两千年来陕西关中始终是中国农业重要生产地。

众所周知，西北地区属于干旱或半干旱气候，要发展农业水利灌溉必须跟上，因此，河湟地区、河套平原，以及上述关中都是历史悠久的古灌区。"河湟"地区是指兰州以西的黄河上游与湟水流域一带，大约在今甘肃西南和青海省东部，该区域是青藏高原与黄土高原接壤处，是中原汉民族与少数民族融汇地，肥沃的土地，便于灌溉的水系，为先民们的生存发展提供了良好的自然条件。河湟农业出现在秦厉公时代，羌人无弋爱剑被秦人俘去，后逃脱后，辗转于黄河、湟水、姚河间，发展农业。至武帝时，汉军进入湟水，河湟农业再次发展。然而，河湟地区的游牧文化与农耕文化一直并存，以日月山为界，日月山以东是农业区，以西是游牧地带，河湟地区之齐家文化属于高原河谷游牧区，陕北鄂尔多斯一带和河套地区是农耕与草原游牧区交织地带。

黄河进入河套平原，水流平缓，两岸人民引黄灌溉，养育出银川和土默川平原，从而将中华文明向北推移了几个维度，这个地方也是农耕与游牧经济交织地带。青铜峡是黄河上游最后一个峡谷，也是黄河水文发生变化的地方，因此水文学家把青铜峡看作黄河上游和下游的分界处，而地质学家则将内蒙古托克托县的双河村视为黄河上游和中游的分水岭。青铜峡水利灌溉绵延两千多年之久，从秦代始、历经汉、隋唐、南北朝、五代、元、明、清，引黄灌溉使这里五谷丰登、瓜果飘香，唐朝韦蟾诗云："贺兰山下果园成，塞北江南旧有名。"在宁夏中卫人们发明的无坝引水工程，创造了神秘的沙坡头水利文化。后河套灌区至迟于西汉时期（公元前2世纪）开始建设，至今已有二千二百多年历史。灌区以三盛公引水枢纽从黄河自流引水，由总干渠、13条干渠及各级渠道输配供水至田间地头及湖泊，后通过红圪卜扬水站进入乌梁素海排水承泄区，最后经过总排干出口段退入黄河，是完整配套的灌排体系。河套灌区地处农耕与游牧文明交错地带，引黄灌溉工程的创建开启了河套地区农业快速发展的新纪元。

四、都城与废墟

城是中国文化的特殊产物，构成汉文化圈人文地理的独有景观。黄河流域西部地区有无数历史文化名城，也有大量废都、废墟，前者曾是国都所在，国家政治、经济、文化中心；后者代表着曾经的城市繁华和辉煌。西部作为国都主要在陕西关中形成一个庞大都市群：西周之丰镐、秦之咸阳、汉隋唐之长安，此外还有少数民族建立的西夏都城宁夏银川，陕北定边赫连勃勃的都城统万城。

都城文化是当时全国文化的汇集和代表。秦人的咸阳今天虽已无法得知，然而凭借唐人杜牧《阿房宫赋》描摹："覆压三百余里，隔离天日。骊山北构而西折，直走咸阳。二川溶溶，流入宫墙。五步一楼，十步一阁。廊腰缦回，檐牙高啄。"可以想象秦都宫殿之巍峨，都城之宏大。关于汉长安《三辅黄图》有载，里面有长乐、未央、建章、桂宫和甘泉六宫，现虽已掩映在斜阳暮霭中，然而所留遗迹，以及诗文歌赋仍能想象当年的雄风和威仪。隋唐长安城是中国城市史上具有划时代意义的里程碑，拥有宫城、皇城、郭城三层格局，具有严格的里坊制度，坊内寺观众多。如袁朗在《和洗掾登城南坂望京邑》中道："帝城何郁郁，佳气乃葱葱……复道东西合，交衢南北通。万国朝前殿，群公议宣室……鸣珮含早风，华蝉曜朝日……端拱肃岩廊，思贤听琴瑟。逶迤万雉列，隐轸千间布……处处歌钟鸣，喧阗车马度。日落长楸间，含情两相顾。"作为都城汉长安法天象地、焕若星辰，唐长安呈现周易礼制、政通人和。

黄河流域的西部中国还有很多都城因为种种原因而毁坏，今天我们要了解它们的都城文化只有凭借文献记载和王陵、废墟等追寻旧日身影。陕西关中拥有庞大的帝陵群，西汉十一个皇帝的陵墓分布在长安附近的"原"上。除文帝霸陵与宣帝杜陵在长安东南的白鹿原和少陵原外，其余九个帝陵均位于渭水北岸的咸阳原上。由于秦汉诸帝陵和诸陵邑占据了长安附近的咸阳原、白鹿原和少陵原，而秦岭和秦岭北麓的冲积扇上又不宜营建规模宏大的陵园，所以唐代陵墓不得不向渭北黄土原发展。唐王朝十八个皇帝的陵寝在关中渭水以北从乾县到蒲城绵延100多公里的黄土台原北部的山丘上。陵寝高踞于陵园最北部，无论是依山为陵或覆斗型高飞厚垅，都显得巍峨高耸，这就相当于长安的宫城。地下是玄宫，在地面上围绕"山顶"或封土堆建造方型小城，城周有垣，四面各一门，门外有双阙、双狮，献陵四门为八虎，城四角有角楼，南面为正门。昭陵有著名的拳毛騧、什伐赤、白蹄乌、特勒骠、飒露紫、青骓六骏，乾陵借助梁山自然山峰而建，以女皇无字碑和61尊王宾石像闻名。

黄河东岸的银川西夏王陵彰显着一个由党项族创建的辉煌王国。不同于汉民族政权的西夏王朝，党项族是真正从黄河岸边走来的民族，当他们从青藏高原迁徙到陕北和鄂尔多斯高原时，民族中那种雄阔昂扬的精神爆发了，等再迁到银川，拓跋氏、米擒氏、房当氏、野利氏、颇超氏、往利氏、费听氏、细封氏这八个部落中拓跋氏脱颖而出。西夏王朝与吐谷浑结为联盟，然后摆脱吐蕃统治，与契丹结盟，反对青唐吐蕃，并长期与内地保持经济上的密切关系。今天，当我们站在黄河东岸那西夏历代君王埋骨之地，千年墓冢上许多被风雨侵袭过的小洞，密密麻麻，不觉那已经远去千年的历史尘埃慢慢从这九座枯坟一局古残棋中走来，那逝去的马背上民族，那搅乱中国历史的一百九十年，便显现在眼前。

五、革命与建设

黄河流域还是中国革命发展之地，更是新中国走向现代化的空间。抗战时期中国共产党延伸了黄河及其流域的象征意义，将黄河与农民和中国革命联系起来，赋予了黄河所代表的中华民族自强不息、刚健有为的民族品格。

中国近代革命本起于南方，但革命发生逆转是中国共产党因长征从南方来到北方，红军长征经过诺尔盖草原，在宁夏西吉的将台堡，红一方面军和红二方面军胜利会师；红一方面军与红四方面军在会宁会师，毛泽东在会师后写下《七律·红军不怕远征难》《念奴娇·昆仑》《清平乐·六盘山》。1935年，中共中央进驻陕北延安。延安所在的延河发源于陕西靖边天赐湾，流经志丹、安塞、宝塔、延长四县，在延长县南河沟乡附近汇入黄河。1935年至1948年，延安是中共中央所在地，留存有延安革命纪念馆、杨家岭革命旧址、枣园、王家坪、凤凰山革命旧址，这些历史遗迹是黄河流域红色文化的承载。延安时期的革命文化，积淀成为当代中国文化事业之根基。延安时期诞生的毛泽东思想，确立了当代中国走社会主义道路的政治方向和文化方向。

黄河流域红色文化集中区域除延安以外，还有榆林、渭南等地区。陕西、山西以黄河为界形成的地理空间，为中国革命创造了纵横驰骋的广阔天地。佳县、吴堡、清涧等陕北沿黄地带是毛泽东与中央机关转战所经之地。佳县诞生了《东方红》，吴堡渡口是1948年毛泽东主席在陕北转战一年，最后离开陕北到山西柳林的地方。清涧渡口是1936年红军东征山西的渡口，毛泽东曾在清涧写下《沁园春·雪》，韩城芝川渡口是1937年八路军120师东渡黄河出师抗日渡口，榆林天台山附近也有一个东渡口，天台山道观曾是刘志丹渡河作战指挥部，山下的贺家川是红色革命根据地。显然，黄河流域在中国革命中曾经扮演着极其重要的角色，红色文化非常丰厚。

20世纪对于中国人来讲，是一个充满巨大悲伤的世纪，黄河水患给中华民族造成巨大的心灵创伤。新中国成立之前，黄河肆虐，尤其是花园口决堤造成的社会与生态创伤犹存。新中国成立后，以治理黄河为契机，中国共产党创造了治黄史上的奇迹。1952年，毛泽东出京视察黄河时提出："一定要把黄河的事情办好！"1955年，国家提出关于根治黄河水害和开发黄河水利的综合规划，提出了黄河综合利用规划，包括远景规划和第一期规划。远景规划就是黄河干流梯级开发规划：第一段龙羊峡至青铜峡，水力发电；第二段青铜峡到河口镇（现在已改为双河村），灌溉和航运；第三段河口镇至龙门，发电；第四段龙门至桃花峪防洪、发电。不言而喻，共和国在继承前代加强下游堤防，整治下游河道治黄方案的同时，大规模兴建水利水电工程，积极开展中下游水土保持工程，是创建现代化中国生态环境应有之举。七十年黄河梯级开发，目前黄河干流上有中大型水利工程30座，主要分布在黄河上游，即中国的西部。河流的综合开发利用是中国现代化模式的题中应有之义。黄河流域的现代水利建设，开创了现代的黄河文化。

六、宗教与文艺

华夏各族在黄河流域遗留下绚烂的文化遗产，因此黄河流域是一个巨大而天然的储藏艺术珍品的文化空间和艺术博物馆。从史前上游的卡约文化、齐家文化、马家窑文化，中游的仰韶文化、龙山文化、红山文化，到各个历史时期黄河流域西部诸省丰富的历史遗迹和遗产，其中，宗教与文艺斑斓绚烂。

青海境内著名的塔尔寺是藏传佛教格鲁派（黄教）祖师宗喀巴的诞生地，自明嘉靖三十九年（1560年）创建以来，经四百多年的不断扩建发展，逐渐成为国内藏传佛教格鲁派六大寺院之一。临夏大夏河畔的拉卜楞寺是著名藏传佛教寺院，寺院以精湛的建筑艺术和辉煌的宗教文化而著称。宁夏青铜峡的西夏一百零八塔是河套地区西夏时期重要的佛教建筑，是世界上稀有的大型塔阵，依山建成12层，108座覆钵塔按奇数排列成等边三角形，是宁夏丝路文化多元性的体现。内蒙古呼和浩特市内的大昭寺是一座有名的黄教寺庙。数百年来是内蒙古藏传佛教的活动中心。大召寺里有明宣德炉，清康熙皇帝用过的龙凤孔雀伞，康熙皇帝时皇宫的八个珍珠八宝宫灯，康熙皇帝的"万岁龙牌"，清乾隆皇帝赐的鎏金财神，明清两代唐卡以及宗教活动使用的各种法器、面具等，都是极为珍贵的历史文物和艺术珍品。甘肃炳灵寺石窟以石雕著名，其艺术价值仅次于敦煌莫高窟。天水麦积山石窟是我国著名四大石窟之一，从后秦、北魏、隋唐五代，以及之后各代不断开凿，麦积山石窟艺术以其精美的泥塑艺术驰名中外。

陕西黄河流域的宗教与艺术更加丰富多彩。佳县黄河岸边的白云山道教历史悠久；西安的大兴善寺、慈恩寺、香积寺、净业寺、草堂寺分别为佛教六大宗派密宗、唯识宗、净土宗、律宗、三论宗祖庭；楼观台是老子写《道德经》的地方，城内的广仁寺为藏传佛寺，更不用说终南山里寺院众多，圣寿寺、紫竹林、悟真寺皆是古刹名寺。陕西周秦汉唐都城遗址本身就是珍贵的文化遗产，地下文物之丰赡更使陕西成为黄河流域文化遗产重要聚集地。周文化发祥地宝鸡出土青铜器精品之多，铭刻内容之重要，居全国之首。扶风法门寺地宫出土的金银器彰显大唐自信奔放的民族气度，以及当时佛教之兴盛。

而讲文学艺术必须先从中国汉字谈起，这是中国文化之根基。众所周知，世界上各种文字都从象形文字进化而来，多数文字从象形走向拼音，汉字却从象形走向表意与表音相结合的"意音文字"，是世界上唯一仅存的生命力盎然的古文字。黄河中游是中国汉字创造地，相传仓颉造字，陕西白水至今仍有仓颉庙。历代文字可谓秦时有石鼓文，汉代有石刻，而基于文字，诞生了中国书法艺术。从仓颉造字到竹简留书，从虞夏彩陶到殷墟甲骨，从周金秦篆到汉隶唐书，汉字记录了中华民族的文明历程，是民族文化的活化石、历史载体、学术承载者。陕西是中国书法故乡。周金、秦篆、汉隶、唐楷，陕西书法艺术上都有创新，唐文宗开成二年，将《周易》《尚书》《毛诗》《周礼》《仪礼》《礼记》《春秋左氏传》《春秋公羊传》《春秋古梁传》《孝经》《论语》《尔雅》等十二部经书勒于碑石，立于长安务本坊的国子监，这便是有名的开成石经。宋代奠定了今天碑林的基本格局。清初，再刻《圣教序》与《淳化阁帖》于其中，中西交通史上极有价值的《大秦景教流行中国碑》被发现后，亦藏于此。西安碑林收藏了中国历代名碑，又以唐碑著名。不仅如此，三秦大地上，摩崖石刻比比皆是，耀州药王山可谓陕西第二碑林，汉中石门碑刻在书法史上的地位亦不可小觑。

西夏文化是以党项文化为中心的多民族文化，壁画和彩绘艺术在继承唐宋艺术的同时，融汇党项、吐蕃、回鹘等民族的文化内容。西夏是极少数有文字创造的少数民族建立的王朝，借鉴汉字的笔画和构成原理，形成本民族文字。西夏文字的创造与使用，佛经的翻译与传播，为中华文化增添了民族风格。而有了文字，便有文学，西周时期黄河流域中游诞生了我国第一部总集《诗经》，深远影响后世文学。

《史记》则开创中国纪传体史学写作先例，鲁迅先生赞为"史家之绝唱，无韵之离骚"，千年来成为中国文学和史学的经典。汉赋和唐诗构成黄河流域最辉煌绚烂的文学典籍，特别是唐诗以其对社会生活、时代风貌、百姓日常的展示，高妙的艺术技巧，使其成为中国古代文学的高峰。抗战时期，鲁艺所创作的《黄河大合唱》，则是20世纪黄河文艺最高成就，象征着中华民族的觉醒与抗争，预示着民族战争的最终胜利。

毋庸置疑，黄河流域所拥有的人文资源、历史遗迹、文化精华，是长江流域以及其他流域不能替代的，尤其是在社会物质财富不断富裕情况下，人类对精神文明和文化生活的追求越来越高，黄河拥有的精神价值和意义日益凸显出来。本文所涉猎的西部黄河文化也是挂一而漏万，我们希望借以彰显民族丰赡的文化遗产，展示新时代中国黄河文化之创造，并昭示：黄河万古不息，中华文明源远流长！

（作者刘宁系文学博士、历史地理学博士后，现为陕西省社会科学院文学艺术研究所副所长、研究员）

讲好"黄河故事":黄河文化保护的创新思路

黄河是滋养中华民族的母亲河,黄河文明源远流长,尤其进入文明社会后,黄河流域长期作为各朝各代的政治、经济和文化中心,再次衍生出大量的地域文化,这不仅包括丰富灿烂的物质文化和精神文化,还包括历史发展、朝代变迁所产生的多样性的制度文化。黄河文化是中华文明的重要组成部分,是炎黄五千年文明史的主体文化,作为中华民族的根与魂,黄河文化的保护、传承与弘扬事关中华文脉的绵延赓续。

黄河文化的保护、传承和弘扬是落实黄河流域保护和高质量发展国家战略的重要内容。习近平总书记在黄河流域生态保护和高质量发展座谈会上要求:"要深入挖掘黄河文化蕴含的时代价值,讲好'黄河故事',延续历史文脉,坚定文化自信,为实现中华民族伟大复兴的中国梦凝聚精神力量。"[1]推进黄河文化的研究、挖掘、保护、传承和融合,讲好黄河故事,推动黄河文化迈入新时代,增强中华民族的文化自信和凝聚力,是时代赋予当代人的光荣使命和新的历史课题[2]。

然而,现有区域式、分段式、单元式的文化保护模式不仅造成黄河文化保护内容上的割裂,还极易造成保护和管理部门各自为政、分散经营和同质竞争等问题,有必要创新保护思路,探索出与流域文化特征相匹配、

---

① 习近平:《在黄河流域生态保护和高质量发展座谈会上的讲话》,《中国水利》2019年第20期,第1-3页。
② 牛建强:《抓住保护、传承和弘扬黄河文化新的历史机遇》,《人民黄河》2019年第10期,第156页。

与流域发展需求相适应的"黄河文化保护模式"。本文立足于黄河文化的现实特征,识别出黄河文化保护、传承与弘扬的特殊需求;对照已有保护体系和保护模式,总结黄河流域文化保护的现状与不足;挖掘黄河文化保护、传承与弘扬的历史使命和时代价值,提出流域文化保护体系的创新思路和对策建议。

一、黄河文化的特征与保护需求

（一）以时空演变为线索,需要形成黄河文化保护、传承与弘扬的一张图

黄河文化是由古至今黄河及其流经区域衍生的文化集合。黄河自西向东流经青海、四川、甘肃、宁夏、内蒙古、陕西、山西、河南、山东9个省区,空间跨度巨大,且不同时期和形态的文化叠加交错、复杂多样。

从地理分布上看,黄河文化涵盖了上游的河湟文化、陇右文化,中游的河套文化、泾渭文化、三晋文化、关中文化、河汾文化、河洛文化、河内文化,下游的河济文化、中原文化、黄淮文化、汶泗文化等[1][2]。从历史跃迁来看,黄河文化经历了刀耕火种、三皇五帝的元始期,亲缘分封、三大青铜文明的神德过渡期,诸子百家、儒释道文化的鼎盛期,尚武文化盛行、河陆文明衰落的势衰期,井冈山精神、长征精神等红色文化扎根,以及新中国成立后,经济社会文化持续繁荣发展的涅槃期[3]。从表现形式来看,黄河流域独特的地理空间和人文空间塑造了多种多样的文化载体,包括旱作农业和彩陶瓷器等物质文化,生活方式（如语言、饮食、建筑）、风俗习惯、审美情怀、宗教信仰、社会制度等非物质文化,以及地形地貌、天然名胜等自然遗产。不同时期的文化以黄河水系为纽带继承发展,最终演变成为中华文化的代表和象征。

为了保证黄河文化保护的真实性和完整性,有必要将庞大繁杂的黄河

---

① 侯仁之:《黄河文化》,华艺出版社,1994,第3页。
② 徐吉军:《论黄河文化的概念与黄河文化区的划分》,《浙江学刊》1999年第6期,第134-139页。
③ 国合华夏城市规划研究院、黄河流域战略研究院:《黄河流域战略编制与生态发展案例》,中国金融出版社,2020,第244-246页。

文化建成内涵丰富、形式多样、结构有序的黄河文化体系，以历史时期、地理分布、表现形式三个要件的动态演变为线索，形成黄河文化保护、传承与弘扬的一张图，给立法、执法、规划、保护部门相应参考，为社会公众的文化保护传承和弘扬指引方向，确保上中下游历史文脉传承有序。

（二）以生态环境为基础，需要构建彰显黄河文化的流域自然生态遗产格局

自然流域及其生态环境是黄河文化孕育产生的物质基础，几千年来流域自然生态环境的变迁与人类的生产生活共同造就了极为丰富的黄河文化①，流域开发与保护实践为黄河文化的充实与发展提供了深厚的土壤和养分。许多重要的地质、地貌以及自然地理特征以活态遗产的形式保存，且发挥着重要的水利、交通等经济社会功能，并由此衍生出独具特色的区域文化，成为见证中华民族发展历程的重要遗存。如三江源、祁连山等多个国家公园已经成为黄河流域高质量发展的生态范本；郑国渠水利风景区、壶口瀑布水利风景区等综合保护区不仅具有水生态修复、水经济发展等复合功能，而且是彰显博大精深黄河水文化的重要场所；流域内多处自然保护地为保护自然生态系统、野生动物栖息地和生物多样性发挥了重要作用②。对上述自然生态环境的系统性保护有利于将文化的保护落实在其产生发展的原始土壤中，使黄河文化故事的讲述更精准更有针对性。

相较于其他人类文明产物，黄河文化的形成与流域自然生态环境密切相关，其保护、传承与弘扬务必要把握"自然与文化高度融合统一"这一基础特征。通过生态环境的整体性将黄河流域内水文化遗产串联起来，进一步推进流域生态资源、文化要素的协调保护和发展。

（三）以人水关系为核心，需要将黄河文化内化于流域保护和治理实践中去

中华民族为了生存和发展，治理黄河、兴利除害、治国安邦，创造丰

---

① 谷建全、周立、王承哲等：《做好黄河文化保护传承弘扬这篇大文章》，《河南日报》2019年10月28日第12版。

② 邓楠：《黄河流域生态空间治理陕西将有以下大动作》，http://sn.people.com.cn/GB/n2/2020/0619/c226647-34098543.html。

富物质财富的同时，也创造了宝贵的精神财富，形成了独特的黄河文化。黄河文化的实质就是人与黄河关系的文化，是人类治理黄河、与黄河相处的智慧结晶。水作为一种自然资源，自身并不能生成文化，只有当人类通过生产生活与其发生互动关系，有了对水的认识和思考，才会产生与之相对应的水文化。因此，水文化是架构于人水关系的文化，其根本价值在于追求人水和谐①。"人"是社会的主体；"水"是人类赖以生存和发展的基础性和战略性自然资源。人水关系是指"人"（指人文系统）与"水"（指水系统）之间复杂的相互作用关系。人水关系中的人文系统和水系统之间从根本上来说是对立统一的辩证关系，二者既相互影响、相互联系，又相互冲突、彼此和谐②。因此，黄河文化不是一成不变、死板过时的文化，它伴随着人类的实践活动不断发展。

黄河文化产生于人水关系的特征提示我们应该注重黄河文化对于黄河生态保护和高质量发展战略规划和行动方案的现实指导意义，即黄河水文化产生于实践，在实践中继承发展，并应指导于实践。

（四）以遗产资源为载体，需要找到黄河文化科学保护与价值实现的平衡点

黄河作为中华民族的"母亲河"，其流域注定是中华民族优秀文化的集中展示之地，这里面积广袤、历史悠久、自然和人文环境复杂的特征决定了流域内分布着众多世界遗产，包括文化遗产、自然遗产和自然与文化双重遗产在内的常规类型遗产，以及文化景观、文化线路、历史城镇等特定类型遗产，如图1所示。

遗产作为黄河文化的重要组成和核心载体，已是黄河流域高质量发展过程中不可或缺的资源。广义上的资源，指的是一切可被人类开发和利用的物质、能量和信息的总称，它广泛地存在于自然界和人类社会中，是一

① 余达淮、张文捷、钱自立：《人水和谐：水文化的核心价值》，《河海大学学报》（哲学社会科学版）2008年第2期，第22-22、29、90页。
② 左其亭、赵春霞：《人水和谐的博弈论研究框架及关键问题讨论》，《自然资源学报》2009年第7期，第1315-1324页。

种自然存在物或能够给人类带来财富的财富①。因此，黄河流域丰富的文化遗产、自然遗产以及自然与文化双重遗产等均可看作是一种特定的资源，有必要在科学保护的前提下，为人们开发和利用，成为流域文化产业发展的要素基础。

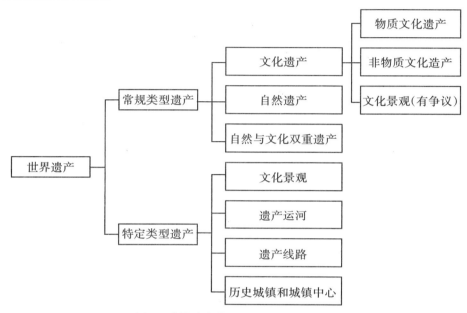

图1　世界遗产体系及其主要分类展示

注：作者依据实施《世界遗产保护公约》操作指南（2017）整理。

二、黄河文化保护的原则与目标

（一）坚持时空统一、区域联动，讲好黄河故事

黄河文化的时空演变规律是流域文化系统性的重要纽带。通过上中下游、不同历史时期的文化体系综合梳理，构建一个以流域空间和历史演变为线索，内涵丰富、形式多样、结构有序的黄河文化体系，树立全线"一盘棋"思想，形成具有流域特色的黄河文化组团，并通过特色旅游线路等形式展开空间串联和区域联动。同时，在黄河流域整体战略部署的引导

① 霍艳虹：《基于"文化基因"视角的京杭大运河水文化遗产保护研究》，天津大学出版社，2019，第35页。

下，结合当地具体条件进行调整，把握政策的一致性与连贯性，实现整体一张图式的发展。

具体而言，要从时间、空间、遗产本体、生态环境等方面挖掘区域文化遗产的整体价值，做好遗产摸底工作，搭建统一信息平台，实现黄河文化遗产的信息整合与资源共享，为遗产的保护管理提供依据。在此基础上，开展跨行政区的合作，设立黄河文化联合发展机构，加强统一规划，设立联合基金，建立区域协同的文化遗产保护工作机制，推进区域文化遗产连片、成线保护利用。

(二)关注自然环境、系统保护,讲实黄河故事

黄河文化并非独立产生存在，其文化精神形成发展于自然环境，并与之难以分割。对流域自然环境的关注与保护，是将黄河故事讲精准的基础条件。有机整合黄河自然遗产资源，凝练黄河文化性格，建设黄河自然遗产风景区，是坚持"绿水青山就是金山银山"的理念，推进黄河流域生态保护和高质量发展的重要手段。同时，对黄河自然遗产的集中保护开发，有利于通过生态环境的整体性串联起黄河流域内水文化遗产，将其所包含的精神、制度等融汇印刻在自然环境中。构建具有整体性结构化的黄河流域自然生态遗产格局，进一步推进流域生态资源、文化要素的协调保护和发展。

具体而言，在强调黄河自然属性及其生态功能的同时，保护其所孕育的文明形态及其所展现的文化价值。以自然流域为基础，因地制宜发展特色文化，体现高质量发展理念，积极鼓励并大力发展绿色文化，坚定不移走生态健康的文明发展之路。

(三)把握人水关系、指导实践,讲精黄河故事

面对日益复杂的生态环境问题，完全靠技术是难以解决黄河流域水资源管理问题的，水实际上具有强大的文化功能，某种程度上说，水资源管理与利用本身就体现着一种文化进程①。自大禹治水的神话，水生万物的思想一直存在于沿黄地区的居民心中，并随着对自然认知的深化而发生着

---

① 靳怀堾:《漫谈水文化内涵》,《中国水利》2016年第11期,第60—64页。

变化。从人敬畏自然受水支配，到人征服水的观念，最终形成和谐共处的人水观，这种尊重规律、人水和谐的绿色基因已经深深印刻在沿黄地区的百姓心中。现今黄河流域所修建的众多水利工程都是沿黄地区人民在长期的实践中，在遵循自然规律的基础上，利用自然、改造自然、人水和谐的体现。面对依旧紧张的生态状况，必须重视人与自然和谐发展的理念在当代的现实指导意义。

具体而言，我们必须科学对待人水关系，转变对水的认识，从人定胜天、向大自然无节制地索取转变为按自然规律办事、以水为伴、以水为友，人水和谐共处。认真研究探索水规律，不断提高水资源的利用效率，提高水资源的承载能力，努力建设形成人水和谐、人与自然和谐发展的新格局，以水文化凝聚绿色高质量发展的民族力量，在新时代讲精黄河故事。

（四）依托遗产资源、融合创新，讲活黄河故事

遗产资源是黄河文化保护、传承与发展的重要载体。习近平总书记《在黄河流域生态保护和高质量发展座谈会上的讲话》强调要推进黄河文化遗产的系统保护，守好老祖宗留给我们的宝贵遗产。综合利用黄河流域内的遗产资源，将遗产资源优势转化为经济社会发展优势，努力实现统一协调的工作统筹力和联合开发力。

具体而言，充分发挥政府政策引导、企业资源整合、社会广泛参与的多方合力作用，促进资源共享、市场共享和品牌共享等目标的实现。通过遗产资源网络的建设，打破遗产分布的分散性、"政区分割"的限制性，以及各地区出现各自为政、分散经营和同质竞争等问题。通过发展黄河文化产业，使黄河文化在继承中发展，在发展中创新，让黄河文化"活"起来，实现黄河文化价值的创造性转化和创新性发展。

三、黄河文化保护的现状与问题识别

（一）黄河文化内涵界定不清晰，保护对象和范围模糊

保护、传承、弘扬黄河文化，需要明确界定黄河文化内涵，从而限定保护范围。关于黄河文化核心内涵，至今没有成说，一直停留在"博

大精深""只可意会不可言传"的认知层面。学界通常将黄河文化分为广义和狭义的两种，广义上的黄河文化是指黄河流域的广大劳动人民在黄河水事及其相关实践活动中创造的全部物质财富和精神财富的总和[1]；狭义上的黄河文化是指黄河流域广大劳动人民及黄河水利工作者所具有的精神诉求、价值取向、基本理论以及行为方式的综合，主要包括精神、理念、价值观、制度等文化现象[2]。大跨度的时空演变造就了庞大繁杂的黄河文化体系，即使按照后者对黄河文化的内涵进行界定，依旧庞杂且缺乏核心与条理，增加了保护对象与边界识别的难度，不易于黄河文化的综合性保护和传播推广。对于遗产类型的划分，对照现有《世界文化遗产保护公约》，如表1所示，也难以与黄河文化内涵准确对应，再次加深了黄河文化保护范围边界确定的难度。现有黄河文化保护研究中，虽整体提出了"文化保护一张图"等概念，但由于黄河文化的多样性、复杂性，其保护对象仍存在范围边界不明晰，地区间、种类间缺乏内在联系等问题。

表1 世界遗产类型划分及判定标准

遗产类型		定义/判定标准
常规遗产类型	文化遗产	①文物：从历史、艺术或科学角度看，具有突出普遍价值的建筑物、碑雕和碑画，具有考古性质成分或结构的铭文、窟洞以及联合体；②建筑群：从历史、艺术或科学角度看，在建筑式样、分布均匀或与环境景色结合方面具有突出的普遍价值的单立或连接的建筑群；③遗址：从历史、审美、人种学或人类学角度看具有突出普遍价值的人类工程或自然与人联合工程以及考古地址等
	自然遗产	①从审美或科学角度看具有突出的普遍价值的由物质和生物结构或这类结构群组成的自然面貌；②从科学或保护角度看具有突出的普遍价值的地质和自然地理结构以及明确划为受威胁的动物和植物生境区；③从科学、保护或自然美角度看具有突出的普遍价值的天然名胜或明确划分的自然区域
	混合遗产	只有同时部分满足或完全满足《公约》关于文化和自然遗产定义的遗产才能认为是"文化和自然混合遗产"

[1] 李立新：《深刻理解黄河文化的内涵与特征》，《中国社会科学报》2020年9月21日第4版。
[2] 牛建强、姬明明：《源远流长：黄河文化概说》，《黄河报》2017年7月11日第4版。

续表1

遗产类型		定义/判定标准
特定遗产类型	文化景观	属于文化遗产,代表着"自然与人的共同作品"。它们反映了因物质条件的限制和/或自然环境带来的机遇,在社会、经济和文化因素的内外作用下,人类社会和定居地的历史沿革。①由人类有意设计和建筑的景观。②有机进化的景观。它产生于最初始的一种社会、经济、行政以及宗教需要,并通过与周围自然环境的相联系或相适应而发展到目前的形式。③关联性文化景观。这类景观列入《世界遗产名录》,以与自然因素、强烈的宗教、艺术或文化相联系为特征,而不是以文化物证为特征
	遗产运河	运河是人类兴建的水路。从历史或技术角度看,运河本质上或作为文化遗产类型的一个特例可能具有突出的普遍价值。历史运河可被看作一个文物古迹,一种线性文化景观的决定性特征,或一个复杂的文化景观中的组成部分
	遗产线路	①基于运动的动态、交流的概念、空间和时间上的连续性;②涉及一个整体,线路因此具备了比组成要素的总和更多的价值,也因此获得了其文化意义;③强调国家间或地区间交流和对话;④应是多维的,不同方面的发展,不断丰富和补充其主要用途,可能是宗教的、商业、行政的或其他
	历史城镇和城镇中心	①无人居住却保留依然如故的考古证据的城镇,这些城镇一般符合真实性的评价标准且保护状况相对易于控制;②尚有人居住的历史城镇,这些城镇在社会经济和文化的变化中不断发展并将持续发展,这种情况致使对它们真实性的评估更加困难,保护政策存在的问题也较多;③二十世纪的新镇,矛盾的是这类城镇与上述两种城镇都有相似之处:一方面它最初的城市组织结构仍清晰可见,其历史真实性不容置疑,另一方面它的未来是不明确的,因为它的发展基本是不可控的

(二)黄河文化保护模式不匹配,保护内容割裂缺乏系统性

近几年,随着世界遗产保护的研究发展与演变,遗产保护范围不断扩大,保护模式逐渐由文物单体保护拓展至对遗产区域、历史文化名城的整体保护。针对运河、绿道、文化线路等线性文化遗产的保护模式随着国际实践经验的积累,内容不断深化,并出台了相应的保护纲要文件。但"文化线路""遗产廊道""线性文化遗产"等多个概念间仍存在着交叉,且尚未形成统一定义及判定标准,存在混淆应用的现象。文章将现有文化保护模式进行了梳理,如表2所示。

表2 线性遗产保护模式、保护对象及保护措施梳理

内容	文化线路	遗产廊道	线性文化遗产
概念提出	1998年文化线路科学委员会（CIIC）成立；2008年通过《文化线路宪章》	1987年美国户外空闲总统委员会首次使用"绿色通道"概念，于同年发起美国绿色通道计划，将绿色通道功能划为生态绿道、休闲绿道和遗产廊道等三种类型	2006年单霁翔在文化线路基础上，对其概念、内容和内涵进行了拓展，提出线性文化遗产概念
内涵界定	一种交流线路，应当具有明确的界限、独特的历史功能、特殊的服务对象，但其形式不限于陆地、海上或者其他形式	拥有特殊文化资源集合的线性景观。通常带有明显的经济中心、蓬勃发展的旅游、老建筑的适应性再利用、娱乐及环境改善	拥有特殊文化资源集合的线状或带状区域内的物质或非物质文化遗产族群
保护对象	交通线路本身和基本衍生要素，包括有形遗产资源和无形遗产要素（无形要素：必须是赋予不同的文化线路组成要素意义和内涵）文化线路与环境背景密切相关，是其环境背景不可分割的一个组成部分	包括废弃煤田和采矿地等近代乃至现代的遗迹	线性文化遗产的形式和内容多样，其中河流峡谷、运河、道路以及铁路线等都是重要表现形式，大多代表了早期人类的运动路线，并体现着地区文化的发展历程。如从早期的利用河渠运输，逐步发展到修建运河、公路及铁路。还包括带状绵延的长城及其周边的附属建筑，城堡、关塞等
保护措施	—	通过精心设计的游道把自然和文化资源串联起来形成绿色通道，逐渐发展形成遗产廊道	进行资源调查，开展科学研究，编制保护规划，实施整体保护战略，完善法律法规，加强法制建设，健全机制，加强管理，确定阐释方法，突出展示恢复线性文化遗产原真性和完整性，鼓励公众和社区参与
案例	圣地亚哥·德卡姆波斯拉朝圣之路	伊利洛斯和密歇根运河（the Illionis and Michigan Canal）国家遗产廊道	长城

我国对于大尺度线性文化遗产的保护研究起步较晚，王志芳等[1]首次将美国"遗产廊道"的概念、选择标准、保护的体制机制等引入国内；单霁翔[2]指出线性文化遗产来源于文化线路，是对其概念、内容和内涵的拓展，并对线性文化遗产的概念进行了界定。尽管已有部分实践实现了突破性进展，例如：2006年出台的《长城保护条例》、2012年出台的《大运河遗产保护管理办法》及2019年出台的《大运河文化保护传承利用规划纲要》均为线性文化遗产的保护提供了一定参考，为黄河的大保护大治理提供了宝贵经验，但现有保护模式仍不足以完全匹配黄河文化保护的特殊需求。比如，当前脱胎于"绿道"概念的"遗产廊道"模式更加注重经济生态功能，其主要目标是经济振兴，往往缺少文化方面的重点保护。而针对线性遗产、文化线路等跨地域、规模化的遗产保护模式，仅将周边环境保护和改善作为文化遗产保护与文化价值转化的附属品，其实在很大程度上忽略了原生生态环境对于特定文化产生与发展的"土壤"作用和保护价值。

（三）黄河文化保护理念陈旧，保护主体间利益冲突合力不足

黄河文化保护理念的陈旧主要表现在保护主体单一、合力不足等方面。黄河文化产生于人类治理黄河、同黄河相处的实践之中，其保护治理亦需要依托于广大人民群众及其人水互动活动。我国遗产保护工作主要采取"自上而下"的保护方式，更多是由相关职能部门、专业科研单位进行，吸纳民间力量、鼓励公众参与方面的不足也阻碍了黄河文化的高质量保护发展。加之当前尚未形成专门针对黄河自然和文化遗产保护的综合性法律和行政法规，已有法律法规对除政府部门外的其他保护主体及权责没有进行强制性规定，导致黄河文化保护工作开展中难以明确保护主体及其责任划分。当前，不少国家已经在遗产保护方面认识到公众参与的积极作用，并相应采取了形式多样的引导措施。例如，英国有相当一部分文化遗

---

① 王志芳、孙鹏：《遗产廊道：一种较新的遗产保护方法》，《中国园林》2001年第5期，第86-89页。

② 单霁翔：《大型线性文化遗产保护初论：突破与压力》，《南方文物》2006年第3期，第2-5页。

产由当地社区成员组成的保护协会或委员会管理，并负责保护和游览等事宜；法国则自上而下形成文化遗产保护利用的体系，普通居民拥有相当的话语权和主动权。

近年来，我国公众参与文化保护的情况虽有所好转，但参与的层次、深度都不够，形式也比较单一，一些决策性、核心层面的工作仍缺乏公众的参与①。公众参与形式多为政府引导下的政策传播与教育，或协助政府开展公众调查和征集等，活动系统性和可持续性相对较弱。且社会公众对于文化遗产的价值认识不够，在文化遗产价值认定和专门保护领域缺少话语权②。且法律层面缺乏公众参与文物保护的权利依据，无法激发公众参与文物保护的积极性。例如，我国《文物保护法》虽然肯定了公众参与文物保护的做法，如在第七条规定，"一切机关、组织和个人都有依法保护文物的义务"，为广大公众参与文物保护提供了法律依据，但只将其作为公众应当履行的一项义务，而非法律所赋予的权利。

（四）黄河文化保护机制不健全，制约遗产保护效果及效益转化

我国文化保护的体制机制设计主要遵循《世界文化遗产保护公约》及其框架，基本形成以《文物保护法》《环境保护法》《自然保护区条例》《风景名胜区条例》为核心，以《公约》为指导，以地方性法规、规章为支撑的法律法规体系，形成以文物部门牵头，其他相关部门响应，权力分立与制衡的文物保护格局。由于黄河流域内各地区长期的行政分割，文化遗产保护工作各自为政，各地区之间缺乏对区域文化脉络的整体认识，导致各地文化遗产的展示利用也相对碎片化。缺少对同类型遗产或跨行政区线性遗产整体展示与联合保护的工作方法。一方面导致共性的问题没有被及时地展开研究，找出解决办法，另一方面，一些好的保护经验和手段未能在全流域得到充分的宣传和推广，文化遗产的社会经济效益未能有效发挥。

从法律保障机制来看，尚未形成专门针对自然和文化遗产整体保护的

---

① 刘小蓓：《公众参与遗产保护的激励机制研究》，暨南大学出版社，2017，第5页。
② 张崇、刘朝晖：《遗产保护的"举国体制"与社会参与：从观念更新到行动逻辑》，《遗产与保护研究》2018年第12期，第35-39页。

综合性法律和行政法规①，缺乏针对"历史文化街区""大遗址""乡土建筑"等保护方面的专项法规、技术规范、管理制度等。立法内容上，存在保护理念落后、法律责任较轻、震慑力不足、内容简单及可操作性较差等问题；内容间缺乏连续性、整体性，重复立法严重，既浪费了立法资源，又往往协调性不足，不利于法规的统一遵守和执行。即使联系比较紧密的法律，如《文物保护法》的保护对象也存在范围较窄的问题，大量未能达到文物标准、散落于各地的历史建筑物、历史聚落、历史构筑物等未被纳入法律保护的范围；以保护为主兼顾合理利用的二元化工作方针致使实践中文物被不当利用现象时有发生。此外，立法实效和时效上，文化遗产相关立法始终处于"说起来重要，做起来次要，忙起来不要"的尴尬境地，部分文化遗产在被纳入世界遗产名录后很多年才出台地方性法规规章，即使出台较早的法规规章，也未能根据国际条约更新及上位法修改及时进行修订，在时效性上大打折扣。

从行政管理体制来看，针对黄河流域及周边地区的文化遗产实行垂直管理与保护，无统一的部门直接管理，文化和旅游部、国家文物局、教育部、林业和草原局、建设部等多个政府部门均分散有文化（遗产）保护的职能，形成了横纵交错的遗产管理体系，极易导致因单纯追求部门利益而产生横向的管理分散、纵向的利益分割等问题。同时，现有黄河流域保护和治理的专门性机构，如黄河流域生态环境监督管理局和黄河水利委员会，其职责范围和工作内容主要侧重于生态环境和水利工程建设等，涉及黄河文化保护的内容极少，而文化保护是黄河保护中不可或缺的一环，专门性的流域管理机构未能承担相应责任。

此外，从文化保护的资金来源来看，目前黄河文化保护实行的是属地管理，中央政府负责部分保护资金，其余部分则由黄河流域内各地方政府负责提供，相较于其他国家，来自遗产保护基金会的费用较少。

四、黄河文化保护的对策建议

构建边界清晰、责任明确、协同有力的流域文化保护体系，将庞大

---

① 王云霞：《文化遗产法学：框架与使命》，中国环境出版社，2013，第92页。

繁杂的黄河文化集合，抽象成统一凝练、特色鲜明、真实完整的流域文化符号，转化为老百姓听得懂、讲得清的"黄河故事"；建立黄河文化保护的一张图，加快黄河遗产体系的构建，形成"大黄河"的流域保护模式，给立法、执法部门相应参考，为社会公众的文化保护、传承与弘扬指引方向；树立"幸福河"的流域发展共识，将黄河文化蕴含的传统智慧和时代精神内化于整个流域管理的实践中，为流域生态保护和高质量发展的整体统筹和区域协同提供思想基础和智力源泉；积极推动黄河文化保护规划制定过程，完善社群组织培育、市场价值转化、保护效果评价、行政执法监督等机制，为实现跨区域流域文化管理提供人力、资金和制度保障。

(一)凝聚高度认同的文化符号,以"根"和"魂"刻画黄河文化内涵

将黄河文化转化为老百姓听得懂、讲得清的"黄河故事"，关键在于如何将庞大繁杂的黄河文化集合，抽象成统一凝练、特色鲜明、真实完整的流域文化符号，使其凝聚黄河文化的精神内核，将宏大的黄河文化建构为被人们高度认同的中华民族文化标识。习近平总书记指出，"黄河文化是中华文明的重要组成部分，是中华民族的根和魂。""根"和"魂"正是高度概括了黄河文化在中华文明中的符号意义。流域内不同时期和形态的自然遗产和文化遗产资源，就是中华民族"根"之所在。而几千年来，黄河文化生生不息、不断融合、与时俱进，造就了中华民族"尊重规律、人水和谐的绿色基因"，"自强不息、艰苦奋斗的红色基因"，更呈现出"日益进取、坚忍不拔的开拓精神"和"海纳百川、开放包容的融合的精神"，逐渐形成新时期黄河文化的核心价值，即是中华民族"魂"之所附。

(二)探索"大黄河"的文化保护模式,以自然流域为根基实现系统性保护

作为区别于大运河、长城等主要由人工建设的大型线性文化遗产，要把握住黄河文化所独具的"自然与文化高度融合统一"的基础特征，使其历史悠久、尺度巨大、类型多样的文化遗产能够依托自然环境的系统性串联起来，探索形成生态资源、文化要素相协调的"大黄河"的文化保护模

式。首先，整体文化保护需进行广泛全面的自然、文化遗产调查，依托流域系统建立文化遗产数据库，构建完整的遗产体系，进行综合保护可行性计划研究。在摸清黄河文化家底的基础上，编制全面完整的保护规划，探索文化遗产与自然生态的整体保护策略及可行措施。在整体保护规划编制的指导下，开展专项保护规划编制。尤其是流域内众多活态保存、依然发挥着重要社会经济作用的活态遗产和具有生态涵养调节功能的自然保护区。通过抢救、修缮有序推进保护工作，建设黄河水土保持与自然文化特色保护区，搭建黄河自然与文化相融合的展示平台，实现黄河文化的集中保护与展示。

（三）树立"幸福河"的流域发展观，以文化共识为牵引实现利益协同

高度认同的黄河文化是流域发展共识形成的基础，树立"幸福河"的流域发展共识，将黄河文化蕴含的传统智慧和时代精神内化于整个流域管理的实践中，为流域生态保护和高质量发展的整体统筹和区域协同提供思想基础和智力源泉。在此基础上，树立黄河文化保护"一盘棋"的发展理念，将黄河文化的保护服务于黄河流域生态保护与高质量发展的大局，做好沿线各区域的协作协调，避免黄河文化项目的重复开发和同质化竞争。积极探索以文化引领带动流域发展的新路径，统筹推进黄河文化传承、文物保护、文旅融合、生态保护、经济建设的工作开展。以文化共识为引领，成立黄河文化保护领导小组，推动沿线各省达成"流域共治"框架协议，联合编制跨界流域专项整治等行动方案，协同推进沿线的环境保护、资源开发与经济社会发展。充分实现沿黄地区文化遗产资源的整合与提升，强化品牌效应，为解决经济发展建设与遗产资源保护间的矛盾提供一个合理的途径，促进黄河全流域高质量发展，建设造福人民的幸福河。

（四）完善黄河文化保护体制机制，以文化保护规划为抓手实现价值转化

黄河文化产生于人类治理黄河、同黄河相处的实践之中，其保护治理亦需要依托于广大人民群众及其人水互动活动。通过立法明确黄河水文化保护主体责任，做到"不冲突、不缺失"，形成统一的黄河文化保护

与管理机构，建立社会组织网络，提高公众参与的层次、深度，完善社群组织培育和社会监督机制建立。在文物安全保障机制方面，要大力完善行政执法制度、应急保障制度、监督管理制度和责任追究制度等，使安全风险及时得到化解，违法者及时得到制裁。积极探索建立黄河文化保护效果第三方评估机制，引入、培育、规范社会第三方评估机构，推进社会组织第三方评估信息公开和结果运用。建立资金保障机制，拓宽资金来源渠道，通过引导性政策鼓励慈善组织团体及个人的多方配合辅助，保障明确资金来源及稳定性。积极推动黄河文化保护规划的制定，国家总体规划与地方因地制宜规划相结合。由国务院文物主管部门会同国务院有关部门设计制定与环保、水利等相协调的国家总体战略规划。充分调动市场力量，激活文化资源，大力培育新兴文化业态，推动其市场价值的转化，弥补单纯政府开发利用的能力与资金缺失以及由于地方经济发展水平参差不齐，所导致的文化保护资金投入缺乏保障的问题。实现黄河文化保护的创造性转化，促进文化经济化、经济文化以及文化经济一体化。

结语

黄河文化的保护、传承和弘扬是落实黄河流域生态保护和高质量发展国家战略的重要内容，亦是此次黄河流域生态保护和高质量发展规划纲要编制及相关立法工作的特色之一。探讨如何讲好"黄河故事"，保护、传承和弘扬黄河文化具有十分重要的理论价值和现实意义。本文通过识别黄河文化"以时空演变为线索、以生态环境为基础、以人水关系为核心、以遗产资源为载体"的现实特征及其特殊需求；总结已有黄河流域文化保护的现状与不足；挖掘黄河文化保护、传承与弘扬的历史使命和时代价值，探索与流域文化特征相匹配的创新思路：凝聚高度认同的文化标识符号，以"根"和"魂"凝聚刻画黄河文化内涵；探索"大黄河"的文化保护模式，构建系统性保护；树立"幸福河"的流域发展观，以文化共识为牵引促进利益协同；完善黄河文化保护体制机制，以文化保护规划为抓手实现价值转化。旨在以创新保护思路推进黄河文化的研究、挖掘、保护、传承和融合，讲好、讲活、讲精、讲实"黄河故事"，并为今后长江、珠江、松花江等大流域的文化保护、传承与弘扬提供决策参考。

（作者系杨越、李瑶、陈玲。杨越系清华大学公共管理学院助理研究员，主要研究方向为资源环境经济与政策、政策创新与公共治理。李瑶系清华大学公共管理学院硕士研究生，研究方向为科技与产业创新。陈玲系清华大学公共管理学院副教授，博士研究生导师，清华大学产业发展与环境治理研究中心主任，主要研究方向为决策理论与政策过程，科技与产业创新政策）

从文化自觉看黄河文化传承传播的路径

黄河文化是中华优秀传统文化的"根"与"魂",在"文化强国""文化自信""文化安全""文化繁荣"目标中助力实现中华民族伟大复兴。同时,黄河文化在各民族长期历史和社会发展中形成了与文化认同、治理与传播的良性互动,促进各民族在思想意识、行为方式、制度层面、物质层面的原生态文化认同,实现文化自觉①。本文以提高传播实效为目标,从"优化人才培养方案""加强政府传播力度""融合现代科技传播"等角度聚焦黄河文化传承传播路径。

一、黄河文化传承传播的背景与内涵

(一)黄河文化传承传播的背景

2019年9月,习近平在黄河流域生态保护和高质量发展座谈会中强调"黄河文化是中华文明的重要组成部分,是中华民族的根和魂,要推进黄河文化遗产的系统保护,深入挖掘黄河文化蕴含的时代价值,讲好'黄河故事',延续历史文脉,坚定文化自信,为实现中华民族伟大复兴的中国梦凝聚精神力量。""千百年来,奔腾不息的黄河同长江一起,哺育着中华民族,孕育了中华文明。早在上古时期……九曲黄河,奔腾向前,以百折不挠的磅礴气势塑造了中华民族自强不息的民族品格,是中华民族坚定文

---

① 尹仑:《民族生态文化认同与中华民族共同体》,《原生态民族文化学刊》2021年第1期,第17-26、153页。

化自信的重要根基。"①

2020年8月31日，习近平审议《黄河流域生态保护和高质量发展规划纲要》时要求"要大力保护和弘扬黄河文化，延续历史文脉，挖掘时代价值，坚定文化自信。"2021年10月22日，习近平在主持召开深入推动黄河流域生态保护和高质量发展座谈会上指出："把握好推动黄河流域生态保护和高质量发展的重大问题，咬定目标、脚踏实地，埋头苦干、久久为功，确保'十四五'时期黄河流域生态保护和高质量发展取得明显成效，为黄河永远造福中华民族而不懈奋斗。"②

（二）黄河文化的内涵

黄河文化的内涵不是封闭和固化的，在中华民族与黄河多年的互动中不断地发展出多层次内涵。

其一，黄河文化从乡土文化演变为融会中华民族生产生活方式的标志性文化。黄河文化本质上是一种具有历史传统的乡土文化。乡土文化包含物质文化遗产和非物质文化遗产。物质文化遗产是物质实践所创造的文化，比如黄河流域段山西云冈石窟、山西五台山建筑群、河南龙门石窟等③。非物质文化遗产是传统社区、集体、个人所创造并传承的内在传统"思想"以及外在物质"表达"。黄河流域中国家级非物质文化遗产代表性项目有河南淮阳县太昊伏羲祭典、甘肃省秦安县女娲祭典、陕西洛南县仓颉传说等。

其二，黄河文化从水文化上升为中华民族与自然互动过程中形成的不畏艰难险阻的拼搏奋斗精神。文化可以解释为投射于人上所散发出的整体气质，体现了一个人如何对待自己、对待他人、对待自身所处的环境。水文化是人们在生活、认识、治理洪水过程中，形成的特有的生产生活方式。黄河水文化承载着水文化的普遍共性，集中体现"人"如何看待黄河

---

① 习近平：《在黄河流域生态保护和高质量发展座谈会上的讲话》，《中国水利》2019年第20期，第1–3页。

② 新华社：《习近平主持召开深入推动黄河流域生态保护和高质量发展座谈会》，《党建》2021年第11期，第2页。

③ 郭永平：《乡土资源、文化赋值与黄河流域高质量发展》，《山西大学学报》（哲学社会科学版）2021年第2期，第4–48页。

水，如何对待并处理好"人"与黄河水的关系。黄河水文化也在基于"形成—影响—形成—被影响—形成"的循环中推向前进。黄河流域各民族在生产生活与生态保护过程中，认识到黄河治理普遍规律，将黄河水文化塑造、总结并上升为一种集体治理智慧。

其三，黄河文化从地域文化汇聚为中华民族共有的精神家园。文化以物质为载体，依托于主体传播。主体以地域为基础，受生活环境的直接影响。环境塑造黄河流域不同区域的地域性文明。黄河文化发展与流域内较疏松的土壤和适宜的气候条件有关。黄河文化得到环境滋养而迅速成长，在吸收和包容其他文化的基础上，从局部地域文化迈入中华文明的核心，体现出海纳百川、博大包容、求同存异、民胞物与、共生共荣的黄河文化精神实质与内涵①。

二、黄河文化传承传播的必要性：实现文化自觉

文化传播是关于文化从其发祥地扩散到不同地方而被模仿、采借、接受的理论。文化除了发明产生外，传播是唯一延续的路径。黄河文化传承传播的目的之一是实现文化自觉。文化自觉一词可追溯到1937年《十年来中国的乡村建设》一文中提及的"乡村建设运动当然不是偶然产生的事，它的发生完全由民族自觉及文化自觉的心理所推迫而出"。文化自觉理论发展来源于费孝通先生，其强调"生活在一定文化中的人对其文化有'自知之明'，明白它的来历，形成过程，所具的特色和它发展的趋势，不带任何'文化回归的意思'，不是要'复旧'，同时也不主张'全盘西化'或'全盘他化'。自知之明是为了加强对文化转型的自主能力，取得适应新环境、新时代的文化选择的自主地位。"按照该定义，黄河文化自觉体现出一种自由观。基于黄河文化自由的前提，黄河文化自觉以"生活在黄河文化中的人"（中华民族）为中心，在认识和认同黄河文化基础上科学地弘扬与发展。

因此，实现黄河文化自觉离不开文化认同下传统社区、集体、个人的

---

① 牛建强：《抓住保护、传承和弘扬黄河文化新的历史机遇》，《人民黄河》2019年第10期，第156页。

有效参与。通过建设黄河国家文化公园，在传承传播中"讲好黄河故事"，让黄河文化自觉的积累转化成对自身文化存在的自信，实现从文化自觉到文化自信的进阶过程。在此意义上，文化自觉使人对文化产生的觉悟或自知的前提，最终要实现一种有秩序的文化自信，以此驱动并表现在行动上的自我肯定。同时，文化自觉需要基于发展目的而对自身文化进行反思，体现出一个多元化社会文化环境下的民族文化定位、发展、创新的综合能力。实现文化自觉则要关注并促进文化主体对文化正确认知，既不夸大也不妄自菲薄。传播中帮助各民族意识到自身文化与其他文化交流、交融的关系，并置身于全球化的体系中理性看待和发展文化，形成正确的社会认知与自我认知。黄河文化在与其他中华优秀传统文化碰撞中形成正确的定位和认知，实现"创造性转化、创新性发展"传承传播过程中的时代目标。

（一）文化的传承作用

以黄河文化为代表的中华优秀传统文化凝聚着各民族共同的历史记忆，是各民族共同拥有的精神财富，是中华民族多元一体发展的生动表现，这种精神力量不可低估。纵览中华民族发展的历史，各民族源于本土，互相吸收，拥有共同的历史记忆。许多民族都流传着与黄河文化关系密切的传说，比如盘古开天辟地、伏羲女娲兄妹成婚、女娲炼石补天、后羿射日等神话。

（二）交往、交流、交融作用

以黄河文化为代表的中华优秀传统文化体现了各民族交往、交流、交融的历史。费孝通先生认为："中华民族是由许许多多分散孤立存在的民族单位，经过接触、混杂、联结和融合，同时也有分裂和消亡，形成一个你来我去、我来你去，我中有你、你中有我，而又各具个性的多元统一体。"黄河文化中有着大量体现各民族交往、交流、交融历史文化基因，为铸牢中华民族共同体意识提供了案例基础。1959年起在新疆吐鲁番高昌国遗址附近的阿斯塔纳古墓群中陆续出土的100多幅形制相似的伏羲女娲图，昭示着历史上汉族与维吾尔族交往、交流、交融的历史。流传在丽江纳西族地区的纳西古乐、大理白族地区的洞经古乐也是历史上纳西族、白族与汉族地区民族交往、交流、交融的见证。至今纳西古乐的乐曲仍保留着《步步娇》《水龙吟》《菩萨蛮》等词牌和曲牌名。

（三）凝聚作用

传承以黄河文化为代表的中华优秀传统文化，就是促进中华优秀传统文化在各民族间的共有、共赏、共享、共传。传承和弘扬以黄河文化为代表的中华优秀传统文化，就是不断打破其在民族之间的狭隘区分，回归文化服务于人的本质功能，促进各民族文化的相互欣赏、相互学习、交流互鉴。通过传承和弘扬以黄河文化为代表的中华优秀传统文化这一过程，不断增强各民族的文化认同，铸牢中华民族共同体意识。

三、黄河文化传承传播的基础：理论基础与保障基础

（一）理论基础：社会学的想象力

社会学想象力理论是美国社会学家C.莱特·米尔斯在《社会学的想象力》一书中的核心论点。传播从产生到发展的各个阶段均包含社会学想象力的精神和价值取向。基于社会学想象力理论，以文化适应与传播为手段，将社会学想象力理论的普遍联系和多元视角置于黄河文化传承传播中。

其一，想象力表现为一种历史视角。应用历史视角和社会学想象力，结合黄河文化"根"与"魂"的历史地位，重点挖掘黄河文化中的民间文学，同步黄河国家文化公园建设与"十四五"期间黄河流域非物质文化遗产的调查、记录和研究工作，提取黄河文化素材，打造黄河文化相关产业，形成多元化的传播路径。

其二，想象力提供一种文化视角。在黄河文化传播中充分发挥文化价值，有效突破黄河文化传播囿于信息、效果或者受众等研究角度。将黄河文化传播置于整个人类社会发展中，研究对象也将在具体时空背景和人文环境下转变传播过程。目前学者提出利用5G、互联网、AR技术，或运用公众号、小程序、微博、短视频等新媒体平台进行文化传播。但若仅限于工具性的使用，未能充分挖掘文化内涵，滞于对传播现象做简单线性描述和分析，将无法真正进入和了解文化传播本质。

（二）保障基础：文化法治

全面依法治国为黄河文化传播提供制度保障。《中共中央关于全面推进依法治国若干重大问题的决定》明确了全面依法治国文化建设的指导思想、目标与主要方向。一方面，"加强重点领域立法……保障公民经济、文化、社会等各方面权利得到落实，实现公民权利保障法治化"；另一方面，"建立健全坚持社会主义先进文化前进方向，遵循文化发展规律，有利于激发文化创造活力，保障人民基本文化权益的文化法律制度。制定公共文化服务保障法，促进基本公共文化服务标准化、均等化"。

习近平在关于《中共中央关于全面推进依法治国若干重大问题的决定》说明中强调"推进科学立法、民主立法，是提高立法质量的根本途径。科学立法的核心在于尊重和体现客观规律，民主立法的核心在于为了人民、依靠人民。要完善科学立法、民主立法机制，创新公众参与立法方式，广泛听取各方面意见和建议"。

按照克拉伯的一般化理论，在现实生活中文化传播受众不单受到传播文化影响，还包括法律、习惯、道德等因素。因此，黄河文化传播的效果应然受到法律的影响，完善黄河文化法治建设为黄河文化传播提供保障基础。黄河文化传播具备完备的法治基础，在《黄河保护法（草案）》基础上，涉及黄河文化传播的法律、法规、政策性文件，主要有以下两类。

1.中央立法

主要有《文物保护法》《非物质文化遗产法》《风景名胜区条例》《文物保护法实施条例》《水下文物保护管理条例》《历史文化名城名镇名村保护条例》《黄河水量调度条例》《黄河下游浮桥建设管理办法》《黄河河口管理办法》《关于为黄河流域生态保护和高质量发展提供司法服务与保障的意见》等。

2.地方立法

主要有《青海省非物质文化遗产保护办法》《三江源国家公园条例（试行）》《四川省非物质文化遗产条例》《四川省世界遗产保护条例》《四川省风景名胜区条例》《甘肃省风景名胜区条例》《甘肃省非物质文化遗产

条例》《甘肃省文物保护条例》《宁夏回族自治区非物质文化遗产保护条例》《宁夏回族自治区引黄古灌区世界灌溉工程遗产保护条例》《内蒙古自治区非物质文化遗产保护条例》《山西省红色文化遗址保护利用条例》《山西省平遥古城保护条例》《山西省非物质文化遗产条例》《山西省风景名胜区条例》《陕西省文物保护条例》《陕西省非物质文化遗产条例》《陕西省风景名胜区管理条例》《河南省非物质文化遗产保护条例》《山东省文物保护条例》《山东省风景名胜区条例》《山东省非物质文化遗产条例》《郑州黄河湿地自然保护区管理办法》等。

地方立法对黄河文化传承传播的作用主要体现在以下几个方面。

1.实施效能

黄河文化传播地域广，流域内各地区经济、文化、社会发展水平存在差异，决定了地方立法的必要性，以此须加强对法律、行政法规的补充与细化。《四川省非物质文化遗产条例》第八条明确将非遗工作与"社区教育、职业教育、义务教育、学前教育等结合起来"，细化和补充《非物质文化遗产法》第八条"非物质文化遗产宣传与教育"的内容。

2.先行先试效能

根据黄河国家文化公园建设与黄河文化传播的紧迫性，地方立法在不与中央立法冲突的前提下，遵循法律优先、法律保留基本原则，对法律范围外的空白事项先行制定地方性法规。

3.因地制宜效能

黄河文化作为中华优秀传统文化，反映出文化共性。以黄河流域内非物质文化遗产为例，同类或同名的非物质文化遗产代表性项目分布于不同地区，表现形式存在个性。黄河流域内立法主体可以自主规范和调整本地方的社会关系，因地制宜地推进黄河文化传承传播的立法工作。

黄河文化法治保障中还应考虑黄河流域内传统社区、集体中长期反复实践与传承的文化习俗。此类文化习俗本质上属于民间习惯的范畴。需要明确，并非所有民间习惯能够通过立法方式纳入到国家法律保护的范畴。此时，处理方式不是直接否定黄河相关文化习俗的效力，也并非采取消极保护模式，而是在尊重国家利益、公共利益、集体利益的前提下采取不过分干预原则，承认相关利益主体的黄河文化保护利用空间。

四、从文化自觉看黄河文化传承传播的具体路径

(一)将黄河文化纳入国民教育体系

学校和其他教育机构应按照教育主管部门的有关规定，将以黄河文化为代表的中华优秀传统文化的传承传播纳入人才培养、科学研究、教育教学过程中。同时推进文教结合，将黄河文化保护融入国民教育、干部教育、社会教育全过程。

黄河文化传承传播的教育实施路径主要包括两方面：一方面，普通高等院校加强黄河文化课题研究。鼓励青年教师主动申报黄河文化有关的国家级、省部级课题。同时，沿线高校结合科研规划开展黄河文化校级课题研究，设立专项组、黄河文化工作室或职能部门，筹集专项科研经费，并提供持续物质保障。另一方面，开设或预计开设非物质文化遗产保护专业的院校或与黄河文化相关专业的院校，根据学院发展情况，调整教学计划，修改有关课程教学标准，修订人才培养方案。

黄河文化传承传播的教育教学实施方案主要有三个方面。其一，人才培养是教育的中心。专业设立、运行、合格评估等环节都以人才培养方案为依据。结合学校学科建设与发展需要，以二级学院为驱动，论证设立、修改非遗保护专业及相关专业人才培养方案的可行性。在不修改人才培养方案的前提下，可调整课程标准或教学计划。若二级学院仍使用原人才培养方案，在培养目标、毕业要求、课程设置、实践环节等核心环节总体不变的基础上，应以课程标准作为最佳介入点。其二，课程标准是课程设置的基础。课程负责人应协同课程组教师共同协商黄河文化传承传播的教学融合方式，并通过集体备课方式确定授课主题和内容。另外，教育教学应打破教材主义，即"先选教材，再依据教材章节备课、授课"的传统方式。课程组商定本学期课程教学内容后，再筛选、征订黄河文化有关的教材，即让教材匹配教学内容。实践中人才培养方案与课程标准的修改存在滞后性，教学计划则可成为黄河文化教育中传播的兜底保障。比如，授课教师针对教学设计可以搜集、整理黄河文化有关教育教学案例、法规、文献等资料，结合"课程思政"，丰富课程教学。

其三，非物质文化遗产保护专业设立是传播黄河文化与培养黄河流域执法、管理人才的有效途径。黄河流域沿线城市的艺术学院、开设艺术学专业的专业院校可结合教育政策，开设非物质文化遗产保护专业。人类学、社会学、民族学、历史学、民俗学等相关专业也可同时增设黄河文化研究实验班。

人才培养方案的修改，应主要围绕以下两个方面进行。一是黄河文化类课程的增设。相关专业院校若修改人才培养方案，应论证课程设置中增设黄河文化有关课程的合理性。新增黄河文化有关课程与其他课程形成培养上的逻辑自洽。整体课时量、课程类别应满足教育部对学科的整体要求。二是人才培养模式的调整。有条件开设非物质文化遗产保护专业的院校，以黄河文化保护与传承为脉络，从人才培养目标、毕业要求、课程设置、实践环节等创新人才培养方案。

除非物质文化遗产保护专业需调整人才培养方案，相关专业包括艺术学专业、历史学专业、水利专业等可以结合学校中长期规划和学科建设要求，论证人才培养方案修改的可能性、合理性。水利院校应重视黄河文化教育与研究。为适应复合型人才发展需求，水利水电类专业技术人才在具备工程技术实践能力的同时，又要掌握经营管理能力和水利文化知识的综合理解能力，尤其是善于把黄河水域治理及文化保护、传承及传播的知识运用于水利工程的建设中去，体现科学技术与人文精神的交互交融关系。

（二）加强黄河文化的传承传播力度

受黄河流域范围广的影响，现有区域式、分段式的政府治理模式容易造成内容与保护的割裂，还易造成管理冲突、经营分散、同质竞争等问题。高度认同的黄河文化是共识形成与传播的基础。有学者指出树立"幸福河"流域发展共识，凝聚"根"与"魂"的黄河文化内涵，树立黄河保护一体化理念，做好沿线城市协作协调，统筹前期协同立法与后期综合协调机制，吸纳民间力量，扩大公众参与，推进黄河文化传承、文物保护、文旅融合、生态保护、经济建设等工作①。

实践中，应加强黄河文化传播与黄河国家文化公园建设的联结，建设好黄河文化对外宣传窗口，注重黄河文化国际传播，选取具有跨文化传播条件的产品、非遗项目，寻求国际社会共同价值观、共同语言，实现文化自信，彰显"中国内容，国际表达"②。

1.讲好"黄河故事"

黄河流域内物质文化与非物质文化旅游资源极为丰富，其文化因子是旅游行为和旅游活动的灵魂。有学者强调"没有文化的旅游即是一种贫血的旅游"。黄河文化传播将实现扩展性，扩展非遗的传播种类、传播内涵、传播方式、受众面、传播区域、历史纵向度，以实现最大传播效应③。黄河故事是以文化旅游的方式带动外部了解、感知、传播黄河文化，增强文化自觉与文化认同，激发文化自信和增强民族凝聚力。黄河故事分为物理空间、社会历史文化背景、虚拟故事空间、文化内核价值空间以及传播的互动空间。以真实叙事性的基础形成与旅客的互动，引导其文化消费、文化体验，以此创设的真实叙事情境，能够达到更好的传播效果与文化体验④。

2.加强政府宣传力度

各级人民政府可结合"传统节庆""庙会"等传统民俗，以及"国家文化和自然遗产日""非遗过大年"等节日与政府宣传活动，对以黄河文化为代表的中华优秀传统文化进行宣传、展示、推广。公共文化机构应当积极开展黄河文化的价值诠释、展示与传播工作，增进公众对黄河文化的认知和保护意识。

---

① 杨越、李瑶、陈玲：《讲好"黄河故事"：黄河文化保护的创新思路》，《中国人口·资源与环境》2020年第12期，第8-16页。

② 陈超：《新时代黄河生态文化传播路径研究》，《新闻爱好者》2019年第11期，第27-30页。

③ 李端生：《论民族地区非物质文化遗产的旅游化传播》，《原生态民族文化学刊》2015年第1期，第137-147页。

④ 王秀伟、白栎影：《在文化旅游发展中讲好"黄河故事"》，《福建论坛》（人文社会科学版）2021年第8期，第31-39页。

3.开展黄河文化的宣传、展示、研究、交流活动

黄河文化专门保护机构、独立的科研单位、高等院校、文化宫、博物馆、图书馆、科技馆、大剧院等运营管理单位，应当根据各自的业务范围，协同政府宣传活动，有计划地开展以黄河文化为代表的中华优秀传统文化的宣传、展示、研究、体验、交流等活动。文创产业园、公园、广场、旅游景区的户外展示空间以及公交、地铁、机场等公共交通的等候区域等，应当为以黄河文化为代表的中华优秀传统文化的宣传、展示给予政策支持。文创产业园为黄河文化主题有关的摄影展、油画展、雕塑展等提供免费的宣传、展示和体验场地。发挥报刊、广播、电视等传统媒体优势，以公益广告、电视节目等形式普及黄河文化基础知识。同时，重视抖音、微博等互联网媒体对年轻受众的吸附力，创新黄河文化宣传方式，提高黄河文化传播实效。

4.积极推进社区黄河文化建设工作

基层人民政府及其有关部门应当支持社区主动开展黄河文化建设工作，将黄河文化保护、传播与传承融入社区建设日常管理事务，提高社区内公众参与积极性。基层人民政府应当将黄河文化保护及相关文化产品和文化服务纳入基层综合文化中心（室）服务项目目录，鼓励有条件的基层综合文化中心（室）通过非遗项目展示、文化墙、设立工作室、开展宣传活动等方式，为黄河文化宣传、展示、交流等提供条件，并积极探索黄河文化保护纳入居民公约、自治章程、村规民约。

5.建立黄河文化的消费促进机制

各级人民政府及其有关部门应建立黄河文化相关文化产品和文化服务的消费促进机制。通过协助宣传推介、发放消费券、补贴消费等方式，引导消费者购买、体验黄河文化相关产品和文化服务。

（三）发挥行业协会的引领作用

行业组织并非享有国家公权力的行政机关，是由法人、非法人组织或者公民在自愿与自治的基础上形成的，意图维护与促进内部共同体的特定利益的非营利组织。主要包括行业协会、商会、同业公会、企业联盟、联合会等。西方行业组织被定性为市场的中介组织，发挥中介地位，

联结好政府与企业的交流与合作。总体上，各国行业组织的社会功能主要包括：为成员提供服务，而这种服务能够直接地促进合作；实行组织内部的自律性管理，是国家法治政策分解与转变行政职能的必然要求；能够加强与政府的交流、沟通与合作①。2017年，国务院办公厅印发的《关于加强文化领域行业组织建设的指导意见》中强调"落实全面深化改革的总目标，推进国家治理体系和治理能力现代化，需要加强和改进党对文化领域行业组织的领导，创新行业组织管理体制和运行机制，提高文化管理效能。协同推进文化建设与社会建设，激发全社会文化创造活力，需要在行业组织建设大框架下，把握文化建设特点和规律，引导文化领域行业组织更好地发挥自身功能和独特优势"。由此可见，国家鼓励行业协会等社会组织在社区开展以黄河文化为代表的中华优秀传统文化宣传、展示、交流等活动。

（四）促进黄河文化的公众参与

公众参与普遍适用于国际社会认可与执行的文化遗产保护之中。黄河文化传播符合文化遗产公众参与原则的一般逻辑。以非遗保护为例，可通过"举办活动""资助项目""提供场所""开展研究""提供中介服务"等公众参与的方式，以此凸显黄河文化公众参与资金援助、技术支持等共性，鼓励公众自愿加入、协助、支持黄河文化保护、传承与传播过程。按照20世纪70年代以来现代自然法学的研究趋势，特别是富勒论述了法律与道德不可分割的联系。富勒将道德区别为愿望道德与义务的道德。愿望性道德是主观驱动并努力实现的有关善行的道德，它是肯定性道德。公民履行愿望道德会受到赞扬。而义务道德是必须遵守的道德，若未遵守义务道德将受到谴责。公众参与作为一项基本原则，并非"命令""义务"，更应看作一种"道德"，而这种"道德"更偏向富勒所指的愿望性道德。那么，将肯定性道德与公众参与进行连接，政府主管部门可通过荣誉称号等精神性奖励等方式表扬黄河文化保护中做出重大贡献的社区、集体或个人，提升公众参与的积极性。

---

① 谢晓尧：《西方行业组织的法律地位》，《中山大学学报》（社会科学版）1996年第6期，第56-60、92页。

（五）加强现代科技在黄河文化传承传播中的运用

国家应鼓励与支持现代科技在黄河文化传播中的开发与应用。如充分利用与发挥移动互联网平台优势，以公众号、小程序推送黄河文化订阅信息。建立黄河文化大数据库并依托跨省协同机制，共同打造黄河流域文化传播的门户网站，向公众进行可视化展示。博物馆、科技馆、大剧院等法人组织可充分利用虚拟现实技术，通过虚拟 VR 眼镜创设黄河文化真实交互体验，提高文化传播趣味性[①]。但是，黄河文化适用现代科技仍具有现实阻力。黄河文化传播的移动互联网信息场景极易受到外部非稳定性环境影响，听觉语言难以独立承担重要信息功能。因此，应树立"高起点""高标准"的传播要求，借助听觉到视觉的转换，利用心理唤起感知、激起联想、化为视觉三个层次，以具体的传播代替笼统的传播，在传播中挖掘、开发、精讲当地"黄河故事"。

（作者系田艳、汪愉栋。田艳系中央民族大学法学院、国家安全研究院教授、博士研究生导师，从事人权法学、非物质文化遗产研究。汪愉栋系中央民族大学法学院博士研究生，从事人权法学、非物质文化遗产研究）

[①] 朱涵钰：《信息技术助推黄河水文化的数字化传播》，《新闻爱好者》2019年第12期，第27—29页。

新时代黄河文化传播创新路径研究

承百代之流，而会乎当今之变。中国特色社会主义文化，源于中国传统文化。尽管学术界指出中华文化多元发生的问题，但是这种多元化发展是不均衡的，"从中华民族的始祖炎帝、黄帝及传说中的尧舜时代，到有史可稽的夏、商、周，其活动区域都在黄河中下游地区"[①]，黄河流域仍然是中国古代文化发展的中心。中国文化的曙光，实际是从黄河流域的地方开始辉煌，所以我们可以说：黄河流域是我国文化的摇篮。正如2019年9月18日，习近平在河南主持召开黄河流域生态保护和高质量发展座谈会上指出的："黄河文化是中华文明的重要组成部分，是中华民族的根和魂"[②]。因此，新时代探讨中国优秀传统文化的继承与发展，必然绕不开探讨黄河文化的传播。如何"讲好黄河文化，传播好黄河声音"成为新时代需要探讨的重要课题。

一、新时代黄河文化传播的时代价值

中国共产党历来重视优秀传统文化的重要性，尤其是党的十八大以来，以习近平同志为核心的党中央围绕传承和弘扬中华优秀传统文化发表

---

① 刘德久、张安塞：《文苑卷》，山东人民出版社，2001，第31页。

② 《习近平在河南主持召开黄河流域生态保护和高质量发展座谈会》，http://www.gov.cn/xinwen/2019-09/19/content_5431299.htm。

了一系列重要论述。不忘历史才能开辟未来，善于继承才能更好创新①。黄河文化作为中华文明的重要组成部分，其蕴含的思想观念、人文精神、价值规范，在新时代仍然体现出重要的时代价值。

（一）涵养社会主义核心价值观的重要源泉

社会主义核心价值观是中华民族赖以维系的精神纽带，是我们共同的思想道德基础。社会主义核心价值观与中华优秀传统文化有着密不可分的内在关联。优秀传统文化是中华民族的精神命脉，是涵养社会主义核心价值观的重要源泉；社会主义核心价值观为中国优秀传统文化的高度凝练和集中表达，必须从优秀传统文化中汲取丰富营养，否则就不会有生命力和影响力。黄河文化作为中华民族的根和魂，其文化产生最早、发展最快。从先秦时期的诸子百家，到罢黜百家独尊儒学；从黄老之学兴起，到"天人感应"和谶纬之学；还有佛教的传入，道教的盛行，少数民族思想文化的冲击和融合等②，这些都为我国优秀传统文化奠定了基础，体现了中华民族在生产生活中形成的价值取向、思想风貌、道德规范等，在长期的形成和发展过程中，已经具有广泛的群众基础，具有一定的亲和力、感召力和向心力。社会主义核心价值观只有植根于此，才能被普遍理解与接受，成为全体人民共同的价值追求。

（二）中国日益走近世界舞台中央的重要助力

习近平在党的十九大报告中指出，"这个新时代，是我国日益走近世界舞台中央、不断为人类作出更大贡献的时代"③。我们必须明确的是，日益走近世界舞台的中央，就是日益走近全球符号市场的中央，就是日益走近文化软实力和价值观竞争的中央。经过改革开放40多年的奋起直追，中国的发展成功打破了西方发展模式主导世界的格局，丰富了现代化发展道路的多样性，向世界凸显了中国方案与中国经验，同时也向世界彰显了

① 习近平：《在纪念孔子诞辰2565周年国际学术研讨会上的讲话》，http://www.xinhuanet.com/politics/2014-09/24/c_1112612018.htm。
② 刘德久、张安塞：《文苑卷》，山东人民出版社，2001，第5页。
③ 习近平：《决胜全面建成小康社会夺取新时代中国特色社会主义伟大胜利：在中国共产党第十九次全国代表大会上的报告》，人民出版社，2017，第11页。

中国精神与中华文化。传播的理念是共享共通，世界需要文明互鉴。黄河文化作为中华文明的重要组成部分，一直讲求对外交流，在历史上多次开展中外交往，进行文化的碰撞与融合，如以著名的四大发明为代表的黄河文化在元朝辗转西传，西方的阿拉伯文化也在这一时期传入中国。因此，黄河文化在世界传播格局中应当占据一席之地，这样不仅有助于坚守中国文化立场，体现文化道路自信，还能从中汲取精神力量，为构建和谐世界贡献中国智慧。

（三）推进国家治理体系和国家治理能力现代化的重要保障

国家治理是一个庞大而复杂的系统工程，涉及方方面面。党的十八届三中全会提出"推进国家治理体系和治理能力现代化"[①]，这是"一个国家的制度和制度执行能力的集中体现"[②]，是适应社会发展和满足人民群众需要的必然选择。文化兴则国运兴，文化强则民族强[③]。新时代传播黄河文化有助于提升文化软实力，增强民族凝聚力，实现中华民族的伟大复兴。同时，黄河文化中蕴含着大量的智慧结晶，如儒学是黄河文化的重要符号与标志；又如黄河的防洪、灌溉、航运等经验都可以运用到治国理政的实践中，推进国家治理体系和治理能力现代化。

二、新时代黄河文化传播的制约因素

目前，黄河文化的传播已经逐步开展，如建立黄河游览区、黄河博物馆，主流媒体对黄河文化进行宣传报道等。随着媒介技术的快速发展，信息传播环境发生根本变化，在一定程度上影响和推动了我国媒介生态格局的转变。技术虽然不能决定社会，但是技术是"一种革命的动因"[④]，为黄河文化传播带来了机遇。但是在具体的媒介实践过程中，黄河文化的传

---

① 《中国共产党第十八届中央委员会第三次全体会议公报》，http://www.xinhuanet.com/politics/2013-11/12/c_118113455.htm。

② 习近平：《不断推进国家治理体系和治理能力现代化》，http://politics.people.com.cn/n/2014/0217/c1024-24384975.html。

③ 习近平：《决胜全面建成小康社会夺取新时代中国特色社会主义伟大胜利：在中国共产党第十九次全国代表大会上的报告》，人民出版社，2017，第11页。

④ 李清霞：《沉溺与超越》，中国社会科学出版社，2007，第132页。

承与传播仍然存在很大的提升空间，这主要与所存在的理念缺失，运作偏差等制约因素有关。

（一）理念的缺失导致对黄河文化认知不清和认识不足

黄河文化的传播长期受到错误观念等方面的干扰和影响，在传播理念上一直存在诸多偏差甚至是误区，导致对黄河文化的认知不清和认识不足。

首先，多元文化的冲击导致对黄河文化重要性的认识不足。改革开放以来，为满足人民的文化需求，我国在强化主导文化的同时，也提倡文化生产和发展的多元化和多样化，加之西方文化的强力渗透，使我国传统文化受到强烈冲击。尤其是移动互联网的出现，动摇了以传统文化为基础的主流文化的权威地位，"主要体现在两个方面，首先，互联网的出现导致了文化的多元化，助长了个人主义，消解了主流文化的主导地位；其次，互联网的出现冲击了主流文化推崇的价值体系"。黄河文化作为传统文化的重要组成部分，自然也备受冲击。而且对这种冲击不容小觑，使得包括黄河文化在内的传统文化呈现边缘化的态势。这都使得公众对黄河文化的重要性认识不足。

其次，错误观念导致对黄河文化的非理性认知。在黄河文化传播的过程中，不同受众对黄河文化的理解存在差异，甚至有些人存在误解和错误认识。目前关于传统文化的错误观念主要包括"复古主义思潮、历史虚无主义、功利主义、经院主义"等。这些认知都是非理性的，严重影响和制约了黄河文化的传播。黄河文化源远流长，优秀的黄河文化具有很强的生命力，是黄河流域乃至中华民族全体劳动人民的智慧结晶，对现代化建设仍然具有重要的指导和借鉴意义，需要我们在生产生活中继续传承与发扬。

（二）运作偏差导致黄河文化现代阐释不足

黄河文化的传播虽然已经开展起来，但是缺乏应有的传播效果，还停留在自说自话层面，这与实际运作出现偏差有一定的关系。

首先，"照搬"模式导致现代阐释和转化不足。传统文化的传承不是一种静止状态，而是应当不断与现实对话，不断发展转化和改造创新的。

黄河文化本身就是随着社会的进步不断发展变化的。而目前黄河文化的传播主要还是将其具体内容照搬到各种传播媒介上，虽然传播渠道呈现多样化态势，但是缺乏对现实的观照，没有过多进行现代阐释和现代转化。而且这种照搬更多的是一种简单的复制，没有考量传播介质的适用性和传播力。

其次，碎片化的解读导致黄河文化传播的片面性。黄河文化是一脉相承、复杂的、完整的思想体系。而新媒体语境下，移动互联技术的发展使新媒体传播模式具有碎片化的特征，这种碎片化体现在传播主体、传播内容、受众注意力等方面。当黄河文化借助新媒体进行传播时，虽然具有一定的活力和再现力，同时也使黄河文化被碎片化解读。这种碎片化的解读导致黄河文化在传播过程中缺乏对其系统阐释和深度解读，长此以往会导致受众难以把握黄河文化的整体脉络。同时，碎片化的解读还容易导致黄河文化传播的浅层化，存在断章取义的解读和误读。

三、新时代黄河文化传播的路径创新

黄河文化的传承与发扬，不仅取决于它自身彰显的魅力，还取决于它如何被传播与被接受。继承是基础，创新是方法。尤其是在新的媒介生态格局下，如何准确把握和认识、继承和发扬黄河文化，成为"讲好黄河文化，传播好黄河声音"亟待回答的问题。

（一）顶层设计与基层落地相结合，建立文化传播保障体系

首先，弘扬和传播黄河文化，使之实现时代价值，需要从国家层面做好顶层设计，这有助于协调传承和创新之间的关系，促进黄河文化的现代阐释和现代转化，从制度层面保障黄河文化的传播环境，建立黄河文化传播的保障体系。目前，我国出台了不少相关制度，以确保中华优秀传统文化的传承与发展，如2017年中共中央办公厅和国务院办公厅联合印发的《关于实施中华优秀传统文化传承发展工程的意见》等。在落地方面，应当以顶层设计为纲要和原则，结合具体实际开展黄河文化传播工作，在全社会范围内营造良好的黄河文化传播氛围，促进黄河文化的传承与建设。

其次，加强黄河文化传播的专业队伍建设。在进行黄河文化的传播过

程中，往往存在误读、片面等问题，这就需要从事黄河文化传播的新闻媒体工作者具备一定的黄河文化传播素养，既包括黄河文化知识储备，也包括深入挖掘黄河文化蕴含的时代价值的分析能力，还包括将黄河文化与现实需要相结合、相观照的能力。只有这样才能确保黄河文化传播内容的科学性和合理性。

（二）深入挖掘黄河文化的内涵，实现现代转化效果最大化

黄河文化是有着漫长演进历史的复加综合体，涉及哲学、宗教、科技、文化、地理等诸多方面。如何发挥黄河文化的现实价值，关键在于我们应该如何从现实入手，深入挖掘黄河文化的核心内涵，并结合新时代语境进行合理阐释与转化。

首先，优化传播内容，有扬弃地予以继承。在新时代要理性对待黄河文化，不能一味肯定或批评，而是应当"取其精华、弃其糟粕"，以时代发展的要求为依据进行扬弃。尤其是新的媒介生态格局下，并非所有的黄河文化内容都会被一一涉及，进行文化传播之前应当鉴别好精华与糟粕，鉴别好适合新时代传播与表达的文化内容，将现代文化与优秀的黄河文化相互融合，真正做到传播内容的最优化。

其次，实现黄河文化的分层传播，满足受众的多层次需求。黄河文化具有包容性与发展性，涉及诸多方面。因此，分层传播是黄河文化传播的有效策略之一。所谓分层传播，就是将受众视为具有共性的多层次群体的有机组合体，只有通过针对不同层次受众的精准传播才能有效提升传播的有效性。目前黄河文化的传播多停留在知识传播和商业价值传播方面，对其价值引导等方面的挖掘还有所欠缺。而精神文化和价值引导是文化的核心部分，黄河文化精神在黄河文化中起主导作用。这就需要在实际传播过程中，将黄河文化进行系统挖掘，将具体内容进行划分和分类，同时确立文化核心，系统和有针对性地进行转化和传播，提升传播的有效性。

（三）依托全媒体传播平台，创新话语表达方式

内容正确不等于效果就好①。黄河文化传播要讲究技巧，注重艺术，要明确受众感兴趣的传播内容、乐于接受的传播方式、易于理解的话语方式。这就要求黄河文化在实际传播中，要牢牢把握人民群众对美好生活向往的根本目标，加强话语体系建设，创新传播方式，让世界和中国知道中华民族为人类文明进步已经作出了什么贡献，正在作出什么贡献，还要作出什么贡献。

首先，依托全媒体传播平台，全方位多样态进行文化传播。2019年1月25日，习近平总书记关于"全媒体时代和媒体融合发展"的重要讲话中指出，信息变得无处不在、无所不及、无人不用，全媒体不断发展，出现了全程媒体、全息媒体、全员媒体、全效媒体，导致舆论生态、媒体格局、传播方式发生深刻变化，新闻舆论工作面临新的挑战②。这种挑战，同样是黄河文化传播的新挑战。尤其是5G技术的推广与运用，为黄河文化传播提供了更大的机遇。黄河文化传播要运用信息革命成果，借助媒体融合向纵深发展的浪潮，"积极探索有利于破解工作难题的新举措、新办法，特别是要适应社会信息化持续推进的新情况，加快传统媒体和新兴媒体融合发展，充分利用新技术、新应用创新媒体传播方式，占领信息传播制高点"③，还要综合运用全媒体的表现形式，以多样态、多介质进行黄河文化的报道和内容推送，实现"内容产品从可读到可视、从静态到动态、从一维到多维的升级，满足多终端传播和多种体验需求"④。

其次，还应重视黄河文化传播的文风、话风建设，创新话语表达方式。新时代如何讲好黄河文化的主要内容，如何打造易于国内外舆论界所理解和接受的理念、范畴、表述，探索适应新时代和新形势的话语表达方

---

① 《学习领会习近平批示精神把握对外传播时代要求》，http://www.scio.gov.cn/m/zxbd/wz/Document/1439594/1439594.htm。

② 习近平：《推动媒体融合向纵深发展巩固全党全国人民共同思想基础》，http://www.xin-huanet.com/politics/leaders/2019-01/25/c_1124044208.htm。

③ 中共中央文献研究室：《习近平关于全面深化改革论述摘编》，中央文献出版社，2014，第84-85页。

④ 新华通讯社课题组：《习近平新闻舆论思想要论》，新华出版社，2017，第238页。

式，考验着黄河文化传播工作者的传播能力。在具体传播实践中，应当将黄河文化的话语表达嵌入中国特色社会主义话语体系中，应当把握好黄河文化传播的节奏，根据不同传播平台和不同传播形式采用不同的话语文风表达。值得注意的是，这一切工作都以最广大人民群众的根本利益为检验标准，结合当下社会的关注点，拉近受众与黄河文化的距离，让黄河文化以受众喜闻乐见的方式植根于人类交往的精神世界。

（作者邢祥系南昌大学新闻与传播学院教师）

新时代背景下黄河文化教育传承研究

习近平总书记在《在黄河流域生态保护和高质量发展座谈会上的讲话》中说："在我国 5000 多年文明史上,黄河流域有 3000 多年是全国政治、经济、文化中心……诞生了'四大发明'和《诗经》《老子》《史记》等经典著作。九曲黄河,奔腾向前,以百折不挠的磅礴气势塑造了中华民族自强不息的民族品格,是中华民族坚定文化自信的重要根基。""黄河文化是中华文明的重要组成部分,是中华民族的根和魂。"①习近平总书记的讲话,高度肯定了黄河文化在中华文明中的地位和作用,为黄河文化的教育和传承指明了道路和方向。深刻认识黄河文化的时代意义和价值,深入了解把握教育传承现状,找出其存在问题,构建教育传承体系,是关乎坚定中华民族文化自信、实现中华民族伟大复兴中国梦的伟大事业。

一、新时代黄河文化教育传承的意义和价值

当前,我国经过改革开放以来的多年发展,已全面建成小康社会。我国的发展理念和发展方式正朝着重视高质量发展、内涵式发展方向转变。实现中华民族伟大复兴中国梦,文化支撑必不可少,文化支撑则需要以树立和提升民族文化自信为前提。习近平总书记所说的"黄河文化是中华民

---

① 习近平:《在黄河流域生态保护和高质量发展座谈会上的讲话》,https://baijiahao.baidu.com/s?id=1647444725876948710&wfr=sp。

族的根和魂"①，不仅突显了黄河文化教育和传承的时代意义和价值，也为我国经济高质量发展找到了文化根基，为实现中华民族伟大复兴中国梦找到了理论依据。

第一，黄河文化是提升民族自信的重要文化根源。高质量发展首先要解决"自信心"问题。历史上，黄河流域人民创造了丰富灿烂的文化，留下了大量物质和精神文化遗产，形成世界上唯一不中断的中华文明。黄河文化表现出包容开放的特征和海纳百川的气度，使它不仅善于学习和吸纳周边文化，还为世界文明作出了巨大贡献。但经历百年动荡，民族自信心受到了沉重打击。直到中华人民共和国成立以后，特别是改革开放至今，中国成为世界第二大经济体，文化才开始再次走向繁荣。新时代，从中华民族"根和魂"的黄河文化中汲取力量，坚定中国特色社会主义道路，坚定文化上的民族特色，是确保文化上民族自信的重要手段。

第二，黄河文化是实现中华民族伟大复兴中国梦的精神支撑。实现中华民族伟大复兴的中国梦需要精神力量的支撑。几千年来，黄河流域人民在创造了丰富的黄河文化的同时，也铸造了以刚健自强、大公无私、开放包容、尚实重质、开拓创新等为代表的黄河文化精神。弘扬黄河文化，传承好黄河文化精神，使黄河文化成为鼓舞中华儿女的精神动力，为建设社会主义现代化强国作出贡献，是新时代背景下教育工作者的职责。对青少年学生而言，学习黄河文化，以黄河文化精神激励、鼓舞自己，为实现中华民族伟大复兴中国梦做出应有的贡献，更是一种使命。

第三，黄河文化是我国实现生态文明的不竭动力。黄河在漫长的历史中哺育一代又一代勤劳的中华儿女。中华儿女既得到了黄河的恩惠，黄河三年两决口、百年一改道的自然条件，也让黄河沿岸的华夏子民饱受黄河水患的痛苦和挑战。中华民族的历史，与治理黄河分不开。中华人民共和国成立以来，黄河70年的安澜见证了党和国家治黄的决心和伟大成就。习近平总书记提出的"绿水青山就是金山银山"，正是基于中华民族人与自然和谐相处、天人合一等传统理念。目前，我国践行"绿水青山就是金山

---

① 于希贤、陈梧桐：《黄河文化：一个自强不息的伟大生命》，《北京大学学报》（哲学社会科学版）1994年第6期，第31-43、128页。

银山"已经取得重大成就，截至2020年，全国森林覆盖率达22.96%，森林面积33亿亩，其中人工林面积12亿亩，居世界首位①。

第四，黄河文化是促进"人类命运共同体"的关键密钥。"大道之行也，天下为公，选贤与能，讲信修睦……是故谋闭而不兴，盗窃乱贼而不作，故外户而不闭，是谓大同。"②中华民族在长期的社会发展进程中一直朝着"大同社会"的方向奋斗。纵观中国历史发展，经历了多次的战乱与和平的交替，中国人民懂得和平来之不易。中国构建"人类命运共同体"的宏图得到了世界上很多国家和人民的拥护和支持。黄河文化记录了中华民族的奋斗历史，见证了中华民族追求"世界大同"的历程。因此，黄河文化中"天下大同"的思想对实现"人类命运共同体"有着重要的时代价值。

二、黄河文化教育和传承的研究现状

在新时代背景下，深刻认识黄河文化的时代意义和价值，做好黄河文化教育和传承，为中华民族特别是青少年树立正确的"三观"，以潜移默化的方式影响国民的人生理想，鼓励他们为祖国富强努力奋斗，这是时代的需要，是中国发展的需要。准确把握黄河文化教育传承的现状和存在的问题，则是做好黄河文化教育和传承的前提。

（一）黄河文化教育传承的研究现状

中华人民共和国成立后，党和国家在黄河文化教育传承方面做了大量的积极工作。如在党和政府的领导下，我国对各类黄河文化遗产进行了积极挖掘和保护，对一些重要的黄河文化典籍进行了系统的整理，同时对近代以来黄河文化中形成的勇于奋斗拼搏的精神进行完整的保留和弘扬，深入挖掘新时代背景下的"黄河故事"，系统做好黄河文化教育和传承，积极传颂"黄河故事"，让黄河文化进校园、进课本。

目前关于黄河文化教育传承的研究主要有三类。

---

① 《我国森林覆盖率已达22.96% 森林面积2.2亿公顷》，https://baijiahao.baidu.com/s?id=166094916906070162&wfr=sp。

② 孙希旦：《礼记集解》，中华书局，1989，第581-623页。

首先，学者们对文化传承的本质和教育对民族文化传承的作用进行了探讨。赵世林认为，文化传承的本质是文化的再生产，是民族群体的自我完善，是社会中权利和义务的传递，是民族意识的深层次积累，是纵向的"文化基因"复制[1]。曹能秀、王凌认为，教育对民族文化传承的影响主要表现为心理传承、文化储存、文化积累、文化筛选以及传承质量和水平的反作用等[2]，因此，在各个阶段都应该重视教育问题，需要注意选择恰当的教育方式和手段。孙正林认为，应该对中国优秀传统文化教育的意义进行实证调查、系统分析，政府应该发挥主导作用，同时设计科学合理的方案[3]。郭元祥、彭雪梅认为，在中小学教学过程中都要有渗透文化自信的教育[4]。漆永祥认为，应该注重中小学生的过程教育，在这个过程中，更加注重与学生息息相关的经典读物、生活礼节、乡土意识以及家国情怀的教育[5]。李国娟认为，高校有义务和责任引导学生准确理解中华民族的历史传统、文化积淀、基本国情等[6]。王爱华、李艳认为，红色资源有利于激励人们奋斗拼搏的精神，有利于思政教育的时效性，帮助学生树立正确的"三观"，进行正确的理想信念教育，进一步激发其爱国情感[7]。陈培杰认为，红色文化的认同在高校党员的教育中具有很强的实效性，更能培养

① 赵世林：《论民族文化传承的本质》，《北京大学学报》（哲学社会科学版）2002年第3期，第10-16页。
② 曹能秀，王凌：《论民族文化传承与教育的关系》，《云南民族大学学报》（哲学社会科学版）2009年第5期，第137-141页。
③ 孙正林：《中国优秀传统文化教育研究述论》，《黑龙江高教研究》2014年第9期，第106-109页。
④ 郭元祥、彭雪梅：《在中小学教学中渗透文化自信教育》，《教育研究与实验》2020年第5期，第1-8页。
⑤ 漆永祥：《中小学加强传统文化教育的几点建议》，《语文建设》2014年第1期，第12-14页。
⑥ 李国娟：《高校加强中华优秀传统文化教育的理论思考与实践逻辑》，《思想理论教育》2015年第4期，第64-69页。
⑦ 王爱华、李艳：《红色资源的时代价值与教育功能》，《学校党建与思想教育》2014年第4期，第15-17页。

其文化自信①。王茹、朱秋认为家庭教育的红色文化基因传承面临着诸多问题，要为其提供法理支撑和科学定位②。张应强、张乐农认为，目前在教育手段、教育方法、教育目的以及各阶段教育存在割裂等问题，必须纠正功利主义和实用主义，正确理解中华优秀传统文化的现代精神价值③。

其次，对广义的和狭义的黄河文化以及黄河文化的影响力进行了深入讨论。徐吉军认为，广义的黄河文化就是黄河流域人民在长期的社会实践中所创造的物质财富和精神财富的总和。它包括一定的社会规范、生活方式、风俗习惯、精神面貌和价值取向以及由此所达到的社会生产力水平等，而狭义上的黄河文化则是历史学意义上的文化④。严文明分析了新石器时代早期文化的新发现⑤。学者们还对黄河文化的不同时段进行了分析。张德水对黄河流域古人的图腾文化进行了分析⑥。李民、史道祥通过对历史的梳理肯定了黄河文化的历史价值⑦。李振宏、周雁等人通过对黄河文化进行客观系统的梳理，认为黄河文化不仅仅包含早期黄河流域的文化、中华优秀传统文化，同时包括近现代时期的红色黄河文化以及新时代背景下形成的新黄河文化⑧。通过上述研究，我国学者逐渐认识和把握了黄河文化的体系脉络。一些学者对黄河文化的影响力进行了研究，如于希贤、陈梧桐认为，黄河文化富有强大的生命力，在黄河流域不断扩展，同时也

① 陈培杰：《高校学生党员红色文化认同教育研究》，《学校党建与思想教育》2021年第8期，第40-41页。
② 王茹、朱秋：《家庭教育红色文化基因传承研究》，《当代青年研究》2021年第2期，第27-32页。
③ 张应强、张乐农：《大中小学中华优秀传统文化教育衔接初论》，《高等教育研究》2019年第2期，第72-82页。
④ 徐吉军：《论黄河文化的概念与黄河文化区的划分》，《浙江学刊》1999年第6期，第134-139页。
⑤ 严文明：《黄河流域新石器时代早期文化的新发现》，《考古》1979年第1期，第45-50页。
⑥ 张德水：《黄河流域图腾文化的考古学考察》，《中原文物》1993年第1期，第35-38页。
⑦ 李民、史道祥：《黄河文化的历史价值》，《郑州大学学报》（哲学社会科学版）1994年第6期，第5-11页。
⑧ 李振宏、周雁：《黄河文化论纲》，《史学月刊》1997年第6期，第76-84页。

在向北向南扩张，影响着全中国①。

　　再次，对新时代黄河文化的教育传承进行了一定的研究。习近平《在黄河流域生态保护和高质量发展座谈会上的讲话》，推动了黄河文化的深入研究，也推动了黄河文化教育传承的深入研究。牛建强认为，应该抓住这次保护、传承和弘扬黄河文化的历史机遇②。陈鹏认为，应该在新时代深挖和弘扬黄河文化，把握其内涵和特质，从历史性的维度涵养、打造新的黄河文化③。徐光春认为，中华优秀文化的精髓——黄河文化具有很强的时代价值，应该学习好、保护好、传承好和弘扬好黄河文化④。邢祥等人认为，黄河文化的传播需要顶层设计和基层落地相结合，需要深挖其内涵，利用全媒体进行有效传播⑤。学者们还对如何讲好新时代的黄河故事进行了探讨。杨越等人认为，"讲好黄河故事"是对黄河文化保护和传承的一种创新思路⑥。张红梅则基于"绿水青山"的理念讨论了黄河水文化的发展与传播⑦。朱涵钰认为，信息技术的发展有利于黄河水文化的数字化的传播⑧。王秀伟、白栎影将黄河文化教育传承与文化旅游结合起来，认为文化旅游具有典型的叙事性，因此应该把握好叙事空间，整合旅游资源，真正讲好黄河故事⑨。此外，还有一些学者站在宏观背景下，分析和

① 于希贤、陈梧桐：《黄河文化：一个自强不息的伟大生命》，《北京大学学报》（哲学社会科学版）1994年第6期，第31-43、128页。

② 牛建强：《抓住保护、传承和弘扬黄河文化新的历史机遇》，《人民黄河》2019年第10期，第156页。

③ 陈鹏：《黄河文化的多重精神特质及符号构建》，《人民论坛》2020年第25期，第135-137页。

④ 徐光春：《谈谈黄河文化与炎黄文化》，《郑州晚报》2020年8月18日。

⑤ 邢祥、邢军：《新时代黄河文化传播创新路径研究》，《新闻爱好者》2020年第3期，第29-32页。

⑥ 杨越、李瑶、陈玲：《讲好"黄河故事"：黄河文化保护的创新思路》，《中国人口·资源与环境》2020年第12期，第8-16页。

⑦ 张红梅：《"绿水青山"理念下黄河水文化的发展与传播》，《新闻爱好者》2019年第12期，第24-26页。

⑧ 朱涵钰：《信息技术助推黄河水文化的数字化传播》，《新闻爱好者》2019年第12期，第27-29页。

⑨ 王秀伟、白栎影：《在文化旅游发展中讲好"黄河故事"》，《福建论坛》（人文社会科学版）2021年第8期，第31-39页。

讨论了黄河文化与长江文化、海洋文化等的异同、融合问题。

(二)黄河文化教育传承中存在的问题

虽然人们对黄河文化的时代意义和价值，黄河文化内涵，黄河文化传承体系、传承机制都给予了关注，对新时代背景下如何形成新体系、如何构建新的黄河文化传承机制等进行了一定的分析研究，但总的看来，关于黄河文化教育和传承仍有很多问题。

第一，未能很好地界定和厘清黄河文化与中华文化的关系。在黄河文化与中华文化关系方面，目前大家还未能形成完全统一的认识。黄河文化是中华文明的重要组成部分这个观点得到了大多数人的认同，但对黄河文化在中华文化中是怎样的一部分方面尚无明确定论。目前主流讨论从历史黄河文化的狭义视角研究黄河文化，并得出黄河文化特指的是古代的中华文化，黄河文化专指古代黄河流域的文化这样的结论。这种观点实际上割裂了黄河古代文化与近现代乃至当代黄河文化的联系，割断了黄河文化的连续性。传承黄河文化，正确认识黄河文化，就需要将中华优秀传统文化与黄河文化作有效区分，对黄河文化自身的连续性有深入的认识和正确的评价。

第二，黄河文化教育和传承工作有待进一步完善。目前主流观点倾向于将黄河文化当成中华优秀文化的一部分进行教育传承，黄河文化的深刻历史价值和时代价值也没有得到足够重视。在大思政课的格局下，黄河文化教育传承属于"大思政"范畴。正如习近平总书记曾经指出的，要善于应用"大思政课"，不仅是为青少年，同时也为社会工作者树立正确的"三观"，真正发挥教育立德树人的作用。讲好"黄河故事"，是新时代背景下的立德树人思政教育的重要内容。而目前针对黄河文化的传承与教育，更多只是把黄河文化融入了学校的一些课程当中，未能以大思政课理念去进行黄河文化教育和传承，更不用说如何构建完善的黄河文化教育传承体系。这就导致未能构建完善的传承机制，未能利用好学校阵地对青少年进行系统的黄河文化教育，对成年人进行有趣、有效的社会教育等工作。

第三，黄河文化的传承与弘扬机制没有真正建立。黄河文化的传播，关键在于对人们进行黄河文化的教育，使人们认识和了解黄河文化，深刻领会其时代价值，进而认同黄河文化，践行黄河文化，弘扬黄河文化，传承黄河文化，充分发挥其时代价值，提升民族自信心。然而，当前对青少年进行有效的、系统的学校教育和互为补充的社会教育等的有效机制并未形成，致使人们不仅对黄河文化的认识相当模糊，更是对黄河文化的教育传承路径感到迷茫。

第四，黄河文化的教育传承载体还存在问题。在新媒体时代，不仅黄河文化教育传承的内容需要进一步优化，黄河文化教育传承的载体也应该进一步优化。如何发挥新媒体的传播优势，让黄河文化以多样化、多元化的形式得到教育和传承，是非常值得思考和研究的问题。

从上面几点看，挖掘黄河文化内涵，完善黄河文化体系，让"黄河故事"承载与时俱进的、正确的"三观"，为实现伟大的"中国梦"提供动力，让人们在系统教育和潜移默化教育中形成良性互动，让在校学生受到大思政课教育，让全社会以潜移默化的形式受到教育，让更多的人认可黄河文化，接受黄河文化，践行黄河文化，最终弘扬黄河文化，对黄河文化教育传承至关重要。

三、黄河文化的教育传承机制

中华文化的领先地位与黄河文化的系统性、完整性、完善性、先进性以及创新性等特点密切相关。在新时代背景下，充分认识黄河文化的时代价值，构建与时俱进的传承机制、新的黄河文化体系，选择合适、合理的传播途径，发挥新时代"大思政课"功能，让更多中华儿女真正了解黄河文化，认同黄河文化，践行黄河文化，并在践行过程中不断发现和总结新的、先进的黄河文化，形成新的传承机制，才能做好黄河文化教育传承。

有效的教育传承，离不开恰当的教育传承路径选择。关于黄河文化的教育传承路径，我们思考如下：

第一，用大思政课为青少年学生"系好第一粒扣子"。教育想要真正做到立德树人，就要思考培养什么样的人、怎样培养人、为谁培养人。黄河文化深厚的精神内涵，是学校开展大思政课的宝贵资源。应切实发挥好黄河文化的时代价值和作用，为学生树立正确的"三观"，为学生"系好第一粒扣子"。从大思政课的视野看，黄河文化的教育和传承具体表现为：学生的"三观"教育是在学校系统教育和潜移默化教育的良性互动中形成的，这个过程是一项系统工程，并不仅是学校发挥作用，也需要全社会共同参与。同时，还要根据受教育对象的差异调整教育方式。具体而言，在校园的教室知识教育中，让"黄河故事"成为学生树立正确"三观"的重要载体，在课外的第二课堂实践活动教育中，包括校园文化潜移默化的宣传和第二课堂的故事宣讲。一方面，切切实实从娃娃抓起，可以让学生感受到黄河文化，践行正确的"三观"，真正地让黄河文化深入人心；另一方面，黄河文化教育传承离不开社会教育，社会教育是青少年学生教育的基础。学生并没有完全地封闭于学校当中，社会也是大学校，因此也离不开社会大学校的教育。因此黄河文化的教育传承需要校园教育与社会教育形成良性互动，二者相辅相成。

第二，进行丰富多彩的系统教育。作为底蕴深厚的"大思政课"，黄河文化的系统教育不仅是对黄河文化的传承，也是对下一代的"三观"进行教育。对下一代教育的最好方式是让黄河文化进校园、进课本。在2019年中共中央办公厅、国务院办公厅印发的《关于深化新时代学校思想政治理论课改革创新的若干意见》中，关于深化落实思政课教育的要求和观点为以黄河文化精神教育为主题的"大思政课"教育指明了方向。首先，要有立足于"大思政课"教育目标下的黄河文化精神课程目标，立德树人，将爱国情怀融入学校日常教学的各个环节，构建从小学到大学完善的体系，进一步促进学生对黄河文化的认同；其次，挖掘地方特色文化资源，结合学科特点，将黄河文化精神融入课程内容，甚至以校本课程、学生社团、研究性学习等形式创设专题课程体系，编写课程教材，以启蒙性教育、实验性教育、常识性教育和理论性教育的方式开展学习教育，将黄河文化精神与"四史"相结合，推进新时代中国特色社会主义教育；再次，建设有政治素养的教师队伍，将"大思政课"教育和黄河文化的教育意识融入学校教育的全过程，横向上体现于学校各个学科、各个课程形式与学生活动环节，纵向上体现于各个学段学龄及教育行为过程的各个环节；最后，学校要拓宽工作格局，从学校发展的顶层设计出发，将"大思政课"教育作为加强意识形态工作主体责任落实的一部分，实现立德树人教育目标。从根本上而言，解决黄河文化教育传承的路径问题在于学校的系统教育。

第三，开展润物无声的研学旅行。2016 年教育部等 11 部门联合下发的《关于推进中小学生研学旅行的意见》，为中小学的研学旅行提供了政策上的支持。中小学生在九年义务教育和高中教育等阶段的求知欲强，探索精神也强，对他们而言，只停留在教室、校园和媒体上的宣传是远远不够的。"枯燥"的思政教育会让学生产生抵触心理，合理的教育方式则处处蕴含着"思政课"的内容，科学合理的研学旅行即是一种比较好的教学教育方式。研学是学生实践教学的一部分，教师可以根据学生不同的年龄阶段和心理阶段来设计划分不同的具体操作方式，制定不同阶段的研学旅行中学生需要学习的内容，结合具体情况进行不同形式的研学旅行。

小学阶段以乡土乡情为主，让小学生认识一下自己生活的环境，培养小学生在情感和心理上的归属，进而培养小学生的认同感；初中阶段以县情市情为主，让学生了解当地的历史人物、历史发展，让学生对家乡有更深的感情，培养孩子的家乡情怀；高中阶段以省情国情为主，让学生了解我国尤其是其所在省的历史、地理、经济发展等。构建一个完整的研学旅行活动课程体系，在学习知识、陶冶情操的同时，也让学生对家乡、祖国的乡土乡情有更深的感悟，进一步将黄河文化、黄河精神融入其日常和信仰当中，在潜移默化中培养孩子的文化自信[1]。在实践教学环节，不仅可以是有学生和教师参加的研学旅行，也可以是教师、学生和家长三方参与的研学教育；不仅是教师教育学生，也可以是学生"教育"教师、"教育"家长；既可以让学生充当教师的角度积极思考，也可以对家长进行旅游教育、研学教育、亲子教育等。如此，既能够对学生、对家长进行教育，教师也可以在这个过程中对自己的教学进行反思，对黄河文化再认知，反过来又将其重新认知的黄河文化融入思政课中。如此循环往复，实现黄河文化教育传承与思政课的密切融合。

在大学以后阶段要注重潜移默化的社会教育。要调动社会资源和力

---

[1] 袁锐、王乐静、张子洋：《河南黄河文化研学旅游开发策略》，《当代旅游》2021 年第 3 期，第 6—7 页。

量，形成全社会学习、认识、理解和践行黄河文化的氛围，主动参与黄河文化的建设和宣传，进而在新时代背景下为我国高质量经济发展做出应有的贡献。要充分发挥高校、科研机构等的力量，定期或不定期地举行黄河文化研讨会、黄河文化论坛和更为普及的黄河大讲堂。黄河文化的教育传承内容也需要经过精心的筛选，尤其是要将我国现代化发展与黄河文化中海纳百川、开放包容、刚健自强、开拓创新、天人合一、大国工匠等文化精神结合起来。成年人的心理特点在于已经有自己独立的意识和主见，对与自己已有价值观相左的观点会产生明显的排斥心理，因此，对成年人的黄河文化教育更应该注重采取潜移默化、"春风化雨"的方式。对黄河文化的教育传承形式的选择也至关重要，充分利用电视台、广播电台、报纸、期刊、互联网，以广大人民群众喜闻乐见的形式、愿意接受的方式进行教育，使黄河文化融入广大群众日常生活中并内化于心，才能使黄河文化在社会上有效传播。潜移默化的黄河文化社会教育，将会对校园教育的效果产生一定影响，同时也将最终产生社会教育的效果。

第四，"享受休闲"中的旅游认同。当今，我国已全面建成小康社会，人民不仅需要满足一般的物质生活需要，也需要精神生活的丰富多彩。将黄河文化与旅游相结合可以为黄河文化的传承教育提供很好的途径①。黄河两岸的文化资源丰富，黄河流域九省区中的每个省份都有自己独有的旅游资源，都有自己的"黄河故事"。目前，黄河流域九省区大都结合自身实际出台了相关政策文件，鼓励黄河文化的旅游和研学。如《陕西省黄河文化保护传承弘扬工作规划》《河南省黄河文化保护传承弘扬规划》《甘肃省黄河文化保护传承弘扬规划》《宁夏回族自治区黄河文化保护传承弘扬实施规划》等文件相继出台，这些文件大多对本省的黄河文化旅游进行了谋划，为黄河文化旅游和研学提供了政策上的支持。不仅如此，有些省份还根据本地景区资源的实际，对黄河文化进行系统开发，形成让旅游者不仅可以看，也可以听，更可以参与的休闲式的旅游，使得旅游者在听历史故事、欣赏景色中受到黄河文化的教育。各具体执行部门以及景区具体单

---

① 刘翠玉：《新时代黄河文化传播的时代价值、机遇与路径》，《新闻爱好者》2021年第3期，第70-72页。

位等还积极搭建平台，进行宣传引导，让人们有意或无意地向黄河文化旅游景点靠拢①。休闲式的旅游教育"没有"明确的教育目的，只是旅游度假，是一种休闲放松的旅游。也正是基于这种心理，旅游景区的教育对旅游者产生着潜移默化的影响。下一步，要把黄河沿岸各地特色的文化开发成旅游景点，丰富景区的内涵和呈现方式，以"娱乐节目"的方式展现"黄河故事"，让民众（游客）停留更长时间去体验黄河文化，让游客对不同景点的特色黄河文化有一个整体的了解、认识、亲密接触、感同身受，能够将黄河文化融入旅游者的心里，是做好黄河文化教育、传承的重要途径。

第五，充分发挥全媒体特别是新媒体的作用。在信息时代，全媒体——全方位、多形式地传播黄河文化，形成强大的传播阵容，是在全社会进行黄河文化教育传承非常重要的路径。如今，新媒体已经成为文化传播的重要载体和渠道。黄河文化教育传承的对象是全民性的，其教育传承的重点人群则是青少年学生。利用新媒体进行黄河文化教育和传播，具有速度快、范围广、易于为广大青少年所接受等优势。充分发挥全媒体特别是新媒体的作用，是新时代黄河文化教育传承不可忽视的路径。

结语

黄河文化是中华文明的重要源头。根据时代的需求，在内容、体系、传承机制以及传承路径等方面对黄河文化进行深入挖掘和完善的同时，通过古代黄河文化发展史，近代史当中的抗日战争、解放战争革命精神史，当代中华民族经济发展的奋斗史深刻理解和弘扬黄河儿女的坚韧、包容和勇于奋斗、拼搏、创新的精神，在新时代经济高质量发展的背景下，开展黄河文化教育、传承和弘扬，形成全社会参与的黄河文化广泛传播的风气。从全社会的角度重视黄河文化，将黄河文化的大思政课落实到社会每个角落，形成校园教育和社会教育的互相促进和良性互动。让黄河文化成为人们生活的一部分，为增强中华民族的文化自信和民族自信提供强有力

---

① 杨凡：《文旅融合环境下河南黄河文化传播策略研究》，《新闻爱好者》2021年第4期，第70–72页。

的支撑，为新时代的中国经济高质量持续发展和实现中华民族伟大复兴的"中国梦"提供力量之源；让黄河文化更好地促进"邻里和睦"，促进民族融合，促进中华民族更加团结；让黄河文化成为中华文化的独有标识，彰显中华文化特色，为世界人民提供更好的发展文化样板，是我们中华儿女义不容辞的责任和使命。

（作者文静系河南师范大学教育学部博士研究生，主要从事文化传承、课程与教学研究）

符号、传播、创意与黄河文化地标

　　符号是人类特有的创造，是人区别于动物的重要标志，它不仅是传播交流的载体，而且是表达象征意义的手段。符号总是具有意义的符号，意义也总是以一定的符号形式来表现的，两者互为一体，不可分割。符号通常分为语言符号和非语言符号两大类，这两大类符号在传播过程中通常是结合在一起的。无论是语言符号还是非语言符号，在人类社会传播中都能起到指示功能、认知功能、传播功能和交流功能。对一个地方的文化而言，方言是语言符号，建筑、街道、文化遗迹、自然风光、山川河流、美食、传统习俗等则为非语言符号，它们都是地域文化传播的符号和载体。这些非语言符号和语言符号一道形成了一个地方的文化标识，生生不息，进入人们的心灵记忆。中国现代著名的建筑学者林徽因说过："建筑是全世界的语言，当你踏上一块陌生的国土的时候，也许首先和你对话的，是这块土地上的建筑。它会以一个民族所特有的风格，向你讲述这个民族的历史，讲述这个国家所特有的美的精神，它比写在史书上的形象更真实，更具有文化内涵，带着爱的情感，走进你的心灵。"这些土地上的著名建筑，就是我们所说的文化地标。文化地标是一个地方的代表性符号，它蕴含着深厚的文化内涵，承载着久远的文化记忆。黄河是中华民族的母亲河，黄河养育了伟大的中华民族。在黄河两岸至今仍保存了大量的文化地标，这些文化地标既是黄河文化的证明，也是中原文化的积淀。今天，如何在新的形势下，利用黄河文化地标传承弘扬中原文化，是时代赋予我们的重要课题。

一、如何认识黄河文化地标的价值

(一)黄河文化地标的时空价值

黄河文化地标是黄河流域这一特定时空保留的文化遗存与文化符号，它具有时间性，也具有空间性。既有历史性，也有地域性。从时间上来说，文化地标是历史的记忆与证明。河南史前时代有裴李岗文遗址、仰韶文化遗址、龙山文化遗址等，夏商周时期有二里头遗址、郑州商城遗址、安阳殷墟等，春秋战国及秦汉时期有汉霸二王城、汉代冶铁遗址、白马寺等，魏晋南北朝时期有洛阳龙门石窟、巩义石窟寺等，唐宋元明清时期有开封的龙亭、铁塔、相国寺等，新中国成立以后有三门峡水库、小浪底水库等。从空间性来说，文化地标是一个区域的标识与特色，如灵宝的黄帝铸鼎塬、北阳平遗址、西坡遗址、函谷关，三门峡的庙底沟遗址、虢国遗址、中流砥柱，渑池的仰韶文化遗址，洛阳的隋唐洛阳城遗址、龙门石窟、白马寺、关林、定鼎门、应天门、丽景门，孟津的龙马负图寺，偃师的二里头遗址，巩义的石窟寺、宋陵、双槐树遗址、河洛汇流处，登封的王城岗遗址、少林寺、中岳庙、嵩阳书院、嵩岳寺塔、观星台，武陟的嘉应观，济源的济渎庙、阳台宫，郑州的新郑黄帝故里、裴李岗遗址、大河村遗址、商城遗址、花园口、二七塔，开封的龙亭、铁塔、相国寺、禹王台、城摞城遗址等。这些文化遗存就像散落在黄河两岸的明珠，让这条大河充满瑰丽的色彩。黄河因这些文化地标而丰富多彩，各地的文化因黄河而连成一体，总体而言，文化地标的时空交错形成了"多元一体"的文化格局。"若问古今兴废事，请君只看洛阳城"。可以说，黄河文化地标是中国历史几千年变化的折射镜，是展示中华文明丰富多彩的万花筒，是多时段多地域文化相互交融的交响乐。

(二)黄河文化地标的精神价值

黄河流域是中华文明的发祥地，黄河流域文化由多个地域文化组成，比如青海的藏文化、四川的巴文化、甘肃的陇文化、宁夏的回族文化、内蒙古的蒙古族文化、陕西的三秦文化、山西的三晋文化、河南的中原文化、山东的齐鲁文化，这些具有地方特色的文化都是因黄河形成。尽管黄河流域有多种区域文化，但核心和主干是中原文化。因此，黄河流域河南段的文化地标在历史上具有重要的作用和价值。文化地标是显性的文化符号，每一个文化符号的背后都蕴藏着丰富的文化内涵。《周易》有言："书不尽言，言不尽意，圣人立象以尽意。"魏晋玄学的代表人物王弼也说："象生于意而存象焉。"韩康伯说："托象以明义，因小而喻大。""象"是具体的、可感的、切近的，而"意"是抽象的、深远的、隐幽的。艺术形象具有"以个别表现一般，以单纯表现丰富，以有限表现无限"的特点①。中原地区的文化地标正是中原文化的意象表达。如洛阳、郑州、开封、安阳代表的是古都文化、政治文化，龙马负图寺、河洛汇流处代表的是周易文化，老子、庄子代表的是道家文化，嵩阳书院、二程故里代表的是儒家文化，少林寺、相国寺、龙门石窟代表的是佛教文化，中岳庙、济源的阳台宫代表的是道教文化，新郑的具茨山、灵宝的铸鼎塬、新密的黄帝宫代表的是黄帝文化，少林功夫、太极拳代表的是功夫文化。这些文化地标，既是中原文化的代表性符号、典型性文化意象，也是连接人们情感的精神纽带与文化血脉。今天我们讲黄河文化地标，就是要着眼于这些文化地标的精神价值，以"中华源""民族根""黄河魂"为核心，深入挖掘黄河文化与中原文化的精神内涵。比如天人合一、自强不息、厚德载物、以人为本、以和为贵。"黄河文化符号是黄河文化最具代表性的成就体现，是黄河文化的精华。黄河文化符号实际上就是中华文化符号的主体代表。要从中华民族根和魂的角度去梳理黄河文化符号。要从中华文化认同的角度去梳理黄河文化符号。"②通过对黄河文化地标的宣传，让黄河精神、中国精神融入每个人的血液之中，铭刻在每个人的心灵之中。

（三）黄河文化地标的时代价值

今天我们研究黄河文化地标，除了认识黄河文化地标的历史地位外，还要研究黄河文化地标的时代价值。既要发挥黄河文化地标"培根铸魂"的精神作用，也要创造黄河文化地标对于经济社会发展的当代价值。研究黄河文化地标的核心是：生态保护与高质量发展。两者既有区别，又有联

---

① 叶朗：《中国美学史大纲》，上海人民出版社，1985，第72页。
② 张新斌：《黄河文化符号重构与中华文化认同》，《河南日报》2020年3月27日第9版。

系。生态保护是高质量发展的前提，高质量发展是绿色发展的目标。高质量发展要坚持以人民为中心，提高人们的幸福感与获得感。这里既有物质追求，也有精神追求。从精神追求上，大力弘扬黄河文化，就是要进一步强化同根同源的民族认同，激发爱家爱国的情怀，增强中华民族的凝聚力和向心力，树立人与自然和谐的生态理念，营造开拓创新的氛围，巩固思想解放、包容开放的格局。从物质追求上，黄河文化地标也是重要的文化遗产和文化资源，在创意经济时代，这些丰厚的文化资源可以转化为现实生产力，可以转化为文化产业、创意产业、旅游产业、乡村特色产业，从而促进区域经济社会发展。相比传统产业而言，文化创意产业更环保、更节约、更绿色，成本低、效益高，依托文化资源，依靠文化创意，可以形成人们所需要的文化产品和文化服务。因此，它更符合未来产业发展的趋势。随着人们物质生活水平的不断提高，人们对文化、艺术、旅游、休闲、娱乐、审美、体验的需求更加旺盛。由黄河文化地标打造的文化产品、创意产品、旅游服务、休闲体验将日益受到人们的喜爱。文化与旅游、文化与经济、文化与生活、文化与科技的融合将成为新的热点，新的经济增长点。

二、黄河文化地标传承传播中存在的问题

黄河文化地标种类较多，有生态标识，如山川、河流、土壤、地貌、植物、动物等；有物质文化遗产，如考古遗址、古都、文物、古建筑等；有城市文化遗产，如街道、楼宇、广场、雕塑、公园等；有非物质文化遗产，如民间文学、传统音乐、传统戏曲、传统舞蹈、传统手工艺、传统节日、传统武术、传统医药、民俗等，这些文化遗产和文化符号都具有强烈的地域色彩，它们是形成地域文化的宝贵财富。目前，各地对这些地域性的文化地标和文化符号虽然做了大量的保护、传承工作，但也存在一些问题。

(一)符号失衡

人们对文化符号的认知是不均衡的，有的了解得多，有的了解得少；有的知名度高，有的知名度低；有的地方游客多，有的地方游客少。比如

洛阳的龙门石窟，作为世界文化遗产年接待游客上百万人次，而具有悠久历史的大河村遗址出土了大量的文物，价值很高，地处郑州，交通非常便利，可是郑州这个上千万人口的大城市，真正去看过的人却很少，对大河村遗址了解得也不多。

（二）符号闲置

河南有大量的文化符号却没有得到充分的利用与开发，没有充分转化成文化产业。比如焦作的太极拳，有深厚的文化底蕴和广泛的群众基础，是中华武术的精华，2020年12月17日我国申报的"太极拳"项目，被列入联合国教科文组织《人类非物质文化遗产代表作名录》。这些年来尽管当地也做了不少规划，建了许多景区设施，但作为文化产业却还没有做起来，太极拳的文化符号还没得到广泛应用，没有和许多领域结合，没有变成大众认可的文化产品。

（三）符号污染

二七纪念塔是郑州最重要的文化地标，是为纪念1923年"二七"大罢工的英雄们而建造的，长期以来，在人们心目中有着崇高的地位。二七纪念塔为双身并联式塔身，塔全高63米。过去，白天登上二七塔顶，可以远眺郑州市的市容市貌，夜晚，在灯光的映照下，二七塔显得更加美丽，成为郑州一景。然而，随着周围高楼的崛起，如果要在二七塔前拍摄一张好照片，如今已不可能，因为二七塔后边的背景已经变成了商厦、高楼、霓虹灯、广告牌、广告条幅、不断闪烁的电子广告屏、川流不息的汽车。杂乱的背景破坏了单一纯净的美感，浓厚的商业气息污染了二七塔这一神圣的文化符号。

（四）符号误读

郑州的一些文化地标虽然认知度很高，名气很大，但人们并不知道这些地标的文化渊源，从而造成了严重的文化误读。比如人们把郑东新区CBD的高楼叫作"大玉米"，实际上它的设计依据是登封的嵩岳寺塔；把河南艺术中心的五个圆形建筑叫作"五个金蛋"，而实际上它的设计依据是中国最古老的乐器——埙；把河南博物院的主楼叫"金字塔"，而实际上它的设计依据是登封的观星台。

（五）符号消失

铁路与纺织工业是郑州的两大文化，也是郑州发展和崛起的证明。可以说，没有铁路与纺织，郑州就不能叫作"郑州"。如今，能够保留下来的铁路文化遗址零零星星。而曾经闻名全国的郑州六大棉纺厂，除了几个大门，也已遗迹难觅。一个城市固然要发展、要更新，但必须保留一些城市记忆。这些城市记忆并不是城市发展的包袱，反而会成为城市发展前进的动力。北京的798工业遗产园区、上海的M50工业遗产转化为文化创意产业园区，就是最好的证明。通过符号再造和空间再造，历史记忆与现代生活连接，先锋意识与传统情调共存，精神追求与经济发展双赢，成功地实现了从都市旧地标到新地标的转变。我们现在一些城市地标被拆除，记忆被抹去，文脉被割断，主要是对于城市文化缺少正确的认识。

三、如何用创意思维让黄河文化地标立起来、亮起来

（一）打造黄河沿线文化地标旅游线路

旅游是文化的载体，文化是旅游的灵魂。文化与旅游相融合，才能真正实现文化效益的最大化。黄河两岸，从西到东，具有众多的文化遗迹，然而，这么多有价值的文化地标，却因种种原因，人们无法认识了解，有的甚至在家门口都没去看过，更不用说对它热爱、认同、敬仰。因此，让文化"活"起来，让百姓"走"进去，是今天文化传承的主要任务。建设沿黄公路，贯通中西，形成便利的公路交通网，开辟自驾游，通过黄河文化旅游带将各地的文化地标串联起来，以文化地标为主线，带动文化遗址游、博物馆游、城市游、山水游、美食游、乡村游、民俗游、手工体验游等，形成全方位的文化旅游总格局。河南要重点打造三门峡水库、黄河小浪底、郑州花园口、开封东坝头黄河文化旅游片区，建设黄河国家文化公园、黄河文化博物馆。

（二）打造主地标城市的核心文化街区

核心街区是城市文化的地标，它是城市文化的显著符号。正如北京的四合院、上海的石库门、成都的宽窄巷子、南京的夫子庙、杭州的河坊街、西安的回民街、重庆的磁器口、苏州的三塘街、福州的三坊七巷、青岛的八大关，这些历史文化街区保留了城市的历史记忆，延续了城市的文脉。洛阳、郑州、开封，作为黄河流域中下游文化主地标城市，本身具有悠久的历史，深厚的内涵，可惜的是随着大规模的城市改造和建设，这些城市的面目越来越新，而文化遗存越来越少，在追赶大城市发展步伐的同时，也在逐渐失去自己的历史记忆。城市的雷同化，使城市丧失了自身的品位与个性，而要凸显城市的文化品位与个性，就是要打造代表性的核心街区，如洛阳的老城及洛邑古城，郑州的德化街、铁路局片区和棉纺片区、二砂片区，开封的鼓楼街、书店街、宋都御街。市井气、烟火味、人气、方言、生活方式、文化习俗，这些才真正是延续一个城市的文化基因。

（三）以黄河地标创意设计文化产品

文化地标大多为不可移动的历史遗址、建筑、文物，对它们的保护，除了做好遗址保护和博物馆保护，还需要将文化地标转化为文化符号，创意设计成产品，让人们"将文化带回家"，让文化成为日常生活的一部分。大家知道的"飞天"茅台酒，使用的就是敦煌壁画飞天的形象，这就是巧妙的文化连接。而将黄河文化地标符号与实体产品结合，最近这些年仰韶酒厂利用出土的小口尖底瓶设计而成的酒瓶就很独特。但整体而言，黄河文化地标与实体产品结合得还不够多。河南博物院、郑州博物馆、洛阳博物馆、开封博物馆、虢国博物馆、仰韶文化博物馆、大河村博物馆等虽都保存有国之重器，但都还没有充分开发和利用，相比北京故宫15亿元的年文创收入，河南各博物馆的文创开发才刚刚起步，发展空间相当大。

（四）建设全媒体的传播格局

传播学者施拉姆认为，"信息革命时代有一个重要趋势，即把个人从信息流中获取东西的责任转移到个人身上。这个趋势着重点对点的传播，而不是点对面的传播，是个人日益增长的'使用'媒介而不是被媒介利用的能力"①。在全媒体传播时代，黄河文化主地标传播应顺势而为，应时而动，讲好黄河故事，弘扬黄河精神。首先要占据主流媒体的高地，牢牢抓住传播的话语权。2017年，在中央电视台的《国家宝藏》节目中，河南博物院九大镇馆之宝展出了三件——贾湖骨笛、云纹铜禁、妇好鸮尊，大大提高了中原文化在观众心目中的地位。2020年1月29日（大年初五），《国家宝藏》推出"黄河之水天上来"国宝音乐会，这是由河南博物院倡议发起的"黄河流域博物馆联盟"与《国家宝藏》节目组共同推出的2020新春特别节目。这期节目河南选出的就是武陟嘉应观的御制蛟龙碑，通过讲述国宝背后的故事，将黄河厚重的文化展示出来。其次，我们要充分利用新媒体平台，从大众文化层面赢得广泛认可。当前微博、微信、公众号、短视频、直播等平台非常火爆，新媒体成了人们日常生活接收信息的主渠道，也为传播文化提供了便利条件。出生于1990年的四川女孩李子柒，从2015年开始拍摄短视频，以田园、非遗、美食为题材，在国内外影响巨大，一些节目播放量达500万次，如今她的微博粉丝已达2587万人。2020年5月19日，农业农村部官网发布消息，李子柒受聘担任首批中国农民丰收节推广大使。李子柒的视频，不仅吸引中国网友的关注，还走向了世界，赢得了国外观众的点赞。在面向世界的传播当中，她没有什么口号，却让人留下了深刻的印象，通过有趣的日常生活故事，树立了良好的中国形象。再次，要用影视剧讲好黄河地标故事。电影《黄河绝恋》《黄土地》《黄河谣》《黄河入海流》，电视专题片《重读大黄河》（十二集生态伦理电视专题片），电视剧《白鹿原》（陕西）、《乔家大院》（山西）、《闯关东》（山东）影响巨大，这些影视剧在不同程度上宣传了黄河文化、地域文化，相对来说，河南围绕中原文化的影视剧还比较薄弱，我们有那么多的文化地标、人物、故事，但我们没有拍摄出在全国有影响的影视剧，这不能说不是遗憾。文化资源大省要成为文化强省，除了保护好文化

① 威尔伯·施拉姆、威廉波特：《传播学概论》，何道宽译，中国人民大学出版社，2010，第289页。

遗产，还要充分转化文化遗产，让文化遗产转变为文化现实生产力。在传播黄河地标文化方面，讲好黄河故事，将是一项光荣而艰巨的任务，需要我们努力完成。

结语

哲学家张岱年先生说："中国哲学有一根本观念，即'天人合一'。认为天人本来合一，而人生最高理想，是自觉地达到天人合一之境界，物我本来一体，内外原无判隔。天与人，本来一体，天道与人道，只是一道。"[1]今天我们讲黄河流域的生态保护与高质量发展，也是要以"天人合一"的眼光看待问题。黄河文化既是黄河流域生态文化的体现，也是中华民族的人文创造。它是历史的延续与积淀，又是现实的创新与发展。"自然的人化"与"人化的自然"是不可分割的整体，自然与人文的整体发展、科学发展、绿色发展、协调发展、可持续发展，是黄河文化新的发展观。

黄河文化地标是中华民族的伟大创造，是中华民族智慧的结晶，是人民心目中的文化丰碑，是现代文化建设的重要资源。今天我们寻找和重塑黄河流域的文化地标，就是将黄河的形象、黄河的美、黄河的精神留在每个人的心中，让她成为一种永恒，成为激励中华民族前进的力量。因此，保护好、传承好、利用好、发展好黄河文化资源，是当前做好黄河文化研究的中心议题。只有坚持"创造性转化，创新性发展"，才能实现人民心目中关于黄河文化发展的新愿景，才能真正增强文化自信，实现文化自强。"长风破浪会有时，直挂云帆济沧海"，中国人前进的脚步，会像滔滔不息的黄河水，奔腾向前，永不停歇。黄河文化地标也一定会在新的时代，在人们生生不息的创造中立起来、亮起来，发出更加夺目的光彩！

（作者汪振军系文学博士，历史学博士后，郑州大学新闻与传播学院二级教授，教授委员会主任，郑州大学文化产业研究中心主任）

---

[1] 张岱年：《中国哲学大纲》，中华书局，2017，第8页。

颂美、诉灾与民族意蕴

——略论历代黄河诗的特色流变及文学文化价值

　　历史上，黄河长期在我国的大小河流中居于最为显赫的"河宗"地位。今天，她是举世公认的中华文明的发源地，被誉为中华民族的母亲河，是国家、民族的代称和象征。同时，历史上她又是一条决溢频繁的害河，关系着百姓的安危和统治的兴衰，有"黄河宁，天下平"之说。与历史上黄河的至尊地位相适应，我国古代最普及、最发达的文学体式诗歌在漫长的发展历程中产生了有关黄河的大量吟咏。据今人编选的4部黄河诗集统计，先秦至清末吟咏黄河的诗作已达800余首[①]。显然这还只是内容相对集中写黄河的诗歌数量，并且也远非全数。如果考虑那些主旨不在于歌咏黄河，但有部分诗句咏及黄河的诗作，那么中国古代题咏黄河的诗作无虑成千上万。对于这样一笔堪称丰厚的文学遗产，学界给予的关注是明显不够的，这突出表现在，已有的20余篇研究论文主要集中在唐代及其个别作家，特别是李白身上，其他朝代还很少顾及；虽然已有3篇论文着眼于

[①] 这4部黄河诗集是指林从龙等编写的《近代黄河诗词选》（河南人民出版社1985年版）、降大任选注的《黄河古诗词》（希望出版社1989年版）、侯全亮等选注的《黄河古诗选》（中州古籍出版社1989年版）、黄河水利委员会黄河志总编辑室编写的《黄河人文志·黄河诗文》（河南人民出版社1994年版）。这里的统计数据已除去其中重收的诗作和选收的少量词、曲、文。

历代黄河诗的总体考察①，但其据以立论的作品数量和涉及范围都明显有限，有些观点还值得商榷。并且，这一研究领域的代表性成果集中出现在二十世纪八九十年代，研究专著至今尚未出现。因此，在新时期充分借鉴利用已有研究和整理成果，将古代黄河诗的研究进一步推向前进很有必要。本文试图在更加广泛地搜集整理相关作品的基础上，系统清理和把握历代黄河诗的创作总貌和演变特点，揭示其重要的文学价值和文化意蕴，为认识黄河历史，疏通古今黄河文学和人文黄河的血脉联系②，反思民族精神的发展形成提供一个新的契机，同时也为古今河流文学的研究积累经验。

由于历代诗坛有关黄河的书写不但数量众多，而且情况复杂，因此有必要对研究范围作必要的界定。本文侧重选取以黄河的自然人文景观和与黄河密切相关的人类活动作为表现主题的作品为考察对象，其中又以整体观照黄河、反映黄河干流状况的作品为重点，同时也不忽视那些局部书写黄河的典型作品，否则作为黄河诗咏滥觞的先秦诗歌和被推为"黄河绝唱"的李白诗就会落在我们的考察范围之外，从而留下明显的遗憾。

一、先秦至唐：题材初备与专题吟咏

(一)神祇·家园

黄河流域作为华夏文明的发祥地，横贯其间的黄河自然也成为中国诗歌最早吟咏的河流之一。最早的诗歌总集《诗经》《楚辞》就有十余篇咏

---

① 指杨庆存的《浩荡黄河万古歌》(《语文函授》1989年第6期)，以《论古代黄河吟咏及其民族精神》为题收入《中国文化论稿》(中国社会科学出版社，2015)；王双怀的《历代"黄河诗"的史料价值》(《中国历史地理论丛》1996年第2期)；朱淑君、孟宪明的《黄河诗的审美价值及其借鉴意义》(《焦作大学学报》2003年第4期)。其中王文属于探讨其史料价值的史学立场。

② 当前学界有倡导"黄河文学"研究的呼声，参见刘涛：《黄河文学研究绪论》，转引自牛玉国主编《黄河与河南论坛·黄河文化专题研讨会文集》，黄河水利出版社，2009，第200~218页；黄雅玲、刘涛：《"黄河文学"研究的意义价值与可行性分析》，《福建师大福清分校学报》2014年第3期，第10~13页。

及黄河①。黄河一进入中国诗歌的视野就显示出与众不同的大河风采和神圣特性。虽说在思乡情切的先民心中黄河可以轻松度越："谁谓河广，一苇杭之。"(《卫风·河广》)②但这恰好从反面衬托了黄河的宽阔和渡河的艰难。稍后屈原的《九歌·河伯》就从正面描绘了黄河浩荡的风浪："与女游兮九河，冲风起兮水扬波。"③当然此诗的写作目的还在于祭祀河神。早在殷商时代，攸关王朝命运的黄河就是殷人隆重祭祀的重要神祇，兼具祖先神的性质④。当殷商人在诗里歌颂其强盛的国势时，环绕其王都腹地的黄河自然也是他们引以为荣的赞颂对象："邦畿千里，维民所止。肇域彼四海，四海来假。来假祁祁，景员维河。"(《商颂·玄鸟》)随后周人也崇祀黄河，《周颂·时迈》咏赞了周王对河神、岳神以及其他神祇的巡守告祭："怀柔百神，及河乔岳，允王维后！"尽管历代王朝对黄河都有封祀，但此后诗歌很少反映人们对黄河的神祇信仰。大概由于文体分工等缘故，此类题材后世主要出现于祭告黄河的祝文颂赞中。

作为孕育文明、哺育子民的母亲河，宽广的黄河自然也具有普通河流的一面。《诗经》已摄入了当时人们滨河而居、渔河为食的生活情景："新台有泚，河水弥弥。……新台有洒，河水浼浼。"(《邶风·新台》)"河水洋洋，北流活活。施罛濊濊，鳣鲔发发。"(《卫风·硕人》)黄河丰美的物产也从抒情主人公澹泊情志的抒写中显现出来："岂其食鱼，必河之鲂？……岂其食鱼，必河之鲤？"(《陈风·衡门》)这些诗句提供了黄河作为先民生活场所、衣食源泉的生动画面，反映了上古时候黄河下游美丽富饶的一面。

秦汉时期实为中国诗歌发展的衰落时期，有关黄河的诗咏很少。汉末魏晋以来，诗歌获得了显著发展，黄河下游沿岸地区作为日常生活环境在

---

① 《诗经》中的"河"并非一概专指黄河，参见张军：《谈"关关雎鸠在河之洲"中的"河"》，《语文知识》1999 年第 10 期第 3 页；李建华：《"关关雎鸠在河之洲"中"河"的别解》，《华夏文化》2010 年第 3 期，第 24—26 页。本文选用没有争议的篇章。

② 本文所引《诗经》篇章皆出自上海古籍出版社 1997 年版《十三经注疏·毛诗正义》。

③ 朱熹：《楚辞集注》，上海古籍出版社，2001，第 43 页。

④ 朱彦民：《论殷卜辞中"河"的自然神属性》，《黄河文明与可持续发展》，2013 年第 1 期，第 28—38 页；连劭名：《商代望祭中的河与岳》，《殷都学刊》2011 年第 1 期，第 12、16 页。

诗歌中出现相当频繁。所谓"浑浑洪河，家国之滨"。黄河流经的水域、城邑作为家园的面目在诗中变得清晰起来。比起《诗经》的篇章，此时的黄河书写笔墨增多，篇幅增大，自觉歌咏黄河的倾向更加明显。嵇康的《赠兄秀才入军》就集中描绘了一幅景色明媚的黄河水乡图："浩浩洪流，带我邦畿。萋萋绿林，奋荣扬晖。鱼龙瀺灂，山鸟群飞。驾言出游，日夕忘归。"①虽然诗末归结为别后的思念与惆怅，但全诗主要内容表现了诗人对黄河萦带的壮丽乡邦的眷恋。

最能反映当时人们眷恋母亲河温柔怀抱的，是这一时期不断涌现的黄河泛舟诗。从西晋至隋唐，一大批诗人都有这类诗作专门歌咏乘舟泛游黄河的情景，描绘了沿岸美丽的风光节物。如果说陆机《櫂歌行》（"元吉降初巳，濯秽游黄河"）带有明显的节日民俗书写色彩，那么萧悫《奉和济黄河应教》（"未明驱羽骑，凌晨方画舟"）、卢思道《河曲游》（"悬匏动清吹，采菱转艳讴"）则带有贵族阶级奢侈享乐的生活气息。而高适的《同敬八卢五泛河间清河》（"飘飘波上兴，燕婉舟中词"）、阎防的《与永乐诸公夜泛黄河作》（"烟深载酒入，但觉暮川虚"）则侧重表现了文人雅集的清趣。这些后人已经陌生的黄河生活图景，显然有得于当时黄河的安流和下游相对平缓的水势。

（二）旅行·风物

作为横贯东西、迂回南北数千里的大河，黄河给自古以来的中国人提供了十分重要的交通要道，同时其或深或广的河道和迅急的水流往往又成为两岸人们自由往来的障碍，因而黄河常常是诗人笔下的旅程、关河、津渡或驿站，映现人们的舟旅生活和精神风貌。这方面的诗作虽多，但从行客的身份来看，又可分为军人、文人两类。有关前者的书写，既有军队浮河凯旋的轩昂场面，也有报国将士度越关河的飒爽英姿和漫漫征程：

> 翊日浮黄河，长驱旋邺都。（曹丕《孟津诗》）
> 将军发白马，旌节渡黄河。（李白《发白马》）

---

① 除《诗经》、楚辞以外，本文所引明清以前历代诗歌见于《先秦汉魏晋南北朝诗》（中华书局1983年版）、《全唐诗》（中华书局1960年版）、《全宋诗》（北京大学出版社1991—1998年版）、《全元诗》（中华书局2013年版）。

　　旦辞爷娘去，暮宿黄河边。不闻爷娘唤女声，但闻黄河流水鸣溅溅。（《木兰诗》）

　　关于后者的书写，既有风尘客子关山行旅的乡思旅恨，也有失意文士的怨怼牢骚：

　　陇云低不散，黄河咽复流。关山多道里，相接几重愁。（虞世基《入关诗》）

　　谁开昆仑源，流出混沌河。……有恨不可洗，虚此来经过。（孟郊《泛黄河》）

　　自古黄河天险难渡，但将此作为诗歌咏叹的主题却是南朝才有的事。虽然在（梁）沈君攸《桂楫泛河中》等诗中还只是予以局部表现，但此间在诗人们喜欢摹写的乐府古题《公无渡河》里有了正面表现。这个特有的题材其本事原为一位朝鲜的狂叟不听妻子的劝阻渡河身亡[①]，但是诗人们却常将其背景转移到黄河上。（陈）张正见《公无渡河》已不及狂叟本事，但凡概写黄河船夫"棹折帆横"的渡河凶险。李白《公无渡河》则以远古黄河为患的历史背景极写一位狂叟渡河溺死的悲剧。不过，正如李诗主旨难明、众说纷纭一样，多数作品在表现其悲剧性的同时而又各有深意，主旨也不在渡河难本身。如（梁）刘孝威《公无渡河》侧重书写丈夫沉没后妻子的痛苦心理，温庭筠《公无渡河》则忽作奇想，写沉河的狂叟绝处逢生。可见这类诗纯粹借题发挥，其实与现实黄河相去甚远，故本文不拟深究。

　　大河上下的水路旅行和沿岸地区的漫游，无疑给南来北往的行人提供了亲近自然和认识社会的契机，诗歌对黄河的书写因而随着人们的旅行足迹而延伸。于是黄河沿河美丽的自然风光、名胜古迹和城邑村落逐渐在诗中得到展现。与前代相比，唐诗的这类书写已相当充分。

　　首先，从上游的边塞河源，到中下游的雄关险隘，黄河沿岸的雄胜风

───────

① 关于此诗，请参见宫月《〈公无渡河〉研究》（《忻州师范学院学报》2009年第1期）搜集的有关记载。

光得到突出的表现，其中尤以吟咏中下游的景地为多。有名的诗篇如李世民《入潼关》、王之涣《登鹳雀楼》、王维《华岳》、吴融《出潼关》、柳公权《砥柱》、李山甫《蒲关西道中作》等。其中李白的诗作热情地描绘了黄河奔腾壮阔的雄浑景象，反映了唐人对黄河壮美自然景色和神圣人文色彩的深情赞颂，被认为"能从各种不同的角度写出黄河的形象和性格，成为这个题材的千古绝唱"[①]，"最充分地彰显了唐代士人的时代性格和精神风貌"[②]。有唐一代的黄河诗也被认为"最能体现黄河性格、展示黄河风致"。

其次，沿岸特别是下游繁荣的都邑市井和发达的内河航运面貌得到了反映。如王维《渡河到清河作》云："泛舟大河里，积水穷天涯。天波忽开拆，郡邑千万家。"张祜《登广武原》："地盘山入海，河绕国连天。远树千门邑，高樯万里船。"这些诗作使我们看到黄河沿岸和唐代社会繁荣的局面。

再次，黄河上的航行和津渡上的穿越还为诗人们提供了观察社会的流动窗口，黄河沿岸和航道上独特的社会风情和民生疾苦因而也成为许多诗篇的重要内容。（梁）范云《渡黄河》写他渡河所见当时中国北部的荒凉景象，表达他对分裂割据的深重忧虑："不睹人行迹，但见狐兔兴。寄言河上老，此水何当澄。"高适的《自淇涉黄河途中作》更有"深觉农夫苦"的体察。此后元明清时期这类作品更多，萨都剌的《早发黄河即事》、杨慎的《渡黄河二首》、查慎行的《黄河打鱼词》、魏源的《雪渡河》、姚椿的《黄河船棹歌》等篇章都是反映黄河沿岸人民遭受剥削、灾荒以致民生凋敝、阶级分化、社会动荡的悲惨图景。张耒的《过黄河》、袁桷的《河船行》、张鉴的《石船行》等则又反映黄河上独特的风俗民情。

（三）边塞·水患

历史上黄河沿岸特别是黄河上游许多地区常是兵家必争之地或中原王朝与少数民族政权的交界地，因而随着边塞诗的兴起，黄河作为征战背景

---

① 中国科学院文学研究所编《中国文学史》，人民文学出版社，1979，第382页。
② 陶文鹏：《论李白的黄河绝唱》，《徐州工程学院学报》（社会科学版）2012年第1期，第51—55页。

或边塞标志性景物逐渐进入诗中。汉末魏晋以来，尽管黄河屡次以行军道路或背景出现在诗里，但作为战争景物在诗中还很稀少，仅见于谢朓的《从戎曲》（"选旅辞辇辕，弭节赴河源"）、庾信的《奉和平邺应诏》（"阵云千里散，黄河一代清"）等极个别作品。在边塞诗走向成熟和繁荣的唐代，黄河作为边境和战场频繁出现在诗中。从唐代涉及黄河的边塞诗来看，像高适《九曲词三首》（"青海只今将饮马，黄河不用更防秋"）那样歌颂军功、表现昂扬豪迈气概的诗作甚少，而反映战争残酷、揭露战争罪恶却比比皆是：

> 龙斗雌雄势已分，山崩鬼哭恨将军。黄河直北千余里，冤气苍茫成黑云。（常建《塞下曲》）
>
> 黄河九曲今归汉，塞外纵横战血流。（薛逢《凉州词》）
>
> 大河流败卒，寒日下苍烟。（贯休《古塞上曲》）

如果说在上述诗中黄河形象的运用还比较直白的话，那么黄河九曲流长等景物特征被运用来表现征人的怨苦和边塞的荒寒则显得比较含蓄，如王昌龄《出塞》："白草原头望京师，黄河水流无尽时。"柳中庸《征怨》："三春白雪归青冢，万里黄河绕黑山。"可见唐代黄河边塞诗充分表达了对边关将士的深切关怀和鲜明的厌战、反战思想。

黄河在传说中的尧舜时代就已形成严重灾患，先秦逸诗有云："俟河之清，人寿几何。"说明黄河在春秋以前已变得很浑浊了，并已引起诗歌的关注。此后自汉至唐，黄河水患（以下简称"河患"）不绝，两汉时期尤其严重，亲临决口现场的汉武帝创作了反映黄河泛滥和堵决艰难的《瓠子歌》："瓠子决兮将奈何，浩浩洋洋兮虑殚为河……隤林竹兮揵石灾，宣防塞兮万福来。"此诗具有很强的思想和艺术感染力，司马迁谓其"悲瓠子之诗而作河渠书"[①]。然而，此后随着黄河进入一个长达数百年的相对安流期[②]，逐步走向繁荣的中国诗歌却很少咏及河患。

在诗歌十分发达的唐代，除了李白《公无渡河》和高适《自淇涉黄河

---

① 司马迁：《史记》，中华书局，2006，第181页。

② 辛德勇：《由元光河决与所谓王景治河重论东汉以后黄河长期安流的原因》，《文史》2012第1期，第5-52页。

途中作》以咏史怀古的方式咏叹过大禹和汉武帝时代的河患外，便只有杜甫、韩愈等个别作家在诗里关注过现实的河患。尽管杜甫的《临邑舍弟书至苦雨黄河泛溢》颇为生动地转述过当时的黄河灾情："闻道洪河坼，遥连沧海高。"但由于其主旨不在河患，结尾为宽慰其弟"自以大水为快谑语"[1]，看不出诗人关怀灾民的强烈感情色彩[2]。而韩愈的《龊龊》和《归彭城》二诗分别有两句念及贞元十五年（799）黄河决溢的灾情："河堤决东郡，老弱随惊湍"；"去岁东郡水，生民为流尸"。但这只是他在二诗里忧念的诸多国事之一，远没有形成全诗的主题。可见河患并没有引起有唐三百年诗坛的重视。

（四）传说·综合赋咏

除了现实黄河的方方面面，有关黄河的神话传说也在诗中得到吟咏。

首先，当早期人们对黄河的自然崇拜人格化以后，河伯等河神就成为潜在的神话素材。屈原的《九歌·河伯》虽然初意在于娱神，事实上却写成了颇具人情味的河神恋爱故事[3]，不但描写了黄河的冲风横波、水中的斑斓世界，而且抒写了神仙人物旖旎的风情和缠绵的爱意。这是中国诗歌稀有的题材，极具神秘色彩。

其次，因为黄河"源出昆仑""上通云汉"以及张骞穷河源遇织女牛郎等传说，刘禹锡《浪淘沙》、储光羲《夜到洛口入黄河》、胡曾《咏史诗·黄河》都抒写了溯河上天的游仙幻想。其中以刘诗描绘的意境最为美丽幽奇："如今直上银河去，同到牵牛织女家。"后世继有苏轼《黄河》、萨都剌《黄河舟中月夜》、袁桷《黄河》、斌良《孟津渡黄河二十韵》、易顺鼎《渡黄河作歌》等一再咏及这一题材和故事，具有浓郁的浪漫气息。

再次，关于"黄河清圣人生"的祥瑞传说，李白的《西岳云台歌送丹丘子》将其用以映衬河岳争辉的奇伟风光（"西岳峥嵘何壮哉，黄河如丝天际来……荣光休气纷五彩，千年一清圣人在"），可谓相得益彰。可是

---

[1] 唐元竑：《杜诗攟》卷一，文渊阁四库全书本。

[2] 王滋源：《浅谈杜甫的早期创作——兼评〈临邑舍弟书至苦雨〉》，《社会科学研究》1983年第6期，第30—34页。

[3] 此诗主题有争议，此据认可较多的观点"是男性的河神与女性的洛神讲恋爱"，见郭沫若：《屈原赋今译》，人民文学出版社，1953，第28页。

更多的情形还是如（齐）王融的应制诗《长歌引》、（唐）段成式和张良器的应试诗《河出荣光》那样"作颂喜时康"；尽管也表达了太平盛世的愿望，但往往带有颂圣贡谀的性质①。对此，罗隐的《黄河》彻底唱了反调，通篇用黄河的混浊类比、影射黑暗现实，对所谓的"黄河清"吉兆表达了决绝态度："三千年后知谁在？何必劳君报太平！"后蜀李尧夫的《黄河诗》则兼咏黄河的清浊与时政的关联："清膺我后千年运，浊为何人万古流？"②同样反流俗，更显翻案的机巧。

最后，黄河鲤鱼跳龙门的传说也是唐诗喜咏的题材，章孝标《鲤鱼》、佚名《河鲤登龙门》都从正面歌咏这个颇富成长励志教育意义的故事："备历艰难遍，因期造化容。"其实这也是许多文人科举仕途不凡历程的写照。不过，因为科场黑暗和命运不济，许浑《晚登龙门驿楼》则有另类的赋咏："风云有路皆烧尾，波浪无程尽曝鳃。"两种命运的强烈对比之下，其刺世感怀的意旨显得十分深沉。

当然，诗中咏及的黄河神话传说还有不少，如大禹治水、巨灵擘山、河水逆流等等。毋庸讳言，上述诸多方面的黄河诗吟中，有相当一部分内容都是以黄河为背景、意象的局部书写或典故运用，并非以黄河及其相关活动为表现中心。显然，作为一类足以自成门类的独立文学题材，"黄河诗"得以确立，更有赖于有关黄河的专门吟咏。依据以上考察我们可以看到，从战国屈原《九歌·河伯》、汉武帝《瓠子歌》开始，就已出现了针对黄河的专题诗咏，魏晋以来诸多泛舟诗和渡河诗更是从数量和种类上丰富了黄河的专题诗咏。不过这些诗作还只是从一个侧面来集中赋咏黄河，至陈隋之际，江总以其《渡黄河》（"葱山沦外域……嘉晋肇为梁"）开启了多角度综合赋咏黄河的创作模式，虽然也如其他泛舟、渡河诗一样发端于某次具体的渡河经历，但是全诗内容并没有拘泥于此，而是视通万里，从源头写起，思接千载，溯及大禹导河、周人沉宝祷河，赞颂晋人在黄河上建桥的壮举，从而成为较早概括赋咏黄河的力作。至此严格意义的

---

① 关于王融诗的应制性质，参见林晓光：《王融与永明时代——南朝贵族及贵族文学的个案研究》，博士学位论文，复旦大学中国语言文学系，2011，第152页。

② 佚名：《锦绣万花谷别集》卷三，《续修四库全书》第1217册，上海古籍出版社，1996，第32页。

"黄河诗"已经出现。可见，那种认为唐前诗歌"缺少对黄河的正面描写"，"黄河仅仅是作为自然背景而出现的，并没有真正成为描写的主要对象"①的观点是不符合事实的。随后刘孝孙《早发成皋望河》、李峤《咏河》也属于这类作品。至晚唐薛能《黄河》更是以排律的体制，既写足了黄河雄奇险峻的风光，又写出了黄河柔肠曲抱、润泽阡陌的气象，同时还描摹了黄河显瑞通灵的神圣色彩，相当全面地吟咏了黄河的自然和人文胜迹，当时就赢得了"黄河句绝伦"（郑谷《读故许昌薛尚书诗集》）的赞誉。可见至迟至唐代，完全狭义的"黄河诗"已经成熟，"黄河诗"独立的题材和门类价值真正确立。此后唐末五代、北宋出现了一系列以"黄河"为题多角度吟咏黄河的诗作，实质上已发展为一类专门的咏物诗，诗坛名家徐铉、欧阳修、梅尧臣、邵雍、刘敞、王安石、苏轼等都有这类诗作传世。当然，前揭其他角度、类型和广义的黄河诗吟在后世同样继续产生，并且更加丰富，共同促进黄河诗歌的兴旺。不过，总体看来，后世黄河诗的题材类型、诗体运用乃至书写角度大致都没有超过唐代及唐代以前开拓的范围。因此，先秦至唐代奠定了古代黄河诗创作的基础。

二、宋代：河患主题与国家民族意涵

两宋时期，黄河诗的创作较前代有重要的发展和创新，是黄河诗的新变时期。因为统辖黄河的有无，明显又可分为北宋、南宋两个不同的阶段。

北宋时期，尽管黄河诗的创作没有超过前代的题材范围，但是在河患空前严重的历史背景下②，诗人们开始集体关注河患及其防治，河患诗的写作由前代极少的零星现象蔚然而成一代诗风，从而改变了从前黄河诗各类题材齐头并进的基本格局。

首先，从创作队伍和存诗数量看，北宋整个士大夫文人集团，上至皇帝，下至中下层士人都广泛参与这场非同寻常的"黄河诗会"。宋太宗的

---

① 曹文江：《浅谈李白诗中的黄河形象》，《郑州大学学报》（哲学社会科学版）1995年第3期，第98–100页。

② 《宋史·河渠志》云："黄河自昔为中国患"，"宋为特甚"。参见〔元〕脱脱等撰《宋史》，中华书局，1977，第2256页。

《平河歌》（"河决洪波东南流迤逦"）是北宋现存最早写当时黄河决堤和堵决过程的诗作①，从内容性质、体制大小和作者身份看，都足以追配汉武帝的《瓠子歌》，故曾巩明确将其"比瓠子之歌"②，显示了宋人具有接续相关写作传统的自觉意识。在这种情况下，北宋名臣和文坛健将欧阳修、梅尧臣、韩琦、司马光、王安石、苏轼、苏辙、黄庭坚等都有多首赋咏河患的诗作传世。据不完全统计，北宋着意写黄河的诗作尚存150余首，诗人有40余人，其中专意关注河患及其治理的诗作已超过100首，诗人则有31人；出现了石介《河决》、欧阳修《巩县初见黄河》、徐积《大河上天章公顾子敦》那样的纵论古今河患和治河方略的史诗性作品。上述情况表明此期黄河诗的内容和主题出现了与前代明显不同的集中倾向。

其次，从内容涉及的范围来看，相当全面地反映了河患深重的社会现实和治河斗争的艰难历程，以及取得阶段性胜利的历史情景。

就决溢纪事而言，书写的角度、灾次和场面多种多样。宋太宗《平河歌》、石介《河决》（"常记天禧中，山东与河北"）、刘敞《闻德州河决》（"九河乘积雨，大水出平原"）分别对当时几次大决口进行概略描述，应是依据奏章、历史记录或传闻写成。而苏轼《答吕梁仲屯田》（"夜闻沙岸鸣瓮盎，晓看雪浪浮鹏鲲"）、苏辙《寄济南守李公择》（"农亩分沉埋，城门遭板筑"）诗里黄河洪水围困城市、淹没田园的情景则来自他们在受灾现场的亲身经历。贺铸《过澶魏被水民居二首》则关注洪峰过后灾区民不聊生的景况："莫问居人溺与逃，破篱敧屋宿渔舠。"除此之外，北宋诗还进一步反映了黄河决溢导致的一系列连锁社会问题。晁补之的《黄河》反映决溢带来的交通阻绝："白马桥边迎送胡，冀州断道无来车。"黄庭坚则忧患灾区盗贼横行的治安状况："似闻阻饥余，恶少惊邑里。启钥探珠金，夺怀取姝美。"（《次韵子瞻送顾子敦河北都运二首》）

就河患的救治而言，宋太宗《平河歌》记述他调用禁军堵决成功和优抚灾民的情形："未经月余便成功，龙门一合士民喜……锡赐钱与衣，遭

---

① 宋太宗此诗即《全宋诗》所收《缘识》之四三，无题，其题目和本事参见《续资治通鉴长编》，中华书局，1979，第575页。

② 曾巩：《黄河》，载《全宋文》第58册，上海辞书出版社、安徽教育出版社，2006，第92页。

灾免税租。”黄庭坚描述了声势浩大的堤防维修工程：“增卑更培薄，万杵何登登……百县伐鼛出，夜半废曲肱。”（《同尧民游灵源庙》）苏轼的《河复》还记录下洪水退却之初灾区人民“种麦满河淤”的生产自救场景，表现了下层人民乐观顽强的救灾精神。富弼《定州阅古堂》、强至《依韵奉和司徒侍中视河惬山》、郭祥正《徐州黄楼歌寄苏子瞻》等还塑造和讴歌了治河救灾的英模形象和事迹；司马光《禹祠》、刘攽《分题河决东郡》、韩琦《视河惬山》进而怀念大禹、王延世等历史人物的治河勋绩。

再次，北宋黄河诗深入反映了一代士人面对牵系封建国家全局的灾患所经历的精神历练过程。黄河至今仍是世界公认最为复杂难治的河流，宋人在难以驯服的强大自然力面前所有的忧惧心理在不少诗人的诗作中都有不同程度的体现。以敢作敢为的政治家王安石的情形来看，尽管他在治理黄河、兴修水利方面颇有建树，但其《黄河》诗中“一支黄浊贯中州、吹沙走浪几千里”的黄河形象毋宁说是他的心腹大患，他的《我欲往沧海》在反映对于黄河“救浑”无奈的同时甚至还流露过超然远遁的心理：“叹息谢不能，相看涕翻盆。客止我且往，濯发扶桑根。”这在一定程度上反映了历史时期人类与自然抗争的艰巨性。

尽管如此，更多的诗篇表现的却是北宋士人强烈的忧国情怀和直面灾难的坚强意志。黄庭坚将河患视作国之“大疮”：“田莱人未复，疮大国方瘝。”（《同尧民游灵源庙》）徐积表达他矢志不渝的治河志向：“我自黑头，尽心河渠，逢人辄问，三十年余。”（《送赵漕儞》）在此，北宋诗歌已明确表露了对于黄河治理的国家意识，苏辙将其对于治河成功的祝贺亦称作“为国颂河平”（《送顾子敦奉使河朔》）。甚至南宋许及之在出使至沦陷的河患灾区时仍说“河决从来国隐忧”（《卫州》），充分显示了两宋文人对于河患的“国忧”意识和责任担当。

除了灾患以外，北宋黄河诗还有少数其他主题内容，其中形成了比较集中的主题的，是十余首着意抒写黄河雄胜景象的诗作，延续了此类唐诗的思想艺术风貌。如梅尧臣《黄河》被认为“是一首浑涵壮丽的诗篇，写出黄河的雄伟”[①]，其实欧阳修《黄河八韵寄呈圣俞》、范纯仁《龙门行》、

---

① 梅尧臣：《梅尧臣集编年校注》，朱东润校注，上海古籍出版社，1980，第18页。

韦骧《黄河》等也完全具有这样的特点。然而，这类作品不但数量、影响难以与上述更富时代意义的灾患诗匹敌，而且部分作品也不时透露出对河患的忧虑。如梅尧臣《黄河》直接念及河患："常苦事堤防，何曾息波浪。"可见北宋一代黄河诗，大体上都笼罩在河患的巨大阴影下，河患和治河成了最盛大的主题，真正开启了黄河诗灾难叙事的现实主义传统，实现了古代黄河诗创作的重大突破和转折，从此以后除了魏晋以来讴歌黄河壮丽风光和祥瑞气象的主题基调以外，古代诗坛又多了一个以黄河的决溢泛滥及其治理为重要表现主题的创作潮流，并在元、明、清时期逐渐汇为高潮。

作为北宋嫡传的南宋王朝在失去包括黄河在内的北方半壁江山的同时，也将河患这个沉重的包袱转给了金人。南宋人没有经历过河患的切肤之痛，一般都没有身到黄河。在这种情况下，他们写到黄河的诗本来不多，专题吟咏黄河的诗作更少，其主旨在于关注河患的几乎没有。即使是北行使金的范成大写黄河决堤前兆的《渐水》和许及之写黄河泛滥的《卫州》，其主题也转向人心归宋和"伤心中土沦胥久"的意旨。因此南宋人关于黄河的吟咏，往往借以表达恢复故土、思念故国的爱国情怀和民族情感。靖康南渡时期宗泽以黄河的雄关天险寄寓爱国军民保家卫国的强大信念和力量："阴祝巨灵移此险，大河为堑岳为城。"（《马上口占》）随后，陆游以黄河壮美的景色表现大好河山沦陷的悲慨："三万里河东入海，五千仞岳上摩天。"（《秋夜将晓出篱门迎凉有感》）"黄河衮衮抱潼关，苍翠中条接华山。"（《记梦三首》）魏了翁以黄河惨遭异族占领践踏抒写中原沦丧的百年屈辱："百年狐兔窟，污我黄河流。盘盘帝王州，仅与瓯脱侔。"（《次韵李参政湖上杂咏录寄龙鹤坟庐》）在上述诗中，黄河频繁成为国土、国家的代称，被不同程度地赋予了国家、民族的象征意涵。虽然这还只是局限于南宋王朝和汉民族的立场，不能等同于黄河的现代文化内涵，但必然对其形成产生潜移默化的影响，从而构成黄河现代象征意义的发端和启蒙，具有重要的历史文化意义。这既与宋代"中国"意识凸显的历史背景相适应①，也与两宋诗歌围绕河患表现出来的"国忧"情结相呼应，共同成为中华民族国家意识朦胧觉醒的重要文学表现。

三、元、明、清：现实主义的深化与大统一气象

(一)事并御夷·悯民疾苦·转嫁灾难

元、明、清时期，诗坛对前代黄河诗的题材和写法多有继承，创作上更趋兴旺，数量大大超过前代，单《近代黄河诗词选》选收的晚清黄河诗就有200余首。同时，由于此期黄河继续频繁决溢和夺淮入海，出现"乱淮""侵运（河）""扰漕"等现象，使得河患的灾情和治理更加复杂艰难。在此背景下，此期诗歌比前代更加广泛深入地反映了这一重大的灾害和社会问题，与关涉已广的北宋河患诗相较，创作上又有重大拓展。

首先，以河患最严重的清代来看，此期诗坛表达了比北宋更为浓重的河患忧虑，有些诗作直接抒发对黄河改道南来严峻形势的忧思："自从一变南趋局，其奈黄流日下何！"②康熙帝《览淮黄成》（"殷勤久矣理淮黄"）吐露了他作为帝王为此担受的忧劳。龚自珍《咏史》（"宣室今年起故侯"）、黄燮清《露筋祠夜泊》、丘逢甲《闻河决题画竹》分别借咏史、民间传说和题画，表达普通文士无所不至的河患隐忧。晚清时期，随着列强的入侵，有些诗作更是将河患与战乱并写，反映了十分沉痛的国事民艰。蒋兰畬《黄河三首》明确将治河与"御夷"并列为国之"两患"："事并御夷无上策，长留两患在中原。"③可见，如同北宋一样，河患、筹河仍是清代士人在诗里体认的"国忧"和经济之志。

其次，对于河患及其引发的社会问题，元、明、清诗歌有更加全面细致的反映。除了少数概括性和全程性的书写外，更出现了诸多针对某个具体环节、具体问题的专题吟咏。从题目上看，即有多种类别，兹列表1述要如下：

---

① 葛兆光：《宋代"中国"意识的凸显——关于近世民族主义思想的一个远源》，《文史哲》2004年第1期，第5-12页。

② 宗稷辰：《河间有感》，载《清代诗文集汇编》第577册，上海古籍出版社，2010，第260页。

③ 林从龙等编《近代黄河诗词选》，河南人民出版社，1985，第176页。

表 1   元、明、清咏河患类诗歌类别

河决类	(元)贡师泰《河决》、(清)汪懋麟《河水决》、赵然《河决叹》、王应佩《河涨》、凌廷堪《河溢》、王荫槐《悲河决》
堤防类	(元)迺贤《新堤谣》、(清)潘耒《河堤篇》、王连瑛《隋堤行》、魏廖徵《高邮堤杂谣》、杨文荪《河堤》
河役类	(明)谢肇淛《南旺挑河行》、(清)陶澂《筑堤苦》、李赓芸《挑河谣》、叶燮《采柳谣》、唐孙华《开河行》、盛大士《筑堤谣》
河夫类	(清)朱一蜚《河夫谣》、束南薰《河兵谣》、翁心存《河兵谣》
灾民类	(清)杨铸《流民叹》、张云璈《淮上流民叹》、冯询《娘难见》
漕运类	(清)商盘《起剥行》、王槐《转漕行》、胡敬《漕船牵夫行》
灌溉类	(明)邓山《泾阳水利》、鲁能《奉和巡抚余公题重凿广惠渠诗》、(清)王全臣《重修汉渠暗洞》
重灾区	(清)马上骧《汴梁城上》、梁熙《纪汴灾》、魏源《汴梁》
综合类	(明)徐笃《黄河叹》、郑岳《黄河篇》、(清)黄爵滋《黄河篇》、张维屏《黄河》

尽管远不能穷举，但上述诗目已足以反映此类创作在元、明、清时期题材范围显著扩大，并且都是针对河事而专门赋诗，与北宋诗反映河患多出于唱酬赠答明显不同，因而其内容和主题也更加集中、鲜明。以反映治河官吏的贪腐情况来看，宋代还是出现在个别篇章中的片言只语，但在清代已成为一些诗作表达的主题，如桂超万《河兵谣三首》云："莫望河吏洁，日汲河水啜。河水是贪泉，年年作金穴。"①

再次，元、明以来，河患诗的主题逐渐由忧国转向忧民，到了清代，众多诗作更是致力于写民生疾苦，关注河决中普通百姓和治河役夫的命运。与此同时，诗家日益重视以叙事的体制记述决溢和治河事件，聚焦灾民和治河役夫的不幸遭遇，从而描绘出一幅幅灾难深重的历史画卷。这对于很少以灾民和下层人民为表现中心、也不以叙事见长的北宋黄河诗而言，无疑是很好的补充和发展，从命题、体制、叙事、创作精神等方面都明显继承了乐府诗关注民瘼时弊的特点和传统。

这些诗作在表现河患灾难时，不但表达了对受灾人民的深切同情和根

---

① 《清代诗文集汇编》第547册，上海古籍出版社，2010，第341页。

治河患的愿望，而且还进一步揭露河政的腐败，表现了强烈的批判意识。如（明）《治河谣》抨击治河大臣沽名钓誉、虚功冒赏："古之使者犹为民，以身捍水勇且仁。今之使者志在名，流移未复碑先成。"①（清）何杕《河决中牟纪事》揭露治河官吏饕餮公款而又不学无术："陨竹捷石数不雠，公帑早入私囊收。白眼视河无一筹，飞书惊倒监河侯。"②黄生《筑堤谣》反映治河役夫与治河官吏之间对立的祸福关系："堤工告成万命残，护堤使者仍加官。"③凸显了深刻的社会矛盾，揭露了统治阶级转嫁和加重人民灾难的真相，深化了民生疾苦主题的表达。

还能进一步说明这一时期河患诗反映现实广度和深度的是其暴露治河过程中出现的一些特殊的矛盾现象。（清）陆嵩《河复决》担心河决阻断漕路后改海运的动议将导致严重的水手失业和社会后患："漕船水手近十万，失业剽掠官何为！"陈滋《河兵谣》反映河兵的利益竟然与黄河的安澜、沿河百姓的安宁明显发生矛盾："湖河安堵民欢悦，其奈河兵衣食绝。……河不决，河兵愁。河既决，淮民忧。"④

由此可见，元、明特别是清代诗歌极大地深化了北宋以来河患题材的灾难书写，虽然古代诗歌写民生疾苦早已有之，但是从河患角度表现这一重大主题是此时才兴盛起来。相形之下，此期的治河颂歌数量和质量都明显不如批判现实之作，但部分反映抗洪防汛英雄壮举的诗作也十分感人。林则徐的《题邹钟泉开封守城记略后》颂扬开封知府邹鸣鹤在黄河洪水决城、人心浮动之际为民请命，身先士卒，组织并取得了开封保卫战的胜利。张九钺的《羊报行》讴歌黄河水卒骑羊皮囊从兰州神速漂流至河南、江南报汛的传奇事迹，洋溢不畏艰难的乐观豪情和不怕牺牲的英雄气概。总之，日渐增多的批判性主题和部分闪耀道德理想光辉的颂歌赋予元、明、清河患诗以深刻的思想理性、深沉的爱民情怀和高尚的思想境界，代表了古代黄河诗现实主义创作的思想高度。

① 曹学佺编《石仓历代诗选》卷四二四，文渊阁四库全书本。
② 张应昌主编《清诗铎》，中华书局，1960，第124页。
③ 《清代诗文集汇编》第81册，上海古籍出版社，2010，第448页。
④ 陈滋：《蓉湖存稿》卷下，载王相辑《友声集》，清咸丰八年信芳阁刻本。

（二）安宁景象·河源河尾

在河患深重的元、明、清时期，诗坛也反映了黄河安宁的一面，在这个封建国家统一局面进一步巩固的时代其表现又有新的特点。

首先，元代文人在强盛国势的鼓舞下倡导"盛世文风"，追求"一种阔大的盛世气象"①，他们歌咏黄河的许多诗篇也往往景象阔大，气势恢宏，舟旅畅达，反映了黄河安澜、国家统一的承平气象。刘秉忠《黄河》、马祖常《舟泊徐州》、揭傒斯《入黄河和李提举韵》、吕彦贞《渡黄河》、贡师泰《黄河行》、周伯琦《渡黄河作》等都鲜明地体现了这些特点。萨都剌《黄河舟中月夜》和释大《黄河阻风》不仅描绘了黄河波澜壮阔的景象，而且表现了他们稳泛黄河风浪的从容神色，特有一种和平安宁的气象："十丈云帆拂斗勺，星槎风急浪花飘"，"中原迤逦河流壮，元气汪洋地脉长"。

其次，部分诗作由黄河风物和河患治理的关注进一步转到河清海晏社会理想的抒发。经历了宋辽夏金的对峙与分裂，元初陈孚《黄河》揭示了凭据河山之固的割据政权终将灭亡的历史命运，同时也流露了身处统一王朝的宽慰心情和优越心理："千载金汤拥上流，只今唯有荻花秋。江南客子笑无语，闲看黄河绕汴州。"而经历过元末战乱的诗人则深情地呼唤和祈祷"河水浑复清"②，表达"河之清，万方宁"③"千龄万代长太平"④的愿望。应该说这也是中国历史的统一进程发展到新阶段的时代呼声，与那些以黄河清为名粉饰太平的谀颂文学有本质区别。

其三，历代黄河诗多写黄河中下游的情景，虽然此前唐代边塞诗已屡屡写到黄河上游，有的诗作还偶尔咏及河源⑤，但几乎都属于想象之辞，

---

① 查洪德：《"海宇混一"鼓舞下的元代盛世文风》，《南开学报》（哲学社会科学版）2008年第4期，第90-100页。

② 黄哲：《河浑浑洪武辛亥夏河决作》，载曹学佺编《石仓历代诗选》卷三〇三，文渊阁四库全书本。

③ 袁华：《渡黄河》，载《耕学斋诗集》卷二，文渊阁四库全书本。

④ 王祎：《黄河水》，载《王忠文公集》卷三，明嘉靖元年张齐刻本。

⑤ 如贾至《送友人使河源》、张谓《送卢举使河源》、郎士元《送杨中丞和蕃》、薛逢《醉中闻甘州》等。

缺少亲身体验。而元、明、清三朝，黄河诗的歌咏范围真正达到了河源、河尾，直接反映了封建国家的大统一局面。明初释宗泐的《望河源》、清中叶邵晋涵的《题阿少司空寻源图》分别以自己的亲身经历和当时的实地探访为基础，近距离展现河源地区的地域风光。邵诗还直接赞颂清朝的统一促进了西北边疆与内地的往来："伟欤盛治辟星寰，于阗葱岭成通涂。"①至于河源以下其他上游地区，则已是此际诗家歌咏的常事。马祖常《河湟书事二首》、刘侃《陇西杂兴》、杨博《送雷信庵出按甘肃》、朱秩炅《观黄河》、严禹沛《青铜峡》等系列诗作都写到青海至内蒙古一带黄河壮观的景象和风俗民情。

更能说明问题的是，明、清诗歌写上游地区不局限于风光节物、边塞征戍，而较多地反映了当地修治引黄灌渠、发展农业生产的富庶景象。（明）朱栴《汉渠春涨》咏赞道："神河浩浩来天际，别络分流号汉渠。万顷腴田凭灌溉，千家禾黍足耕锄。"②（清）单畴书《咏昌润渠》明确歌颂了清朝开发边疆地区的功绩："绿壤如云稼更多，万家泽足治滂沱。即今荒服易康衢，圣治应比唐虞过。"③同时展示黄河中下游地区灌溉事业的诗作也多起来。以如此热情、细腻的笔致书写黄河的水利工程建设和灌溉事业，这在黄河诗史上还没有出现过。

至于河尾，除唐梦赉《塞海门》、郭起元《海口》、梁章钜《河上杂诗二首》等诗关注入海口的河患治理外，田雯《云梯关观黄河注海歌》还描写了入海口大海的景象，俞樾《黄沙歌》更是专写黄河入海黄沙造就的海面奇观，显示了河尾诗咏的多样性。至此可以说中国诗歌对黄河全境都有比较充分的反映。

四、余论

晚清的国家、民族危机十分严重，可是直至清末，两宋诗歌吟咏黄河

---

① 《清代诗文集汇编》第405册，上海古籍出版社，2010，第593页。
② 胡汝砺编《（嘉靖）宁夏新志》，管律重修，陈明猷校勘，宁夏人民出版社，1982，第170页。
③ 黄河水利委员会黄河志总编辑室编《黄河人文志》，河南人民出版社，1994，第572页。

就已出现的国家民族意涵并没有在诗歌创作中得到显著表现，仅有黄遵宪《出军歌》（"黄河浩浩流水声，能令海若惊"）、秋瑾《阙题》（"黄河源溯浙江潮，卫我中华汉族豪"）等个别诗作暗含了这个意旨，远未形成鲜明突出的主题。其原因大致在于，尽管晚清政府不断割地赔款，但黄河并未遭到占领或割让，这与两宋和后来抗战中黄河沦陷或岌岌可危的形势形成鲜明的对比。故向称时代敏感神经的诗坛直接礼赞黄河为"中华民族的摇篮""中华民族的母亲"，是到了民族危机最严重、现代中华民族观念已经形成的抗战时期。从历代诗歌咏赞黄河，南宋、清末诗歌赋予其国家民族意涵，到现代诗坛明确赋予其崇高神圣的中华民族象征意义，古今黄河诗之间的血脉联系由此可见一斑。

综上所述，历代有关黄河的诗咏形成贯通中国诗史的一个重要母题，其中颂美黄河和关注灾患自唐宋以来逐渐成为古代黄河诗创作的两条主线，其文学文化价值也集中体现在这两个方面。一方面，历代歌咏黄河美丽、富饶、神奇、古老的大量诗篇无疑充分表达了对黄河的赞美主题，抒写了历来人们对黄河的由衷爱恋之情，作为古代、近代不自觉状态下的"母亲河"颂歌，显得十分亲切自然。其中以唐诗为代表的众多表现黄河雄伟气象的作品已成为歌颂祖国壮丽河山的文学典范，具有突出的思想和艺术价值，在后世广为传诵，它们确立的审美典范在后世难以改易，现当代黄河新诗仍以"粗犷、豪放、雄奇、壮美"[1]为其重要特色。另一方面，历代河患诗形象地记录了远古以来黄河水患给中华民族带来的深重灾难，表达了对受灾百姓和被压迫人民的深切同情，讴歌了自大禹治水以来艰苦卓绝的治河历程，表现了历代士人忧国恤民的报国情怀，颂扬了他们治河救灾的丰功伟绩，客观上构成国家、民族灾难的史诗般书写，整体上取得了显著的文学成就。清康熙帝总结历代水灾曾说："自古水患，惟河为大，治之有方，民乃无害。"[2]由于河患及其治理在国家政治经济生活中的重要地位，治理黄河实际上是中华民族生存状况和抗灾斗争的缩影。因此，河患诗的大量写作实质上是民族精神的集中表现。如果说那些歌颂黄河壮美

---

① 杨匡汉主编《黄河吟》，海燕出版社，1989，序第8页。

② 爱新觉罗·玄烨：《河臣箴》，载《圣祖仁皇帝御制文集》第二集卷三五，文渊阁四库全书本。

景象的作品，表现一种雄浑豪迈、一往无前的精神风貌，那么历代河患诗则通过记录我们祖先经历的沧桑苦难和治河历程，表现了中华民族战胜巨大历史灾难的坚韧顽强精神。比较起黄河的颂歌，有关河患灾害的诗作今天少为人知，但它们所承载的民族文化内涵是我们民族精神历练、形成过程中不可忽视的重要一环。

（作者李朝军系西华大学文学与新闻传播学院教授，文学博士，主要从事中国古代文学研究）

清代甘肃方志中的黄河书写及其文化意蕴

引言

古代方志编纂中，载录地方山川风物等要素的传统由来已久。其缘起是对地方地理的详细记载，即刘知几所谓"地理书"。一旦方志体例成熟，则往往专列"山川志"。黄河作为中国古代水利治理主要对象之一，仅论治黄的专门篇章，便已数量极多。在黄河流经地之方志中，黄河自然成为书写重点对象。本文依据清代甘肃方志（见表1）。

表1　涉及黄河书写的甘肃方志

序号	志书名称	编纂者	刊刻时间	篇数
1	临洮府志	高锡爵修,郭巍纂	康熙二十六年(1687年)刻	5
2	兰州志	刘斗修,陈如稷纂	康熙二十五年(1686年)刻	13
3	皋兰县志	吴鼎新修,黄建中纂	乾隆四十三年(1778年)刻	10
4	兰州府志	陈士桢修,涂鸿仪纂	道光十三年(1833年)刻	2
5	重修皋兰县志	张国常纂修	光绪十八年(1892年)刻	5
6	甘肃通志	许容等监修	乾隆元年(1736年)刻	10
7	甘肃全省新通志	升允、长庚	宣统元年(1909年)刻	2

其中《甘肃全省新通志》规模最大。内容涵盖甘肃境内主要山川，但因求大求全，在细节载录方面不及州县志。从附表方志书写具体内容而

言，涉及黄河发源及其支流考证、治理和利用的论证或碑记，还有关于黄河的诗词歌咏。在此类文本中，黄河书写至少包括三种视角。一是自然山川地理志，二是自然灾害及治理，三是人文历史及文学。迄今古代方志中山川书写研究成果多以史料研究为主，相比而言，研究山川书写中文化意蕴成果较少。典型的如毛卫国《试谈方志的生态概念——地方志文化精神初探》，认为古代方志编纂怀有生态理念，内容具有生态性，有助于当代方志理论学科建设。白洁《宁夏方志中的风物与传说——以宁夏"两山一河"风物传说为例》考查宁夏古代方志山川风物，其中可见对黄河传说书写的梳理，有利于后人了解本地区社会历史、风土人情。总体而言，研究广度和深度有待提升。本文拟通过梳理表1所列7部方志中有关黄河书写文本，审视不同层面的书写焦点和方式，挖掘其中的文化意蕴。在此基础上，探讨其对新时代黄河治理策略及保护传承黄河文化的意义。

一、河源问题与疆域重构

古代方志山川地理志编纂，一般以《禹贡》为源头。如《隋书·经籍志》云："广谷大川异制，人居其间异俗。《书》录禹别九州，定其山川，分其圻界，条其物产，辨其贡赋，斯之谓也。"主要强调《禹贡》地理志功能，即记载不同地方山川风俗等特征。在此过程中，需详细记载不同地域之山川、疆界、物产及经济情况，考索其来龙去脉，因此方志编撰之先，必开展实地勘察。

《清史稿·河渠志》云："中国河患，历代详矣，有清首重治河，探河源以穷水患。"清政府很早即高度关注河源问题，曾多次派人前往勘察。清圣祖曾"屡遣使臣往穷河源，测量地度，绘入舆图，凡河源左右，一山一水，与黄河之形势曲折，道里远近，靡不悉载，较之元人所志又加详焉。"清高宗于乾隆四十六年派遣阿弥达至青海，与留保住及吹卜藏胡土克图"恭诣河源致祭"，目的是通过祭祀活动消弭水患；乾隆四十七年，再派阿弥达"穷溯河源"，乾隆五十年形成《黄河源图》，并令四库馆臣编辑《河源纪略》。

清政府"探河源以穷水患"举措，甘肃方志中有直接体现。本文考查7部方志中，4部涉及黄河源流考辨。《兰州志》刊行于康熙二十五年，而清圣祖派人勘察河源始于康熙四十三年。《兰州志》篇幅整体较简略，但"山川"部分仍对黄河源头及流经予以书写。

《甘肃通志》刊行于乾隆元年，其中全文载录元代潘昂霄所著《穷河源记》。该文根据阔阔出转述都实勘察黄河源流情况撰写而成。其中记述元世祖出于"番贾互市"以致"无穷利益"之目的，于至元十七年派遣都实前往勘察。都实历时四月左右，行五千里，方至"河源"，即"火敦恼儿"（译言星宿海）。得出结论为：黄河源头由此历经赤宾河、昆仑山，蜿蜒曲折直至河州。文中详细书写其间地貌特征、野生动物以及地域管辖情况。否定史称河源在于阗或葱岭等说。《甘肃通志》全文载录《穷河源记》，显然受朝廷勘察河源举措的直接影响。

在此背景下，《兰州府志》《重修皋兰县志》亦详细考述河源问题。《兰州府志》将地理志置于卷一、卷二，黄河居于"川"之首。其中叙写黄河自"塞外"流入，经归德堡、河州、兰州、金县（今榆中县）、靖远，入宁夏中卫之过程，详注所经之地地势及与黄河相关景致、史实掌故，引用《九域志》《水经注》《通志》注之，文末又附侍卫拉锡等《河源奏略》（即康熙四十三年考察黄河源头纪实）。

《重修皋兰县志》"舆地志"之"川"首写黄河。先以专篇叙写黄河在兰州境内流经情况：自河州界入境，至平滩堡入靖远县，对流经境内每一地名、汇入之水、支流，均有详细记载，并引《水道提纲》《水经注》《甘肃通志》《天下郡国利病书》注之。另有《河源考》一篇，强调黄河之源出昆仑山（即新疆喀喇昆仑山），有喀什噶尔河、叶尔羌河、和阗河三个源头，详述其流经之地与塔什干河、塔里木河以及青海鄂郭淖尔（即星宿海）之关系。文末按语引《山海经》《水经注》《元史·河源附录》《大清会典》《通鉴辑览》《水道提纲》《唐书》及《东华续录》中阿弥达勘察河源之事，得出结论：阿弥达所奏巴颜喀拉山的"阿勒坦嘎达素斋老"即《禹贡》所云"积石"。

比较上述方志载录，涉及黄河书写各有侧重。《临洮府志》成书于康熙二十六年，其时清廷尚未掌控西疆，志书中载录柯九思《黄河序》，显然与其立足"疆域"问题有直接关系。《兰州府志》《重修皋兰县志》分别成书于道光和光绪年间，其在资料利用、论述问题方面与康熙时期已有较大不同，因此才会侧重详尽描述黄河在境内的流经和利用情况。据今人考证，清高宗祭祀河神、确定新河源及重绘《黄河源图》，主要是出于平息水患与宣扬大一统的政治目的①。清廷关注黄河源头问题，外在理由是"水患"问题，本质则在于对"舆图"亦即统治疆域问题的重视。相比而言，甘肃方志中的考辨，明显受朝廷此和倾向影响，同时也将黄河问题引向另一层面，即对地域地理、民生及历史人文问题的关注。

二、水利津梁问题与统治方略

古代方志编纂中，"水利"是不可或缺的内容。地方官员在任期间，也往往将兴修水利作为重要民生工程。"水利乃民事之最大者，有志于养民者，必先究心于此也。……食天禄而亮天工者，诚能于水利而尽心焉。使旱涝有备，百谷用成，则人自无憾于天地矣。"从统治方略而言，水利是"安民"以稳定社会的重要途径："水利所以养民，先务之急，以此为最。"表现在地方志编纂中，官员治水在"宦绩"部分予以突出表现。如方载豫（道光时任布政使）为《兰州府志》作序中言，"于险阨要害之区、水利河防之际，尤三致意，可谓勤劳之至矣"。因此捐俸助其刻印，目的是使留心地方者"稽关河而知防守之道，考沟洫而思疏凿之方"。可见对编撰者的嘉许之意。该类书写具体内容主要包括河渠灌溉、水车灌溉及河桥修筑三方面。

（一）导渠以灌溉

方志中涉及导渠灌溉，往往详细记载水源、水势、可利用途径、渠道兴废、灌溉田亩等。《兰州志》"水利志"部分，在"黄河"条中，着重叙写黄河水势及可利用之法，指出石佛湾北岸"导渠甚利"，可惠及千顷。表明明代成化及弘治年间，地方官兴修无果之事。又引彭泽（弘治年间兵部尚书）之感慨："若导大河之水，以灌溉两川，俾吾郡为成都泾野。尚有待于体国恤民之守令。"编纂者梳理历代利用黄河灌溉情况同时，夹杂

---

① 刘惠：《乾隆朝重构黄河河源的实践与国家认同》，《清华大学学报》（哲学社会科学版）2018年第3期，第147-154、195页。

人为因素分析和治理成果期望。另在"艺文志"部分，载录彭泽《溥惠渠记》、陈祥《兰州卫重疏水利记》。《皋兰县志》据《兰州志》"水利志"部分稍作改动即录入，同样也将此两篇记载入"艺文志"。同时还录有王全臣《上巡抚言渠书》，内容极为详细。王全臣时任宁夏府水利同知，在上书中向朝廷报告各渠情形及修浚利弊。文中就黄河在宁夏流经途径、各渠灌溉田亩、所纳钱粮谷草等，均列详细数据，并详陈各渠闸修筑所用材料、人力、技术等。《甘肃通志》将其全文载录，足以体现该文重要价值。

（二）车水以灌溉

黄河兰州段水位较低，直接导渠引水难度较大，当地人主要以水车灌溉。《兰州府志》"山川志"之"黄河"条，叙写皋兰和靖远引黄河水灌溉情况，专门引用靖远方志和皋兰县志所载水车灌溉情况，并考辨引水灌溉时间、区域、具体途径及兴废情况。指出"黄河经历郡地凡一州三县，而其间惟皋兰受之"。实际因水位变化、河流改道以及水车维修等因素，以水车提水耗费较高，如《皋兰县志》云："黄河水利，诚未易言于皋兰也。"《兰州府志》引用此语，并按曰："水利关系民生最为远达。牧民者固不可畏难苟安，惮于讲求，以致地利迁郁。然亦有费多利少，轻举强就，恃立事之虚名，而民反以为厉者。"《甘肃全省新通志》"水利志"，亦介绍兰州利用"翻水车"灌溉情况，列举"黄河南岸""黄河北岸""黄河上游诸滩涂""黄河下游诸滩涂"等处水车规模和灌溉田亩，载录《皋兰县志》关于黄河水车叙述原文。《重修皋兰县志》"水利志"，叙写兰州境内利用"翻车"提水灌溉情况，详细列举提水地点、"翻车"规模及灌溉田亩数量。又引用兰州方志叙"翻车"发明者段续之功，指出"翻车"之置办及修补、旱涝及水势等因素，导致"所济不普而利非自然"。即方志编纂者记录事实同时，全面理性思考水车提水工程中存在问题。

（三）修建渡河津梁

与利用河水灌溉农田一样，渡河属于古代兰州的民生难题。兰州自古"夹山带河"地势，黄河穿城而过，渡河唯一通途即"河桥"（兰州方志中，"河桥"专指黄河桥）。因兰州特殊地理位置和黄河天险，"河桥"的重要意义不言而喻。《大清一统志》记载明代以来"镇远浮桥"修建情况，指出该桥"通河西、甘、肃等路，为往来要津。"清代兰州方志中，多有与"河桥"有关的文献。康熙《兰州志》载录明代兰州守备李进作《改修河桥记》，其中追溯自洪武年间至正统乙丑年历次修建舟桥情况。其中强调河桥的关防意义："金城为西北之喉襟，河桥为金城之天险。……卫外安内，实赖此以为固焉。"乾隆《皋兰县志》载录明初徐兰《河桥记》，其中叙洪武以来以舟造浮桥之大略，并详述杨廉（时任兰州卫指挥佥事）重建镇远桥、建河神祠情况，同样强调该桥"控扼卫要"之意义。又载齐世武（康熙时甘肃巡抚）《天下第一桥记》及刘于义（乾隆元年兼署陕甘总督）《河桥记》，两人均详述主持加固河桥情况。其中齐世武之《记》云："域中之水，以黄河为第一流""黄河历雍豫以至于海，皆无梁，惟皋兰有，绵亘黄河上游，其称为天下黄河第一桥无疑"。黄河自古天险，方显河桥"控扼卫要"重要性。因此部分方志甚至设有"津梁志"，专门述录桥梁要津，其中最多者仍属"镇远桥"。《重修皋兰县志》不仅将"镇远桥"相关"序""记"录入，还在"津梁志"部分以较长篇幅介绍"镇远桥"来源及历次修建情况，并广引本地方志及其他文献以证之。显然朝廷及地方重视河桥问题并非完全为民众通行便利。从方志书写重点来看，其目的主要在于强调该桥"卫外安内"的军事意义。

《兰州府志》记载"我朝疆域日辟，以逮隶陕西，不免鞭长莫及，特于此地建立会城，移设府治，酌全陇适中之地，状区夏控制之形，规模计虑，大而远矣！"随着清廷开疆拓土规模日益扩大，兰州在西北地位更为重要。从统治方略角度而言，河之治理与否，关乎国计与民生；河桥之稳固与否，关乎地方之军事方略。因此在方志中才会详细考述河渠、翻车等水利工程。

三、艺文志的"互文"式书写

艺文志是古代方志组成部分，明清甘肃方志亦然，收录内容主要关乎本地自然或历史人文的诗文。艺文志编纂主要强调两点，一是本地相关者及本地人所作水平"足录"者。如《甘肃全省新通志》"艺文志"言"因地录文，因人录文"："因地录文者，文与本省相关，不必其人之果属本省否也。因人录文者，人为本省之人言有足重，又不必其文之专为本省作也。"二是注意剔除旧志中"滥收"者。如《兰州志》载罗隐《黄河》，因与兰州无关，故之后兰州志再未录入。

编纂艺文志目的，不仅为收录文学作品，主要因此类作品与社会政治经济、社会教化及地方文化之间密切关联："或敷君亲之义，或深民社之忧。中怀所至，著于词章，择而集之，不为无补于风教。且令后世有与法守之思。岂文章之事而已哉！"甘肃方志艺文志中有关黄河书写具体题材有河源、河景、河桥、河楼类、河渠等。主题涉及歌咏黄河之人文历史、突出兰州黄河之关防意义；歌咏河渠等水利工程，表达治理和利用黄河的愿望；吟赏黄河景观，寄托古今之思。

（一）河源类

《临洮府志》载元代柯九思《黄河序》，主要讨论"河源"。相比《甘肃通志》载录潘昂霄《穷河源记》（见前文），该"序"较为简略，列举《水经》《山经》乃至《汉书》等典籍有关河源之说的抵牾，略述元世祖派都实勘察河源的情况。又载两首题为"涉河源"的诗。均感叹黄河之源远流长和水势难当，同时表达对黄河加以治用的愿望。康熙时期，"河源"问题尚在探索阶段，《临洮府志》将前人有关文献录入，实际即对黄河治理利用寄予的期望。《重修皋兰县志》中，与黄河治理相关的碑记文夹杂于山川水利志中。编纂者在"凡例"中指出，其仿范成大《吴郡志》例，将碑记文诗双行附注各条之下，以避免《吴郡志》"滥采诗文"之误。其中《河源考》篇目，即全文引用杨一清《河源诗》、引乾隆《御制河源诗》等，并有相关考证。因极少有人亲涉河源，故而该类诗歌较少。

（二）黄河类

明人黄谏《黄河赋》，载于《兰州志》，亦见于《临洮府志》《皋兰县志》《重修皋兰县志》《甘肃全省新通志》，具有大赋铺张恣肆特征，其中引用河源之辩、大禹导河之功等诸多典故，主题在于治理利用黄河、以求天下归心的思想意愿："虽有九曲百折之异，而其势咸若诸侯之朝宗""水得以顺其性，人得以安其居……耕者可以施其功，渔者得其所资"。此赋体制宏大，主题符合清廷天下一统需求，因此每次重修志书该赋均被载录。其余被载录的是歌颂黄河风貌的诗歌。更早的如《甘肃全省新通志》载元代贡泰父《黄河行》，以传说摹写想象黄河源头奔流澎湃的瑰丽气势，佳句如："初如两军战方合，飞炮忽下坚壁摧。又如丰隆起行雨，鞭笞铁骑驱奔雷。半空澎湃落银屋，势连渤澥吞淮渎。"又如康熙兰州志载丁晋《黄河歌》，仿李白《将进酒》为之，主题是抒发泛舟黄河，对酒当歌的豪情。佚名《大河行》，描写黄河奔流之气势，歌颂大禹导河之功。另有一首诗歌内容独特，即乾隆《皋兰县志》载陈绳祖《冰桥行》，摹写冰封黄河，可通车马行人之奇观，用笔奇谲险怪，甚有韩愈之风。光绪《重修皋兰县志》亦录此诗，并注曰："镇远桥，每岁至十一月，黄河将结冰时即撤。冰既坚，状如积雪，填于巨壑，嶙峋参差，不复知有河形。处处可通车马，俗名冰桥。"该类书写或以黄河兰州段风貌为对象，或歌颂黄河历史人文意义，是黄河艺文书写的主要组成部分。

（三）桥楼类

河桥、河楼及其所在金城关，均为兰州黄河畔宏伟景观，且具重大军事和人文意义，自然成为本地诗文书写主要对象。事实上，兰州方志艺文志中该类题材最为常见。

首先是有关河桥的书写。《兰州志》载明人李用中《镇远桥》一首，赞颂黄河浮桥铁索横舟，随水势起伏的雄壮画面："低压山根通鸟道，高随水势起龙头。"《甘肃通志》载明人徐兰《镇远桥记》一篇，详细描述河桥及其相关建筑："桥之南，去城八十步，新筑小城，延袤数丈，以诘行旅。城上建楼，为公廨。西建祠宇以奉河神。""桥之北，因山为城，楼上建寿亭侯祠。"赞叹奇伟雄壮之景观："大河沄沄，天险莫逾。舟梁横亘，径接康衢。栋宇翚飞，照耀丹碧。雉堞环缭。隐约蔽亏。诚边徼要津千古之伟观也。"

其次是有关河楼的书写。一是乾隆《皋兰县志》载刘斗《河桥楼赋》，作于康熙九年。诗前小序中言，当时"赋减民安，诸务渐举"，因此"爰厥材而新之，为美哉山河之助"。主要强调兰州军事要塞地位，以及由此引发对秦汉控边武功之思考。二是黄河及河楼景观铺叙。康熙八年，刘斗撰写《修河神庙楼记》，极力书写该楼"雄据上游"及其于国家地方之重大意义。此外，尚有不少以河楼为题的诗歌。如康熙《兰州志》中两首题为"望河楼"，为明肃王世子和潘若水所作。三首题为"河楼远眺"，为明代肃靖王、丁晋、颜凤姿作。就其内容看，多是凭楼远眺，叙写山色河声，咏赞金城景致。相较而言，词气淡雅，声调平和，亦少有更多寄托。方志编纂者将其录入，旨在取其书写本土山水的主题。

此类题材中，部分诗歌隐含对金城关、镇远桥军事意义的强调。其中较早的是《兰州志》载唐人岑参的《金城关》，将"古戍""五凉"眼前的"庭树""园花"巧妙结合，寄托战争、家园等多重主题。又有《皋兰县志》载秦雄飞《和陈缊桥登河楼远眺原韵语》，歌颂"皇图永固"："九曲迂回连紫塞，千秋巩固拥皇州。""屏藩西望列雄州，遥指宏图一倚楼。"原诗注"列雄州"即"新疆添设州郡"。此诗迎合朝廷扩边固土意图，录入当时方志亦在情理之中。

（四）水利类

相比即景言事类，直接叙写水利工程的诗歌较少。较早的是《兰州志》载明代肃昭王《观船磨》，歌咏"船磨"。其余书写主要针对引水灌溉工程，且以文记之，其中以《甘肃通志》所载较多。如明代陈祥《兰州卫重疏水利记》，主要叙写当时疏通湮塞已久的阿干河引水故渠，表达对"边备弛而敌侵扰"导致黄河以北"沃壤千里"无法耕种的忧愤。占《甘肃通志》篇幅最多的当数有关宁夏河渠的书写。康熙四年至民国十七年，宁夏府属于甘肃管辖范围，因此乾隆《甘肃通志》等地方志中，收录许多关于宁夏的史志资料。其中涉及黄河水利的是宁夏河渠修治工程的碑记。雍正时期，命通智先后主持唐徕、汉延、惠农、大清四渠道修建工程，《甘肃通志》载通智《惠农渠碑记》《昌润渠碑记》和《惠农渠工竣恭颂四首》《惠农渠工竣恭纪长歌》。通智受命修渠，得到皇帝高度认可。《甘肃通志》将其全文载入，亦可见用心。

黄河作为兰州境内标志性河流，在军事、经济、民生、历史文化等方面意义非同寻常，书写黄河的诗文作品也成为兰州方志"艺文志"重要组成部分。其对黄河人文历史的歌咏、对兰州黄河关防意义的强调，以及表达治理和利用黄河的愿望、寄托古今之思，正是以文学手段补充"山川志""水利志"等内容，或曰"互文"式书写。

结语

清代方志编纂在体例和笔法方面日趋成熟，内容趋于全面。朝廷对方志的规范意识也逐步付诸实施。如康熙时即要求"直省各督抚聘夙儒名贤，接古续今，纂辑通志"，并将已编成的《河南通志》"颁天下以为式"。此后康、雍、乾三朝对方志编纂做出更详细规定。如对"山川"规定："果系封内者方可载入，而不可遗漏。河道要将近日开浚淤塞变迁等查明，其间事实，备细注明，不可以小说掺入。"《甘肃通志》等方志编纂自然受其影响，其中考据式书写，正是规范之表现。

清代著名学者章学诚言："夫志者，志也。其事其文之外，盖有义焉。所谓操约之道者此也。"清代方志多有文外之"义"。清廷不遗余力探究"河源"，实际是其疆域重构方略的重要措施。对治黄引水工程的巨额投入，实际上是稳定地方民生的手段。地方官员在主持方志编纂时，显然以朝廷立场和标准取舍材料。黄河作为古人心目中的神圣之河，承载了诸多历史文化内涵。其在兰州穿城而过，成为特有城市景观。甘肃方志中以"黄河"为中心，对"河源""河桥""河渠"书写，不仅是对相关材料的"辑录"，更体现当时对疆域、军事、经济、民生等的关注。在此意义上，其艺文志中黄河题材作品，多与此类意蕴吻合，是对地理山川志和水利津梁志的"互文"式书写。

时至今日，黄河流域及其生态治理问题再次被提升至国家战略高度。习近平同志指出"黄河流域生态保护和高质量发展成为国家战略"，全面论述黄河问题。一是总体概括历史上黄河治理战略地位，指出"中华民族治理黄河的历史也是一部治国史"。二是提升黄河治理的社会稳定、民族团结意义，指出黄河流域打赢脱贫攻坚战"对维护社会稳定、促进民族团结具有重要意义"。三是倡导保护、传承、弘扬黄河文化，要求"深入挖掘黄河文化蕴含的时代价值，讲好'黄河故事'，延续历史文脉，坚定文化自信，为实现中华民族伟大复兴的中国梦凝聚精神力量"①。鉴于此，今人开展古代方志研究不仅要考虑其"辑录"功能，更应深入挖掘文化意蕴，使其助力新时代社会文化建设。

（作者朱君毅系兰州财经大学商务传媒学院副教授，研究方向为中国文学与文化）

---

① 习近平：《在黄河流域生态保护和高质量发展座谈会上的讲话》，《中国水利》2019年
   第20期，第1-3页。

启蒙、救灾、救亡、新生的多重变奏

——现代黄河诗歌的嬗变特征与文学文化价值研究

  黄河诗歌是指诗人以黄河为抒情对象，表达对黄河"博大的爱"与对"父母—祖先—大地—人民的爱心"[①]相互交融的诗歌。黄河诗歌的创作起源，可追溯到《诗经》等诗歌总集。本文所谓现代黄河诗歌，特指创作于1919—1949年的黄河题材新诗。现代黄河诗歌作品数量庞大，创作者包括郭沫若、艾青、臧克家、光未然等多人，诗歌构建了作为中华民族母亲及民族文化象征的黄河。现代黄河诗歌的研究目前尚存缺憾：一是相关作品文献梳理不够，诗歌的丰富性与嬗变性未得到体现[②]；二是主要聚焦经典作品个案，整体研究视野缺失；三是偏重文学审美，诗歌文化价值研究不足。本文通过整理分析相关文献后发现，现代黄河诗歌呈现启蒙、救灾、救亡与新生等多重主题，诗歌先后谱写了当时中国黄河泛滥成灾的哀歌、民族危亡中军民团结御敌的战歌、抗战胜利及人民新生的欢歌。现代黄河诗歌通过民族性与现代性的融通，将黄河构型为中华民族的母亲之河、国运之河与希望之河。研究现代黄河诗歌，对思考当代中国文化自信的建设

---

① 杨匡汉主编《黄河吟·序言》，李桂芳、魏礼江编选，海燕出版社，1989，第2页。

② 目前集中收录现代黄河诗歌的成果只有杨匡汉主编、李桂芳与魏礼江选编的《黄河吟》（1989年，收录15首），黄河水利委员会黄河志总编辑室编的《黄河志卷十一·黄河人文志》（1994年初版，2017年再版，收录4首），以及孟宪明主编，张爱萍、杨碧海、张晗冰选注的《黄河现代诗选》（2020年，收录11首）。笔者通过电子搜索引擎以及旧刊、旧报纸的收集整理，共收集到直接描写黄河新诗180余首，为开展整体研究提供可能。

具有启示意义。

一、现代黄河诗歌的多重主题

近现代以来，黄河等典型风景通过"凝视""再现"等方式，成为构建现代中华民族国家意识的重要象征符号①。据文献资料显示，现代黄河诗歌初创之作是胡怀琛1919年创作的《长江黄河》。诗人通过简短的诗句，"浸润四千载，文化吐光芒/我祖国！我故乡！"②用黄河、长江表征家国情感与民族文化。从创作主体来看，现代黄河诗歌因创作者与黄河地理关系的差异可分为三种类型：一是诗人行走黄河的书写。这类诗人在黄河边战斗与生活，写作偏重抒情性。如光未然于1938年东渡黄河后写的《黄河大合唱》，用黄河恢宏气势抒发了对黄河两岸军民抗战精神的赞颂。二是诗人想象黄河的书写。这类诗人主要通过报刊等媒介想象黄河，写作偏象征性。如伴梅的《阅报黄河决口豫北一带农民流离失所有感而作》（1933），用黄河两岸农民的失望、凄怆与颓唐，象征传统农业之邦的衰败。三是诗人居住黄河的书写。这类诗人出生成长在黄河边，写作重视白描与隐喻结合。如臧克家的《吊》（1934）用"枯木的寒影"描写故乡水灾后的凋零，用"忌讳的眼泪"与元旦新岁的矛盾，隐喻时代灾难之深与个人的悲悯哀悼。从发表现代黄河诗歌的刊物传播区域可见，诗歌不仅流传在黄河流域，在南京、上海及北京等政治文化中心城市也有出现。

现代黄河诗歌处身现代中国"启蒙"与"救亡"的时代语境，因描写对象及创作主体情感的差异，出现了"启蒙""救灾""救亡""新生"等四种主题。

其一，启蒙主题诗歌传承"五四"新文化启蒙精神，主要表现为开启民智与唤醒民众。首先，诗歌树立黄河科学治理观。如诗人勉之提出解决"黄河水年年成灾"的办法是"种树修河道"③，表明治理黄河"已打破以

---

① 美温迪·J.达比：《风景与认同：英国民族与阶级地理》，刘东等译，译林出版社，2011，第12页。

② 胡怀琛：《大江集》，崇文书局，1922，第1页。

③ 勉之：《黄河水》，《小朋友》1934年第584期，第7页。

前神异天灾之谬见"，采取"黄河沿岸造林"的科学理念①。其次，诗歌抒发具有现代意识的黄河意蕴。如胡怀琛《长江黄河》的家国同构意识，严辰《铁马在召唤》（1937）的民族生存危机意识，了止《黄河十八湾》（1947）的军民团结革命意识等。再次，诗歌融合多重启蒙思想资源。诗人们在对中国传统文化、民间文化以及外来启蒙文化的吸收与再造中，高呼黄河"你是中华民族的摇篮，五千年的古国文化"②，"你们非如俄罗斯产业大革命一样，把一切的陈根旧蒂和盘推翻"③。简言之，启蒙主题黄河诗歌表现了落后中国的觉醒与民族文化挖掘再造的豪情。

其二，救灾主题诗歌延续古代黄河书写的现实主义传统，主要书写黄河的洪涝灾害，抨击旧社会的救灾乏力。首先，诗歌表现河患带来的灾害。诗人不仅刻画黄河泛滥"遮天盖地茫茫无边"④的恐怖，而且描写灾民"嚼着枯草树皮"⑤充饥的窘迫，以及为活命"忍痛将儿卖"⑥的凄惨。其次，诗歌反映河患引发的人祸。如朱大枬的《黄河的哀歌》（1926）用"兵车""红枪会"揭露黄河水灾影响下军阀混战、土匪猖獗的社会乱象。再次，诗歌暴露国民政府救灾不力。如前飞的《眼看黄水渐渐高》（1935）、雷石榆的《黄水的沙场上》（1936）等用小麦价"黄金地飞涨""累累捐税埋葬"⑦等揭露贪腐横流的乱象，表现灾民的流离失所，哀叹治水失策。可以说，救灾主题黄河诗歌充斥着时人的恐惧与哀痛。

其三，救亡主题诗歌集中出现在"九一八"事变之后，通过象征手法构型黄河与民族存亡的紧密关系。如姚味辛的《渡黄河》（1931）、陈纪莹的《黄河难童船夫曲》（1931）等表现了抗战早期的乐观。随着民族危机加重，黄河诗歌显出悲愤情绪，"激起情热的狂潮"，"奏起忿怒与噪音的

---

① 张问政：《造林与治黄》，《林学》1936年第5期，第27页。
② 光未然：《黄河大合唱》，转引自杨匡汉主编《黄河吟》，海燕出版社，1989，第46页。
③ 郭沫若：《黄河与扬子江的对话》，《孤军》1923年第4期，第6页。
④ 孙修：《黄水之祸》，《西安一中校刊》1936年第8期，第3页。
⑤ 张赓廷：《黄河之畔》，《河南教育月刊》1934年第10期，第21页。
⑥ 张文麟：《卖儿行》，《劳动季报》1935年第4期，第172页。
⑦ 雷石榆：《黄水的沙场上》，《夜莺》1936年第3期，第170页。

交响"①。全面抗战开始后，黄河诗歌发出全民族抗战的怒吼，或暴露侵略者的残暴，"自从东洋兵马到，杀人抢掳放火烧"②；或歌颂军民英勇抗战的精神，描写积极抗战的民众在"平型关，阳明堡"留下"英雄的血迹"③。简言之，救亡主题黄河诗歌作为抗战诗歌的重要组成部分，大多呈现悲愤与激昂的情绪。

其四，新生主题诗歌集中出现在解放战争时期，多采用抒情手法，礼赞歌颂解放区新生活。如诗人杨天彪在前往延安途中，看到黄河岸边人民的和谐生活，激起对新生活的礼赞，"所有的田间唱起了'工作曲'"，"我的黄河，我歌颂你/流呀/永远属于大地/和人民的去流"④；王亚平通过新旧对比，揭露国民党残害百姓，"不修堤光知道要钱"，"炸堤放黄水/淹了人口、村庄和田园"，而"共产党领着分房分地"，"还要战胜野性的黄水"⑤。无疑，新生主题黄河诗歌，反映了国共两党治理黄河的不同态度，描写了中国共产党领导的治河实践，表征了人民拥护共产党领导的新政权。

整体来看，现代黄河诗歌具有自然、文化、审美及政治等多重意蕴，呈现文学主题的杂糅性。这种杂糅性体现了现代黄河诗歌与中国变迁的密切联系，融合了中国争取国家独立、民族复兴与人民幸福的多重诉求。

二、现代黄河诗歌的阶段性嬗变

现代黄河诗歌是现代中国由乱到治的历史见证，不仅传承"关心国事民瘼积极入世以天下为己任的儒学传统"，而且突破"怨而不怒、哀而不伤"的传统诗歌情感模式，表现出对民众疾苦与民族危亡的深切关注。诗歌因时局环境、黄河地缘政治等因素影响，呈现阶段性嬗变，表现为灾荒之地的哀歌、抗争之地的战歌以及新生之地的欢歌。

---

① 柳倩：《怒吼吧，祖国，这是你的时候了》，《东方文艺》1936年第3期，第62页。
② 黄诚：《黄河谣》，《青年生活》1939年第4期，第16页。
③ 野邓：《老黄河》，《奔流文艺丛刊》1941年第5期，第36—37页。
④ 杨天彪：《黄河边上》，《新文艺》1947年第1期，第22—23页。
⑤ 王亚平：《黄河英雄歌》，新华书店，1950，第22—23页。

(一)哀歌：全面抗战前期"灾荒之地"的怆痛

全面抗战前期（1919—1937）的黄河诗歌以救灾为主题，不仅记录黄河两岸人民饱受天灾人祸和内战外辱之害，而且反映民众的愤懑与怆痛。正如臧克家所言，"作为一个诗人而活在眼前的中国，纵不能用敏锐的眼指示着未来，也应当把眼前的惨状反映在你的诗里"①。诗人们在关心民生疾苦与建设现代国家的焦虑中，吟唱出家园毁坏、理想破灭、国土沦丧的时代哀歌。

首先，哀歌表现黄河"三年两决口"造成的悲惨灾难。诗人奋笔疾书，"不信人心有洪水/却看洪水又横流/三年两度奇灾告/万口同声首恶仇"②。诗歌展现黄河洪水"千百条大堤一扫成空"③的破坏性，反映了"夜卧全家人一屋/随波卷入鲸鱼腹"④的人间悲剧，呈现了"趁这要人吃人的时候""便把幼小的儿女担去贱卖出售"⑤的社会惨状。另外，诗歌还刻画了水灾之后城镇、乡村"空人烟""无净土"⑥的萧瑟。若婴的《黄河之水》（1933）更是用沙场征战能留尸骨，对比黄水之下只能"长随流沙腐"，反映人们对黄河泛滥的深度恐惧。可见，因黄河灾患频发激起的哀歌折射了当时中国的衰败。

其次，哀歌表现时人对国民政府救灾无力的失望。诗歌哀叹，"振济的声浪屡传不息/何日才能见到事实？"⑦国民政府却认为，"天然灾祲，非人力所能捍御"⑧。事实上，水利机构腐败不堪，"人浮于事，敷衍渎职""水利经费层层截留，浮支滥用""大小官吏滥用公款，中饱私囊"⑨。据统计，仅1931年、1935年两次大洪涝就造成灾民达6411万，死亡38.2万

---

① 臧克家：《论新诗》，《文学》1934年第1期，第456页。

② 若婴：《黄河之水》，《人文月刊》1933年第8期，第70页。

③ 张文麟：《黄河》，《青年文艺》1936年第67期，第191页。

④ 常平：《悲黄水》，《扬善半月刊》1933年第6期，第10页。

⑤ 雷石榆：《黄水的沙场上》，《夜莺》1936第3期，第170页。

⑥ 黄光：《黄河水灾感赋》，《国专月刊》1935年第3期，第72-73页。

⑦ 张赓廷：《黄河之畔》，《河南教育月刊》1934年第10期，第22页。

⑧ 本报讯：《蒋视察灾区后之沉痛通电》，《大公报》1931年9月3日。

⑨ 汪汉忠：《灾害、社会与现代化：以苏北民国时期为中心的考察》，社会科学文献出版社，2005，第173-175页。

人①。诗人们不禁哀叹，"最可叹！那一班/关心民瘼，治黄/道淮/闹得乌烟瘴气/到如今，还不是/但见灾民哭/只闻阔官笑！"②显然，现代黄河诗歌揭露了国民政府的治河失败，表现了诗人及灾民的愤懑。

再次，哀歌表现诗人的怆痛与救亡的焦虑。灾荒之地的黄河流域是积贫积弱的中国缩影。郭沫若面对哀鸿遍野的神州大地，在诗歌中用黄河口吻自述，"说起来我真怆痛极了。我自通过黄土之后，我便带了一身血水出来，你们不知道住在北边的人真苦"③。伴随国土沦丧与黄河灾情（1931 年、1933 年、1935 年黄河连续大洪灾）的不断升级，人们不禁焦虑，"若至今还不知猛省，以整个的有计划的打算，而雇用专门人才去治理黄河，解除人民痛苦，则中华民族的寿命将不免危亡之虞，中国文化的衰颓恐更不堪设想了"④。诗人们因此高呼，"起来！青山黄河间的儿郎/如今是千钧一发的时光/我们应当舍置一切/为祖国呵！效命疆场"⑤。显然，黄河哀歌唱响的是内忧外患的怆痛与时代焦虑的呼声。

（二）战歌：全面抗战时期"抗争之地"的怒吼

全面抗战时期（1937—1945）的黄河诗歌作为抗战文艺的重要组成部分，唱出了中华儿女抵御外敌侵略的怒吼。"抗日战争把中国知识分子与中国作家的忧患意识与社会、民族责任感发挥到了极致。"⑥全民族抗战的时代重任，促使黄河诗歌化为中华民族救亡图存的战歌。

首先，战歌反映国内抗战局势变化及抗战文艺发展新动向。中国共产党渡河御敌作为中国命运转折的标志事件，受到社会各界关注。《鲁迅、茅盾致红军贺信》就传达了社会呼声，"你们的伟大胜利，是中华民族解放史上最光荣的一页"⑦。伴随抗日民族统一战线的建立，黄河诗歌发出

---

① 李文海等：《中国近代十大灾荒》，上海人民出版社，1994，第341页。

② 栋：《黄河灾民素描》，《海王》（内刊）1933年第1期，第12页。

③ 郭沫若：《黄河与扬子江的对话》，《孤军》1923年第4期，第1页。

④ 许炳琨：《黄河与中国文化》，《史地丛刊》1933年第2期，第11页。

⑤ 嘉宝：《起来！青山黄河间的儿郎》，《绥远西北日报》1936年12月12日。

⑥ 王瑶：《中国新文学大系　1937-1949·第一集　文学理论卷一·序言》，上海文艺出版社，1990，第3页。

⑦ 鲁迅：《鲁迅全集》（第十四卷），人民文学出版社，2005，第554页。

全民族"英雄气概同黄河""同仇敌忾报国仇""一心一德赴国难""争还
我河山锦绣"①的抗战宣言。同时，黄河诗歌在抗战文艺政策的影响下，
吸收中国传统与民间文化，化用民歌、大合唱、朗诵等艺术形式，获得了
新的语言、人物、形式与精神。魏巍的《黄河行》（1937）、光未然的《黄
河大合唱》、石夫的《散步在黄河边》（1941）等诗歌，通过描写黄河的船
夫、前线的群众与战士，将诗歌"变成一颗颗的炸弹，炸毁敌人的巢
穴"②，以火热诗情激发全民族的危亡意识与救亡行动。

其次，战歌体现全面抗战时期黄河独特的地缘政治地位与文化属性。
黄河天险成为阻挡日军的天然屏障，诗歌写道，"黄河是中国的天险/鬼子
不能越过黄河边"③，"大青山/作不了中原的屏障/太阳旗插到了蒙古边"，
"黄河/你要站起来"，"你要做大中华的国防线"④。渡黄河北上抗战得到
反复歌咏。如高咏的《过黄河》（1940）、坚白的《渡黄河》（1940）、果军
的《黄河边上行》（1940）等诗歌，刻画士兵、爱国志士渡黄河杀敌报国
的无畏精神。黄河的特殊防御地位激起人们对黄河的深情，"不管男女老
幼/不管黑夜和白昼/我们在这里防守，防守/黄河岸是我们世居的乡土"⑤。
黄河流域悠久的历史文化，成为提升民族自信心的重要资源。黄河在诗中
被亲切地称呼为"中华民族的摇篮"⑥"亲爱的乳母"⑦等等。无疑，黄河
战歌重在表达家国情怀、提升民族信心、凝聚抗战力量，战歌将黄河塑造
为中华民族精神的象征。

再次，战歌表现救灾与启蒙主题向救亡主题的汇流。抗战背景下，汹
涌的黄河怒涛化为中华民族的怒吼，救灾的哀歌融入救亡的大合唱。艾青
在抗战烽火中看到"万里的黄河/汹涌着浑浊的波涛/给广大的北方/倾泻着
灾难与不幸"，想到的是中华民族祖先们"为保卫土地/从不曾屈辱过一

---

① 韩一青：《黄河颂》，《黄河》1940年创刊号，第22页。
② 编辑部：《编后》，《黄河》1940年创刊号，第23页。
③ 影痕：《黄河的激流》，《诗星》1942年第2期，第53页。
④ 咏青：《黄河》，《文艺》1938年第5期，第66页。
⑤ 窦隐夫：《守黄河》，《战歌》1938年第2期，第38页。
⑥ 冀民：《黄河》，《战时民众》1938年第3期，第37页。
⑦ 令狐令得：《七月的黄河》，转引自孙望、常任侠《现代中国诗选》，南方印书馆，
　　1943，第274页。

次"①的抗争精神。黄河令人恐惧的怒涛，被诗人歌颂为呼吁民族觉醒的"怒吼"、横扫侵略者的"厮杀"与呼唤"民族解放的高歌"②。在光未然的《黄河大合唱》等诗中，黄河褪去了无奈的怆痛，"向全中国受难的人民""向着全世界劳动的人民""发出战斗的警号"。可以说，黄河战歌书写民族救亡危机，意在唤醒大众的民族国家意识，激发全民抗战共赴国难的爱国主义情怀。

（三）欢歌：解放战争时期"新生之地"的礼赞

解放战争时期（1945—1949）的黄河诗歌，多表达对黄河流域新生之地的礼赞。民众的自信心因抗战胜利得到鼓舞，民众意识到，"欲使为患已久之黄河，常安其流，反害为利，必须要国内统一，政治修明"③。现代黄河诗歌从救灾为民、启蒙大众及保卫土地的书写，转化为共赴解放战争的抒情，"诗人以空前的热情与勇敢，用诗歌作武器参加了争取民主、迎接新中国的战斗"④。该阶段的黄河诗歌成为抗战胜利、人民翻身治理黄河与共赴新中国的欢歌。

首先，欢歌表现民族抗战的伟大胜利。抗日战争胜利鼓舞了诗人们的自信心。如贺敬之的《过黄河》（1945）写抗战胜利后的自己，过黄河时感到顶天立地、大步向前的豪迈；印敏之的《黄河的故事》（1945）用"狂飙"比喻民族抗战，让民族光荣历史在胜利之歌中再现，用太阳、月亮、星星预示民族的光明未来；张帆的《我们住在黄河边上》（1945）写黄河两岸受尽苦难的民众，"像那朵朵野蔷薇/吐出了生命的芬芳"，⑤生发出久违的生命力以及生活的希望；辛歌的《黄河》（1946）写象征全民族团结抗战的黄河，发出胜利的"狂吼"，伴着胜利的歌唱奔向希望的东方。

其次，欢歌体现黄河救灾的新气象。花园口堵口工程作为抗战胜利后

---

① 艾青：《北方》，转引自杨匡汉主编《黄河吟》，海燕出版社，1989，第29-31页。
② 矛琳：《黄河颂》，《河南青年》1941年第4期，第21-22页。
③ 赫炜烈：《认识黄河与治理黄河（上）》，《陇铎》1948年第4期，第6页。
④ 钱理群等：《中国现代文学三十年》，上海文艺出版社，1991，第523页。
⑤ 张帆：《我们住在黄河边上》，《民主周刊增刊》1945年第1期，第15页。

的重大事件之一，成为"赢得中国内战的重要隐喻"①。面对堵口问题，国民政府不顾联合国及中国共产党"先修堤再堵口"的建议，单方面实施堵口，试图"把黄河作政治军事斗争的工具，淹了解放区，制造人民的苦难，来挽救其本身兵力不足的危机"②。苏金伞的诗歌揭露了花园口决堤事件导致的灾难，"四百万人被你冲得没有踪影/五百万人被你赶出了老窝/六百五十万亩禾田/都变成沙土和荒草芜料"③。解放区人民政府呼吁"勿因政争而置千万人民于死地不顾"④，积极组织广大军民筑堤固坝，治理黄河的热闹场景出现在诗歌中，"你打硪呀/我拍土/硪要打得平/土要掘得深"⑤。在冀鲁豫解放区军民共同努力下，黄河自晚清以来第一次得到有效控制。黄河两岸人们的欢庆化为黄河欢歌，反映了解放战争时期的民心所向。

再次，欢歌呈现解放区黄河两岸的勃勃生机与解放战争的节节胜利。如杨天彪的《黄河边上》，描绘解放区百姓在黄河岸边耕种的欢快场景，表现解放区土地改革激发了黄河两岸人民的新生活热情；雁翼的《强渡黄河天险》（1947）、了止的《黄河十八湾》（1947）、胡征的《强渡黄河》（1947）等诗歌，将战胜黄河与取得革命胜利同构。诗句"什么蒋介石的四十万大军/什么风浪滔天，黄河天险/在我们英雄面前五分钟完蛋！"⑥等，将治理黄河、保卫土地及推翻国民政府融合为祖国和平及人类自由的现代性诉求。正如诗人所写，我们要守住"用血和泪创造的土地"，为"祖国的和平"，为"人类永恒的自由和爱"⑦。可以说，黄河诗歌化为解放区的新生欢歌，成为中国未来走向的预言。

艾青曾说，"伟大的诗人，永远是他所生活的时代的忠实的代言人；最高的艺术品，永远是产生它的时代的思想、感情、风尚、趣味等等之最

---

① Kathryn Edgerton - Tarpley. ARiver Runsthrough It: The Yellow Riverand The Chinese Civil War, 1946—1947, *Social Science History, Summer* 41, no.2(2017), p143.

② 罗竹风：《黄河水》，《大威周刊》1947年第11期，第1—2页。

③ 苏金伞：《黄河又回来了》，《新诗歌》1947年第2期，第7页。

④ 文心：《内战与黄河》，《消息》1946年第7期，第181页。

⑤ 李篆：《人民战胜了黄河》，《平原文艺》1947年第6期，第2页。

⑥ 雁翼：《强渡黄河天险》，转引自雁翼《胜利的红星》，作家出版社，1957，第5–7页。

⑦ 田兵：《南征诗草：黄河畔老人话别》，《平原文艺》1947年第4期，第11页。

忠实的记录"①。现代黄河诗歌立足黄河流域的地缘政治、时局环境与民众情感，记录黄河两岸人民遭受天灾人祸的悲惨命运，反映不同政党救灾救亡的不同态度，进而表达中国的民心所向。现代黄河诗歌的阶段性嬗变，无疑是当时国家命运阶段转折的重要表征。

三、现代黄河诗歌的文学价值

现代黄河诗歌的文学价值，主要体现在塑造了民族性与现代性融通的黄河形象。如果从新诗发展历程看，"中国新诗诞生于西方诗歌的模仿和译介之间，但沿着现代化轨道的单向度行进令新诗陷入了一种身份尴尬"②。现代黄河诗歌突破新诗"身份尴尬"的窘境，着力追求民族性与现代性的融通，诗歌立足中国本土经验拓展黄河书写的现代意义，既传承中国传统文化呈现民族性意蕴，又建构现代民族国家表达现代性诉求。在民族性与现代性的双向融通中，黄河被塑造成中华民族的母亲之河、民族国家的命运之河以及民族复兴的希望之河。

（一）母亲之河：黄河母亲形象的塑造

现代黄河诗歌塑造了"黄河母亲"的经典形象。有研究者认为，"诗坛直接礼赞黄河为'中华民族的摇篮''中华民族的母亲'，是到了民族危机最严重、现代中华民族观念已经形成的抗战时期"③。现代黄河诗歌对"黄河母亲"的塑造，融合了传承民族文化的追求与建立现代民族国家的诉求，表现为化用中国孝文化与赋予黄河哺育造福儿女的功能。

中国孝文化是塑造黄河母亲形象的重要话语资源。"百善孝为先"是中华民族稳定的文化心理结构，影响着中国人的行为习惯与情感表达。在现代人文思潮推动下，"孝心"褪去封建礼制束缚，还原为个体对父母及祖国的爱。现代黄河诗歌注重表达与母亲相关的孝道，既写出了逃难灾民

---

① 艾青：《中国新文学大系（1927—1937）诗集·序言》，上海文艺出版社，1985，第15页。

② 亚思明：《全球性影响的焦虑还是传统与现代的对接——关于汉语新诗的"去中国化"误读》，《文学评论》2015年第1期，第139页。

③ 李朝军：《颂美、诉灾与民族意蕴——略论历代黄河诗的特色流变及文学文化价值》，《文学评论》2017年第4期，第98页。

"黄口孺子无人买，/饿死老母遗路边"①的悲痛，展现个体家庭在灾荒下的孝道难守；又写出了民族危机下中华儿女对黄河母亲的眷恋，将"孝"的关注由家庭"小孝"上升为民族国家"大孝"。如魏巍望着抗战炮火中的黄河写道，"黄河，我的母亲，/我看见，/从你的身上/奔出一扑扑火流//烧得我/热泪潸潸/内心如焚"②，诗中的黄河母亲既是中华民族眷恋的母亲，也是养育黄河两岸无数母亲的母亲。黄河流域独特的自然条件与历史文化，还成为塑造黄河母亲形象的重要载体。如，诗歌写黄河给人民带来的丰富物质，"你英勇的前进，/穿过峡谷，/横过原野。/带给我们：/高粱啊，/蜀黍，/小米啊"③；诗歌写黄河孕育中华优秀文化，"黄河两旁，/土地肥厚；/是我中华民族的摇篮，/五千年的历史从这里起首。/代代人物，/千古不朽；/文明灿烂，/照耀宇宙"④。再如，陈梦家将黄河比作"父亲的田渠"与"母亲的浣溪"，历来作为"四渎之首"的黄河有了母亲的"仁慈"和"温丽"⑤；矛琳将黄河的咆哮喻为母亲对儿女奋起反抗的激励，"你号召着自己四方的儿女；/英勇的孩子们！/执起反侵略的武器，/在人与兽搏斗的战场，/尽情去歌唱人类的自由"⑥。可以说，现代黄河诗歌通过化用中国孝文化与书写自然黄河的母性功能，构造了"个体母亲"与"民族母亲"相互融合的黄河母亲情感共同体，使得黄河成为中华儿女共同的情感寄托。由此，黄河母亲"成为凝聚民族共识、传达人民心声最强有力的存在"⑦。

现代黄河诗歌基于黄河流域的文化地位与战略地位，构型融合政治、文化、自然以及个人情感的黄河母亲，依托民族文化内容表达现代性诉求，为中国现代文学塑造了具有民族特色的黄河母亲新形象。

---

① 伴梅：《阅报黄河决口豫北一带农民流离失所有感而作》，《偕行》1933年第12期，第44页。
② 魏巍：《黄河行》，转引自《魏巍诗选》，解放军文艺出版社，1985，第5-6页。
③ 倪受乾：《黄河之恋》，《战地》1938年第3期，第70页。
④ 冀民：《黄河》，《战时民众》1938年第3期，第37页。
⑤ 陈梦家：《黄河谣》，《文艺月刊》1933年第6期，第101页。
⑥ 矛琳：《黄河颂》，《河南青年》1941年第4期，第22页。
⑦ 韩子勇等：《黄河、长城、大运河、长征论纲》，文化艺术出版社，2021，第48页。

（二）国运之河：民族国家命运的象征

黄河诗歌的现代民族国家意识萌芽于启蒙主题，发展于救灾主题，形成于救亡主题，和合于新生主题。现代黄河诗歌立足民族历史变迁表达现代民族国家发展的诉求，通过不同黄河景观与人物的描绘，将黄河塑造成为象征民族兴衰的国运之河。

黄河诗歌常以启蒙与救灾主题映照灾荒中国。如郭沫若用黄河带着"一身血水"与"人们的眼泪"，呼喊"人们哟！醒醒醒"，象征饱尝屈辱、负重前行的启蒙者形象；常平用黄河"山骇蛟龙"①般吞没两岸人民家园，反映国民政府的治河失责与灾民的悲惨遭遇；何方则写了黄河纤夫拉纤到老"悲苦、无助、忍耐"②的凄苦命运，表现旧中国民众的悲惨生活。悲怆愤懑的知识分子、流离失所的灾民以及凄苦无助的船夫等形象，象征了全面抗战前期中国作为灾荒之地的衰败图景。黄河诗歌还以救亡主题映照抗争中国。该类诗歌塑造黄河为全民抗战力量的象征，多表现支援前线的群众、义愤填膺的灾民、视死如归的战士等。如慧生写不顾"双亲衰老，扶我孤息"的战士，带着"此时亦非悲伤时"的决绝，毅然奔赴抗战前线③；影痕写拒绝军队奖金的抗日群众模范，"他说这些钱最好留着买子弹，多消灭几个日本兵。/老百姓帮助军队是天分，/人民应该为国家效忠"④，表现军民舍小家为国家的爱国情怀。黄河诗歌也以新生主题映照新生中国。该类诗歌因解放区新生的喜悦，把黄河称为"追求光明的太阳"⑤的先行者，通过描写英勇渡河南下的战士、热情耕种生产的翻身农民、勇敢乐观的船夫等形象，表现了解放战争时期黄河流域解放区作为新生之地的蓬勃生机。

回溯现代黄河诗歌出现之前的中国文学可见，河流作为文学书写的对象，"更多的是作为能促发诗思的自然景观而存在"⑥，少见河流象征国家

---

① 常平：《悲黄水》，《扬善半月刊》1933年第6期，第10页。

② 何方：《黄河上的牵夫曲》，《诗歌杂志》1937年第3期，第21页。

③ 慧生：《黄河渡头》，《抗建》1939年第9期，第4页。

④ 影痕：《黄河的激流》，《诗星》1942年第2期，第54页。

⑤ 辛歌：《黄河》，《东北文学》1946年第5期，第32页。

⑥ 蒋林欣：《中国河流文学研究》，新华出版社，2020，第47页。

命运。现代文学发展中，鲁迅、沈从文、孙犁等人都曾写到不同的河流，但鲜见用河流构型民族国家命运。现代黄河诗歌以河流象征现代民族国家的命运流变，以河流构型抵御外敌的精神力量，通过书写民族国家的现代命运强化黄河诗歌的民族性特征，此种民族性与现代性融通的表达，无疑为中国现代文学的河流书写赋予了新意。

（三）希望之河：民族复兴希望的表征

现代黄河诗歌以多重主题交织变奏的"凝结性结构"，表征中华民族复兴的希望。德扬·阿斯曼认为，"凝结性结构"通过"一个共同的经验、期待和行为空间"，"将发生在从前某个时间段中的场景和历史拉进持续向前的'当下'的框架之内，从而生产出希望和回忆"①。现代黄河诗歌通过回溯中华民族共同记忆，重塑走向未来的现代民族精神，使得黄河作为希望之河预示民族复兴的光明未来。

现代黄河诗歌通过黄河流域自然风景构建承载中华民族古今共同经验的记忆场，以此表达实现民族复兴的诉求。如咏青通过描写黄河发源地"布着夏夜繁星的星宿海"，以及流经地"唱着牧歌的大阴山"，最终"冲出大清河，到海"②，构型黄河流域的文化记忆空间；青青通过追溯黄河历史，"历史上/你象征着霸业的兴亡"，如今作为"人类文化的宝藏"③，勾连中华民族文化记忆的时间链条。诗歌还通过人格化的黄河构造中华民族新精神。中国文学有"比德山水""进而以此来塑造人格"④的传统。历代黄河诗歌多展现黄河的山水之美及河患的破坏力，现代黄河诗歌偏重展现黄河蕴含的中华民族新精神。如谭灵的《黄河歌》（1937），"冲冲冲，我给你冲开一道光明"⑤，写黄河激流代表的开拓精神；剑虹的《伟大的黄河》（1938），写决堤的黄河"掀起了漫天的狂波""点燃了'抵抗'的

---

① 德扬·阿斯曼：《文化记忆：早期高级文化中的文字、回忆和政治身份》，金寿福、黄晓晨译，北京大学出版社，2015，第6页。

② 咏青：《黄河》，《文艺》1938年第5期，第64-65页。

③ 青青：《黄河，流吧》，《中国诗坛》1938年第4期，第11页。

④ 曾大兴：《文学地理学概论》，商务印书馆，2017，第43页。

⑤ 谭灵：《黄河歌》，《青年界》1937年第3期，第79页。

烈火"①，表现黄河决堤蕴含的反抗力量；了止的《黄河十八湾》，用黄河
穿过十八湾到海表征革命道路虽艰难终必胜。野邓的《老黄河》还憧憬民
族的美好未来，"那一天啊"，"大地上/永远播散着和平，/田野里/有快乐
的歌声扬起；/幸福的人/要谈着我们的故事，/吃着我们用血汁灌溉的/果
子；/他们要用劳动的粗手，/创造起新的天地/那时候，/啊，老黄河，/你
将变为更要美丽"②。可以说，诗人们以黄河流域文化凝聚民族共同记忆，
以黄河的新变化象征民族复兴的希望。

中国古人多持黄河"清浊交替"的时间循环观，认为"黄河千年一
清，至圣之君，以为大瑞"③，由此形成了"俟河之清，人寿几何"的哀
伤情绪。近现代以来，诗人们面对黄河的时空认知得到更新，诗人们笔下
的黄河不再是一条代表时间循环往复的河流，黄河既蕴含着强大的民族精
神，黄河也负载了民族国家走向未来的新希望。

总体来看，现代黄河诗歌着力构造黄河与中国命运的紧密关系，使得
作为自然景观的黄河上升为中华民族的母亲之河、国运之河与希望之河，
充分体现了民族性与现代性的融通。作为新文学初期的诗歌，现代黄河诗
歌难免存在诗艺粗糙问题，但因其鲜明的民族性与现代性，"虽在技术上
未尽成熟，但壮志可嘉"④。

四、现代黄河诗歌的文化价值

人类文明多起源于河流，尼罗河、恒河、约旦河等孕育了不同国度的
灿烂文化。黄河流域作为中华文明的主要起源地，促使黄河成为构造现代
中华民族复兴话语的文化符号。有学者甚至直言，"中国全部的文化，就
是黄河的文化，没有它就没有中国文化"⑤。现代黄河诗歌作为建构中华
民族文化自信力的重要文学实践，其文化价值主要表现在启发我们思考如

---

① 剑虹：《伟大的黄河》，《抗战青年半月刊》1938年第1期，第16页。
② 野邓：《老黄河》，《奔流文艺丛刊》1941年第5期，第41页。
③ 萧纲：《梁简文帝集校注》（第二册），肖占鹏、董志广校注，南开大学出版社，2015，第627页。
④ 慧生：《黄河渡头·编者按》，《抗建》1939年第10期，第4页。
⑤ 许炳琨：《黄河与中国文化》，《史地丛刊》1933年第1期，第3页。

何做好文化自信建设的奠基、塑形与赋能。

第一，文化自信由文化传承而奠基，扎根于现代意识照亮的文化传统。现代黄河诗歌通过对传统中国的再发现、再认识与再书写，建构黄河作为中华民族文明象征的文学构型，激发了现代中国民族文化主体意识的自觉，奠定了现代中国确立文化自信的基础。

现代黄河诗歌构型黄河作为中华文明的象征，除借助黄河独特的地缘因素外，还注重中国传统文化的传承。需要注意的是，现代黄河诗歌的文化传承实践，不是盲目照搬，而是立足中国实际，汲取现代科学技术与现代文化思潮，对传统中国进行了再发现、再认识与再书写。一方面，借助现代水文、考古等技术，黄河流域与中华文明的紧密关系得以再次发现。现代考古证明，作为文明古国之一，"我中华民族的文化，发祥于黄河。黄河流域就是我民族最初主要活动范围。是我古民族活动的主要舞台"①。人们由此重新认识黄河的价值。现代黄河诗歌以新的视角书写古老的黄河文化，着力呈现黄河蕴含的丰富物质、孕育的悠久文明，以及积蓄的多民族共融的强大力量。通过黄河文化传统的新书写来建构文化自信，能让现代中国的文化自信根植于现代意识照亮的文化传承。另一方面，在"大众化"运动以及"延安文艺座谈会"等现代文艺思潮的影响下，黄河两岸人民的精神风貌以及民间艺术形式得到再认识。现代黄河诗歌表现民众精神的情感基调由悲苦转向激昂，创作观念放弃了"轻视民间艺术的态度"，注重"对人民中间原有的艺术"②的研究与吸收。正是因为现代黄河诗歌对中国传统文化的再发现与再认识，使得黄河诗歌书写出了中国的文化自信。可以说，传承文化传统且有现代意识照亮的黄河书写，为现代中国确立文化自信奠定了基础。

第二，文化自信由文化对话而塑造，成形于人类普遍问题的中国回答。现代黄河诗歌在与他者文化的交流对话中，融入人权、民主、自由以及民族解放等他者话语，重构中华民族自身的文化观，形成中国式现代性发展的侧描，塑造了生命力强健的现代中国文化自信。

---

① 张聿飞：《黄河文化与中国》，《北方建设》1945年第1期，第9页。
② 荃麟：《艺术的民族化与现代化的关系》，《群众》1948年第29期，第18-19页。

　　熊十力论及中西文化交流时强调，"中西文化，宜互相融合"，"中西学术，合之两美，离则两伤"①。诗人们立足中国黄河文化特性，通过与外来文化的对话，让现代黄河诗歌融合了思想启蒙及民族解放等主题，将中国传统文化的天下大同观扩至世界范围，构建了改变中国就是改变世界的命运共同体意识。如为反帝国主义压迫，诗人高呼，"二十世纪的中华人权大革命哟！/快起！起起！/快在这二十世纪的世界舞台上别演一场新剧！/人们哟！莫用求在泪谷之中唏嘘！/你们把人权恢复之后，/世界统一的使命，永远平和的使命，/要望你们二十世纪的两个新星（黄河、长江）双肩并举！"②；在外敌侵略与民族危亡之际，诗人写到，"轩辕氏的/子孙们/会拥着/纛旗/会抱着/长剑"，"为了民族的/自由/与解放/向黑色的魔手/作着/永世的/斗争"③，并将斗争视为"人类进化的驿程"④。可以说，在现代黄河诗歌中，以黄河为象征的中华民族融入了世界民族之林，成为世界人民反抗法西斯、反抗压迫，争取民族独立、自由、解放的重要力量。黄河母亲激励的中华儿女，以开阔的视野观照中华民族作为世界成员的优缺点，通过建立自身民族身份的自觉感、民族文化的认同感以及民族复兴的使命感，用中国人自己的方式回答了人类社会共同面对的反压迫、求人权、求自由等问题。显然，通过跨文化对话而塑形的文化自信，是饱含开放思想基因的文化自信，也是在现代人类社会中具有强健生命力的文化自信。

　　第三，文化自信由文化创新而赋能，展现于时代呼声的有效回应。现代黄河诗歌的创作紧扣时代呼声，创造了启蒙、救灾、救亡与新生等具有现代影响力的主题，在内容与形式的创新中激励保家卫国的实际行动，让文化自信的能量得以充分展现。

　　历史证明，应时代所需的文化创新是文化自信发挥效能的关键。早在20世纪30代就有学者提出，"文化在历史上有古今之分，在地理上有中西之分，然而文化的效能仍以能否适应现代生活的需要为定衡"，"一切文化

① 熊十力：《略说中西文化》，《学原》1947年第4期，第8页。
② 郭沫若：《黄河与扬子江的对话》，《孤军》1923年第4期，第7页。
③ 印敏之：《黄河的故事》，《青年丛刊》1945年第2期，第32页。
④ 青青：《黄河，流吧》，《中国诗坛》1938年第4期，第12页。

建设的动向应以发扬民族精神及建设新社会为主旨"①。毛泽东对此强调，面对"传统文化"与"外来文化"，我们须立足时代所需，创造自己的"民族形式"，形成"我们今天的新文化"②。现代文学作为时代的反映，其创新之路正如林语堂所言，须"发明新知，使古今中外互相印证"，"然后可以融会贯通，自由自在，书为我用，我不为书用，收古今中外为我注脚"③。现代黄河诗歌紧扣现代中国的时代变迁，通过内容与形式的创新，负载了东方古老民族从自觉走向自信再到自强的精神能量，凝聚了激励民众保家卫国的精神动能。在内容方面，现代黄河诗歌立足中国的现代境遇，通过启蒙、救灾、救亡与新生等多重主题变奏，创造性地将哀歌、战歌、欢歌融入了民族解放、民族独立、民族复兴的时代任务。在形式方面，现代黄河诗歌吸收中国民间的新民歌、朗诵体等不同形式，并与"大合唱"等外来艺术形式相结合，促使诗歌发出了广大民众创造新中国的强大呼声。可以说，因时代所需而开展的文化创新，能让文化自信化为助推中国发展的重要精神力量。

概观现代黄河诗歌的文化自信表达可见，文化自信生息在文化的动态演变中。文化自信是经历文化自觉、文化认同逐渐形成的"对自身文化价值和文化生命力的确信和肯定的稳定性心理特征"④，以及"对中华民族文化精神、文化能力、文化道路的正向评价"⑤。面对百年未有之大变局的今天，我们在当代中国文化自信建设中如何让传统文化、他者文化实现创造性传承与创新性发展，是时代需要我们回答的重要问题。现代黄河诗歌作为现代中国提升民族自信力的文化实践，能为我们思考此问题提供重要启示。

总之，20世纪的"启蒙与救亡"双重奏鸣，构成阐释现代中国变迁

① 韦悫：《中国文化之回顾与前瞻》，《前途》1934年第8期，第8页。
② 《毛泽东文艺论集》，中央文献出版社，2002，第41页。
③ 林语堂：《论东西文化与心理建设》，《宇宙风》1943年第135期，第68页。
④ 刘林涛：《文化自信的概念、本质特征及其当代价值》，《思想教育研究》2016年第4期，第21页。
⑤ 张晓红、范映渊：《中国共产党文化自信百年实践的理解维度》，《青海社会科学》2022年第2期，第15页。

的重要话语。现代黄河诗歌具有启蒙、救灾、救亡及新生的四重变奏，表征了黄河精神与现代中国变迁的互生共荣。现代黄河诗歌塑造了黄河作为"母亲之河""国运之河"以及"希望之河"的文学构型，展现了中国现代诗歌民族性与现代性的融通，汇聚了现代中国树立文化自信的话语力量。现代黄河诗歌为构建当代黄河文化话语体系提供了重要的精神资源，也为当前讲好"黄河故事"以及建设当代中国文化自信提供了文学实践经验。

（作者杨建军系兰州大学文学院教授，博士研究生导师，兰州大学"萃英学者"，从事中国现当代文学与文化产业研究；张涛系兰州大学文学院博士研究生）

黄河文化的脉络结构和开发利用

——以甘肃黄河文化开发为例

黄河，世界第五大河，中国第二大河。它在中国北方蜿蜒流动，从高空俯瞰，宛如一个巨大的"几"字，又隐隐像中华民族那独一无二的图腾——龙。黄河在中国历史上的地位是独一无二的，她是中华文化的"摇篮"，是中国的"母亲河"，史称"四渎之宗"[①]。在漫长的历史进程中，黄河哺育了光辉灿烂的中华文化。

一、河流与文化

水是生命之源。从地球上生命初萌的那一刻直到今天全球化时代复杂的人类社会，水不但因其是人类基本生存得以可能的必要前提条件，还因其是人类的社会生产不可或缺的物质资源，而与人类结下不解之缘，以致我们不得不这样说，一部人类社会发展史就是一部人类与水的关系史。人类文明的兴起、发展，都与水的各种存在形态有着密不可分的关系。中国古典文献中的关于水经典论说，其实就是水与人类的基本生存与文化发展息息相关的表征。《管子》云："水者，地之血气，如经脉之通流者也。"[②]《道德经》则云："上善若水"[③]。

如果说火在人类走出蒙昧的过程中起到天启作用有如父亲的话，那么

---

① 班固：《汉书·沟洫志》，中华书局，1962，第1698页。
② 黎翔凤、梁运华：《管子校注》，中华书局，2004，第813、471页。
③ 陈鼓应：《老子今注今译》，商务印书馆，2003，第102页。

水在人类漫长的历史中则如同母亲，哺育了人类的文明。

地球上水的存在形态很多，如海洋、河流、湖泊等地表水体形态，以及地下水、雨水、冰雪等其他存在形态，但对于人类而言，最重要的莫过于河流。河流不但是远古人类步入文明社会的孕育者，而且也是人类文化不断向前的引导者，更是人类社会巨大变迁的见证者。大河奔流冲击而成的三角洲、冲积平原，由于土壤肥沃，往往是得天独厚的农业生产区域，这些区域为人类农业文明的萌发与发展提供了重要的条件。而河流两岸较为宽阔的河畔地带、河流与其支流的交汇处，往往又是最能代表人类文化的城市及其文化兴起的地方。在现代文化兴起之前，世界各地最重要的城市，大都坐落在河畔或者河流交汇的地方。再者，人类使用河流、与河流的斗争以及不同部族的人类为争夺水资源而进行的斗争，其本身也形成了不同类型的文化。尤其是人类在利用河流、企图征服河流或者想象控制河流的过程中所形成的各种巫术仪式、信仰和民俗，以及人类在这一过程中所凝聚起来的众志成城、团结一致的精神，都是人类在自然实践与社会实践中所获取的宝贵经验。在此基础上所形成的河流文化，扩展了社会调控的范围，促进社会政治变革、经济变革和文化变革。因而以河流为载体的河流文明是人类文明的重要源泉。

在人类文化史上，虽然各个文明大都与河流（或海洋）有关，但水量大、流程长、流域广的大江大河所孕育的文明，在早期人类中最为伟大。换言之，大河流域所塑造的文明最有可能发展壮大，并成为在历史上、在阔大的地理范围内有着重大影响的文明，人们一般把这种文明称为"大河文明"。从历史上看，西亚地区、北非地区、印度地区、希腊地区、华夏地区在距今5000年左右兴起的文明，都与"水"（河、海）紧密相关。除了希腊文明之外，其他四大文明发源地都与河流有关。北非地区的古埃及人依尼罗河而居，建立了古埃及文明，西亚地区的两河流域哺育了巴比伦文明，恒河流域的古印度人则发展起了古印度文明，华夏地区的古代中国人在黄河流域的中原地区形成了中国文明。正是这些大河文明构成了人类文明的源泉和发祥地。

（一）尼罗河与古埃及文明

尼罗河是世界第一长河，是非洲众多河流之父，也是一条流经多个国家的国际性河流。尼罗河从非洲东北部布隆迪高原发源，流经布隆迪、卢旺达、坦桑尼亚、乌干达、苏丹和埃及等国，最后注入地中海。尼罗河的干流自卡盖拉河源头至入海口，全长6671千米，为世界河流流程之最。尼罗河的支流还流经肯尼亚、埃塞俄比亚和刚果（金）、厄立特里亚等国的部分地区，其流域面积达335万平方公里，占非洲大陆面积的九分之一。尼罗河下游的三角洲平原，地势平坦，河渠交织，古埃及即诞生在这里。几千年来，尼罗河定期泛滥（每年6月到10月），给三角洲平原带来肥沃的土壤，为古埃及文明的出现提供了充分的物质条件。从公元前5000年的塔萨文化到公元642年埃及被阿拉伯人征服，古代埃及人创造了灿烂至极的古埃及文明。他们发展起农业，栽培了棉花、小麦、水稻、椰枣等农作物，在干旱的沙漠地区上形成了一条"绿色走廊"；他们还创造了文字，建造了城市，尤其是建造了被称为世界七大奇迹之一的金字塔。

（二）底格里斯河和幼发拉底河与古巴比伦文明

在西亚腹地，北接亚美尼亚高原，南临波斯湾，东与西伊朗山脉为界，西与叙利亚草原和阿拉伯沙漠接壤的美索不达米亚平原，是底格里斯河和幼发拉底河冲积形成的两河流域冲积平原。两河定期泛滥，给流域内的两河沿岸带来因河水泛滥而积淀成的适于农耕的富饶土壤。与尼罗河对埃及的哺育类似，两河流域也形成了世界上文化发展最早的地区文明。两河流域的苏美尔人创造了灿烂的文化，而后来的古巴比伦人在大约公元前2000年建立了古巴比伦王国，他们在苏美尔人的基础上，创造了更加绚丽的文明。在法国巴黎的卢浮宫里，我们现在可以看到世界上迄今为止保存最完整和最早的成文法典《汉谟拉比法典》。两河流域文明为世界发明了第一种文字"楔形文字"，建造了第一个城市，发明了第一个制陶器的陶轮，制定了第一个七天的周期，第一个阐述了创造世界和大洪水的神话。至今为世界留下了大量的远古文字记载材料。

（三）恒河与印度文明

恒河位于印度北部，是南亚的一条主要河流。恒河源头巴吉拉蒂河和阿拉克南达河发源自印度北阿坎德邦的根戈德里等冰川，它横越北印度平原（即恒河平原），流经北方各邦，会合其最大支流亚穆纳河，再流经比哈尔邦、西孟加拉邦，最后它分为多条支流注入孟加拉湾。恒河用丰沛的河水哺育着两岸的土地，给沿岸人民以舟楫之便和灌溉之利，用肥沃的泥土冲积成辽阔的恒河平原和三角洲，这为印度文明的产生提供了充分的物质条件。恒河这条世界名川，被印度人民尊称为"圣河"和"印度的母亲"。作为四大文明古国之一的印度文明，也因而被称为"恒河文明"。恒河浇灌起来的古印度文明以其异常丰富、玄奥和神奇的特点深深地吸引着世人，对亚洲诸国包括中国产生过深远的影响。古代印度在文学、哲学和自然科学等方面对人类文明作出了独特贡献。

（四）黄河与华夏文明

黄河是中国北方最重要的河流，它在华夏文明形成和发展过程中的地位和作用显然是无可替代，也是其他河流无法比肩的。虽然从考古发现可以看出，中国各地的古代文明很多，但是这些文明都没有延续下来，有的中断了，有的消失了，有的则融入了黄河文化。因此，由黄河所塑造的黄河文化的本源性与其在中国历史上的重要性，使之成为华夏文明的主体。而这一优势的物质基础正是黄河支流的台地和黄河中下游的特殊地理条件——黄土冲积平原最适合早期的农耕，当时气候温和湿润，黄河及其支流水量充沛，使华夏诸族得以拥有东亚最大的农业区，形成了最发达的文化。

二、黄河文化的内涵及其存在空间

根据格尔茨的观点，与其说文化是某种固定的铁板一块的静态的存在，不如将文化看成是"一些由人自己编织的意义之网"[1]。这个意义之网的核心价值具有凝聚共同体整体成员的特殊社会力量，同时它也往往通

---

[1] 克利福德·格尔茨：《文化的解释》，韩莉译，南京译林出版社，2008，第5页。

过一种符号化的方式象征性地表达共同体成员可以建构自身认同的可识别的价值。对于浩瀚博大的黄河文化，要准确地把握其基本内涵，只能把它视为一个大的系统（当然其自身内部的各种元素之间也是不断冲突、融合，分化、断裂，包含着旧元素的消亡与新元素的诞生的过程）。

从这个基本认识出发，我们可以这样理解黄河文化的内涵。首先，黄河文化是在地理空间上以黄河流域为限度（这个限度的最大值是中国的北方）的区域文化；其次，黄河文化是黄河流域的人们在与黄河（黄土、季风等自然条件）之间的实践关系中，改造自然和自身的过程中所不断积累的物质与精神层面的文化的总和；最后，黄河文化包括一般所说的文化的内涵，诸如一定的社会规范、生活方式、风俗习惯、精神面貌和价值取向，再细致一些，就是所谓的包括政治、经济、艺术、哲学、语言文学、史学、宗教、民间信仰、道德规范和社会生活习俗等方面的内容。另外，黄河文化还是一个时空交织的多层次、多维度的文化共同体，具有区域内大体认同的标志性、可识别性等特征，可以被抽象化、符号化、象征化。

一般说来，文化包括物质层面、制度层面和精神层面。从形而下的角度看，黄河文化的物质化存在是以具体化的地理空间分布为载体的；而从形而上学的角度看，黄河文化精神层面的内涵往往体现在习俗、惯例以及哲学、宗教、文学艺术中，而具体的文化形态、文化样式的背后，则内隐着文化精神。从黄河文化生存的地理空间来看，黄河文化的生存空间与黄河干流区域的范围大致一致，即一般所说的青海、四川、甘肃、宁夏、内蒙古、陕西、山西、河南、山东数省区。但是，如果从历史上看，黄河流域的范围比今天的75万平方公里要大，尤其是黄河的多次改道导致黄河在中下游的河道漂移不定。因此，从广义上说，黄河文化的生存空间超越了单纯的地理空间，在某种程度上，我们可以笼统地将西起青藏高原，东濒渤海和黄海，北连阴山和燕山，南以秦岭、淮河一线为界大片区域，视为黄河文化赖以产生和生存的文化空间。但由于黄河流经地区的广阔和地理环境的复杂，先后跨越了青藏高原、黄土高原、北部草原的河套地区、华北平原和滨海地区，不同的自然环境和人文环境，必然使黄河文化在这种特殊空间条件下成为一种内容极其丰富、同中有异的文化系统。由此，较为宽泛的黄河文化的概念应该是涵盖了上述这个较大区域的包含了许多小区域文化的一个大的系统的文化。从空间分布看，黄河文化主要包括河湟文化（青海）、陇右文化（甘肃）、宁夏文化（宁夏）、河套文化（内蒙古）、三秦文化（陕西）、三晋文化（山西）、中原文化（河南）、齐鲁文化（山东）等几大区域文化。

从物质化存在的空间布局来看，黄河文化的中心伴随着历史的发展而发生变化，即从早期的黄河上游地区，逐渐向黄河下游地区转移，在地理方位上大致是自西向东的移动（当然，在特定历史时期，也曾发生过短暂的由东向西移动）。换言之，黄河文化空间分布的主要地理空间在中国的北方平原地区，其发端的青藏高原和黄土沉积形成的黄土高原是早期黄河文化发达的地区，河套平原与广大的华北平原地区，后来居上，成为主要的黄河文化区域。黄河文化中心的这种转移的决定因素在于黄河流域地区气候的变化，文化中心自然向更适宜人类居住的区域转移。这一特征，既奠定了黄河文化形成的基础，也推进了黄河文化几千年演化。

从黄河文化分布的时序性上看，其特点首先在于黄河文化所代表的文明是世界众多流域文明中唯一没有间断的文明形态。在世界范围内，其他文明形态因各自不同的原因，先后都陨落了。但黄河文明却绵延几千年，直到今天，中华文化其精神实质上仍是与古老的黄河文化一脉传承的。以黄河文化为内核的华夏民族共同体，仍是今天这片古老大地上的主人。另外，诞生于黄河文化流域的汉语，仍是今天中国主要的语言形态。更重要的是，黄河文化几千年形成的民族精神、伦理道德、价值观念在今天仍深深地影响着中国人。这些薪火相传而辉耀千古的力量，就是黄河文化的内在精神。

（一）自强不息

《周易·乾卦》云："天行健，君子以自强不息。"[1]天（即自然）的运动刚强劲健，相应于此，君子处世，也应像天一样，自我力求进步，刚毅坚卓，发愤图强，永不停息。自强不息的精神对中华民族而言，就是强调集体高于一切的价值观。积极进取，为国家、为民族奉献，从而实现人的社会价值，是黄河文化顽强生命力的象征。

---

[1] 黄寿祺、张善文：《周易译注》，上海古籍出版社，2001，第8、581页。

(二)天人合一

"天人合一"的思想概念最早是由庄子阐述的。《庄子·达生》曰："天地者,万物之父母也。"①后被汉代思想家、阴阳家董仲舒发展为天人合一的哲学思想体系,并由此构建了中华传统文化的主体。天人合一的思想强调人类与自然的关系是一种和谐关系,而不是征服与被征服的关系。

(三)多元融合

多元融合的哲学基础是尊重多样性与差异性的存在,《论语·子路》曰："君子和而不同,小人同而不和。"②黄河文化千年传承的根本原因就在于其内在的包容性、开放性。黄河流域多个民族以"和而不同"的方式并存,各自吸收彼此文化优点,最终形成多元融合的黄河文化复合体。

(四)以人为本

"以人为本"最早见于《管子》："夫霸王之所始也,以人为本。本理则国固,本乱则国危。"③历代不少思想家都对这一思想有所论述,其主旨大致都在尊重人民,重视农耕文化。人本思想主要是相对于物本、君本思想而提出来的,强调把人(人民)的价值放到首位,重视人的生存。

(五)崇德利用

《周易·系辞下传》说："精义入神,以致用也。利用安身,以崇德也。"④意思是,精研事物的规律,以至于理解深微的变化,是为了实用;便利实际运用,是为了提高道德;而道德提高了,就更能对微妙的变化有更深入的理解了。这是中国文化基本精神,它主要解决人与自身的关系,即精神生活与物质生活的关系,表现出中国哲学的智慧。

(六)贵和尚中

"和"是众多不同事物之间的谐和。"中"是中庸,即不陷于某一极

---

① 陈鼓应:《庄子今注今译》,中华书局,1983,第465页。
② 杨伯峻:《论语译注》,中华书局,1980,第149页。
③ 黎翔凤、梁运华:《管子校注》,中华书局,2004,第813、471页。
④ 黄寿祺、张善文:《周易译注》,上海古籍出版社,2001,第3、581页。

端，随情况的不同而采取恰当的方法。"和"的思想对黄河文化多样性、平衡性影响巨大，而"中"的思想则对黄河文化发展的稳定性作用巨大，但在一定程度上又阻挠了变革。总的来说，贵和尚中指的是以和为贵与中庸保守，表现出黄河文化重和谐统一的一面。

三、黄河文化生成历程与总体特征

在人类从蒙昧走向文明的历史进程中，地理环境的特性决定着生产力的发展，而生产力的发展又决定着经济关系的发展，以及伴随着经济关系发展的所有其他社会关系的发展。在黄河流域建立起黄河文明的中国人也不例外，诚如黄仁宇所说，"易于耕种的纤细黄土、能带来丰沛雨量的季候风，和时而润泽大地、时而泛滥成灾的黄河，是影响中国命运的三大因素。它们直接或间接地促使中国要采取中央集权式的、农业形态的官僚体系"①。从自然条件看，黄河流域恰好处于中纬度，是四季分明的温带气候。黄河冲积黄土高原并裹挟而来的肥沃厚重的黄土，利于发展农耕。加之黄河本身所提供的可资灌溉的水资源，使黄河流域（黄河及其支流的两岸平地、谷底，尤其是中下游的平原地带）具备发展农业的理想的、得天独厚的自然条件，成为古代中国最发达的农业经济区。这是黄河文化存在的最基本的自然地理条件。

从黄河文化存在的时间看，可谓源远流长。早在旧石器时代，黄河流域就有了人类的活动。在山西省芮城县境内出现西侯度猿人距今有180万年，在陕西蓝田发现的蓝田猿人距今大约100万年，在陕西渭南市发现的大荔猿人距今大约有20万年，在山西襄汾发现的丁村猿人距今也有15万年，还有黄河河套地区的河套人及其文化，河南安阳小南海发现的洞穴遗址，都在5万年以上。经过漫长的旧石器时代，黄河流域出现了以农业为特征、以磨制石器为标志的新石器时代文化。随着生活在黄河流域的血缘氏族部落逐渐由母系氏族公社进入父系氏族公社，部落之间也开始了一系列战争。最终，势力强大的黄帝战胜了炎帝，基本奠定了华夏族的基础。

那么黄河文化形成于何时，它后来又经过了怎样的演变，才发展成为

---

① 黄仁宇：《中国大历史》，生活·读书·新知三联书店，1997，第23页。

今天这样一个复杂的既具有广袤的空间跨度又具有绵长的时间跨度的一个大体系的呢？为明确回答这一问题而武断地进行分期是不可取的，但是为了便于论述，我们可以采取一个较为模糊而折中的办法，把黄河文化的流变过程大体上分为三个阶段，即黄河文化的形成期、发展期、融合期。通过这一划分，我们能够看清黄河文化在历史长河中的大致走向与发展脉络。

黄河文化作为一种主体文化而形成的时期，大致可以界定为先秦时期到秦汉时期。在这一时期，与涓涓细流汇成大江大河类似，黄河流域各个地区的区域文化（地方文化）伴随着征战杀伐与产品贸易慢慢走向融合，逐渐形成大的区域文化，最终，在统一的政治实体的制度规范与区域文化彼此相互自发融合两种力量的推动下，黄河文化逐渐形成。神话与历史所讲述的从远古时期众多部落的颉顽，到炎帝和黄帝部落的联盟；夏商周时期的中心与四方（边陲）的对峙；以及从春秋战国到秦汉一统，都表明黄河文化在形成过程中不断凝练、提升、壮大。在某种程度上，中华民族的图腾龙，也以象征符号的方式表征了黄河文化的融合过程。我们之所以把这个时期说成是黄河文化的形成期，是因为这一段长达数千年的历史见证了黄河文化的内部消化与融合过程，而且以标志性的事件显示了黄河文化的统一的主体特点。一方面，农业经济模式在这一时期逐渐成熟，另一方面，共同的地域、共同的语言以及共同的经济生活所凝聚成的汉族在这一时期形成，当然，最重要的是，能够代表黄河流域文化核心思想的儒家思想在汉代被确立为官方意识形态。

一种文化在初步形成并逐渐壮大之后，必然伴随其所凭附的政治、经济实体的势力范围的扩大，而与周边文化发生冲突、交流、融合等各种双边、多边关系。在魏晋南北朝直至唐王朝时期，伴随汉民族的中央政权与周边少数民族政权的政治权力争夺与经济贸易交流，以及中央政权与亚洲其他国家的丝路贸易，黄河文化向北方草原文化（或游牧文化）、南方江淮流域文化输出，以及与印度文化的激烈碰撞，与古波斯、日本、朝鲜、越南等各国文化交流。在这一过程中，黄河文化进一步发展，最终在唐王朝时期伴随经济高度发达、城市规模空前宏大，而形成了作为民族国家繁荣昌盛标志的多元共存、高度繁荣的黄河文化。

唐代中期以后，由于南方经济后来居上，黄河流域的经济地位下降，但仍然占据着政治中心的地位，因而在文化上依然具有引领其他区域文化的特征。经过宋元明清，各个地区的文化与黄河文化相互碰撞、交流、竞争，黄河文化的绝对主体、绝对中心的地位有所下降，但是，在整个中华民族文化中，黄河文化依然是主体，这个主体与其他地区、民族的文化融为一体，组成大一统的中华民族文化。

从黄河文化的形成发展历程我们可以看出，首先，从生成角度看，黄河文化具有一种树状聚散特征。钱穆先生在《中国文化史导论》中指出："中国文化发生，精密言之，并不赖借黄河本身，他所依凭的是黄河的各条支流。每一支流之两岸和其流进黄河时相交的那一个角里，却是古代中国文化之摇篮地。"[①]何炳棣也认为，"除掉甘肃山西沿着黄河上、中游有些古文化遗址外，其余绝大多数的遗址都是沿着黄河的支流或支流的更小支流"[②]。也就是说，黄河支流及其与黄河相交地带的黄土台地，往往是古代文化的发源地。但这只是事情的一方面，另一方面，黄河流域发达起来的农业城市、商业城市，都是沿着黄河主干道分布的；而且，历史上的战争、灾荒往往驱赶着黄河人在平原地带与黄土台地之间徘徊，而黄河文化也恰巧因而在黄河主干道平原一带与支流山间峡谷台地之间"汇聚—扩散"。因此我们可以这样认为，黄河及其支流的树状"汇聚—扩散"关系与黄河文化在黄河流域及其周边的"汇聚—扩散"关系之间具有同构性。黄河文化的这种树状聚散特征是其本质特征，因为黄河及其支流的河谷文明如树状聚散，恰好是黄河文化得以发生的前提，也是黄河文化发展规律的表现。播撒在这种树形一样大大小小的支流上的地域性文化，在数千年的历史中通过冲突、融合，汇聚成浩瀚博大的黄河文化。

其次，从文化内涵来看，黄河文化是以"和"为核心思想。在传统文化中，"以和为贵"的思想像一条粗大的线索，贯穿整个历史。所谓"和实生物，同则不继"[③]。具有差异性的不同文化的融合，正是文化得以发展的前提。作为一个复合体的文化体系，黄河文化的"和"主要体现为一

① 钱穆：《中国文化史导论》，三联书店，1988，第2页。

② 何炳棣：《黄土与中国农业的起源》，香港中文大学出版社，1969，第116页。

③ 上海师范大学古籍整理组：《国语》，上海古籍出版社，1978，第515页。

种极强的包容性。如在新石器时代，龙山文化的发展就是融汇了大汶口文化和仰韶文化；而大汶口文化的发展同样是文化融合的结果（融汇了青莲岗文化和东夷土著文化）；仰韶文化本身也是多种文化结合的结果（河南裴李岗文化、河北磁山文化、甘肃大地湾文化）。而秦汉一统，同样是秦、晋、齐、鲁等文化的融合与凝练。"和"不但是处理自身内部的亚文化元素之间的关系所依循的原则，同样是处理自我与他者文化之间关系的准则。例如，历史上的草原游牧民族，如羌、匈奴、羯、氐、鲜卑、乌桓、柔然、高车、突厥、回鹘、契丹、女真、蒙古等民族，以及南方的少数民族，如百越、巴蜀、楚文化等，最终都被包容进了黄河文化，并最终成为黄河文化有机血脉的一部分。当然，在对待域外他国文化（包括亚欧非）时，黄河文化同样表现出一种海纳百川的气概，这种博大精深的包容性，使之成为中华古代文化当之无愧的代表。

最后，从历史发展过程来看，黄河文化具有超乎寻常的稳定性。由于半封闭的大河大陆型的地理环境，加之温带大陆性气候与黄土区域的广泛，黄河流域形成了典型的稳定的农业文化。这种农业文化既不同于南方（长江、珠江流域）的稻作与渔猎结合的文化，又不同于流动性极强的北方草原游牧文化，而是在总结农业经验的循环性与延续性基础上形成的厚重、务实、重视安定的生活，强调要与自然和谐（"天人合一"）等等。在社会组织形式方面，形成了所谓的"家国同构"。与西方海洋性文化的扩张性、掠夺性不同，黄河文化的农业特质决定了它的容易自我满足，而农业的定居生活所形成的正统思想使之在想象世界秩序时，往往将自我设定为中心，而将其他文化设定为边陲，从而形成一种优越感。在处理自我与他者文化的关系上，往往强调"华夷之辨""以夏变夷"，当然这本身也是一种二元对立思维的产物。

四、黄河文化的脉络结构

由于时间上穿越中国历史五千年，空间上横跨黄河流域，黄河文化因而浩瀚博大、庞杂丰富。从生成角度看，黄河支流上的原始文化的发生毫无疑问是黄河文化最初的点点星火；随着各种工具的发明与利用、生产力水平的提高，城市的诞生与文字的发明使黄河文化逐渐汇聚为以地理单元为中心的区域文化；后来，黄河流域政治、军事上统一与割据的交替，使黄河文化逐渐凝聚为一体，与此同时，与北方、西部、南方少数民族的攻守战和，以及与亚洲、欧洲及非洲各国的文化交流，促使黄河文化在向外辐射的同时吸纳其他民族文化的精华部分，从而使黄河文化不断壮大。从结构特征看，黄河文化是一个时空交织的多层次、多维度的文化共同体，她的内涵十分丰富，包括政治、经济、艺术、哲学、语言文学、史学、宗教、民间信仰、道德规范和社会生活习俗等方面的内容。正如复杂的人体内部贯有纵横交织的经脉一样，包容了多种亚文化的黄河文化也有贯穿其整个肌体的脉线，每条主脉线上又分布有若干副脉线，正是这些脉线交错纠结所构建的"面"复合而成黄河文化的"体"——具有生成性、开放性的网状结构式的黄河文化系统。依循黄河文化历史发展过程中的聚散关系的脉络，我们可以从中梳理出黄河文化的脉络结构。

（一）生物化石线

黄河流域分布着丰富的古生物化石，从白垩纪到晚新生代的恐龙、黄河象以及其他古生物化石，均有分布。如宁夏灵武古生物群化石、山西榆社古脊椎动物化石、河南内乡海洋古生物化石等。在甘肃考古发现的古生物化石包括恐龙、黄河象、和政羊等，甘肃现已申报成功两个国家级地质公园，即刘家峡恐龙国家地质公园与和政古生物化石国家地质公园。

（二）文明遗址线

黄河流域作为华夏文明的诞生地，作为中华文化的发源地，留存了多处远古人类活动遗迹。如山西芮城西侯度人遗址、陕西蓝田县灞河东岸王公岭遗址、陕西大荔县甜水沟遗址、山西襄汾丁村人遗址、山西半坡遗址、甘肃秦安大地湾遗址等。可以说，东起山东，西到甘肃、青海，北到宁夏、内蒙古，南到河南，整个黄河流域都有远古人类留下的足迹，这些遗址都有丰富的远古人类的遗存。

（三）农耕文化线

与生产力紧密相关的是生产工具和生产技术以及作物栽培，生产工具和生产技术的变迁以及作物栽培凝聚着深厚的文化底蕴，连缀起黄河文化的农耕脉线。生产工具（材质）的变迁记载了人类文明从使用石器、骨器、木器经青铜器到铁器的进化历程。犁耕、砂田、水车、引水灌溉是中国农业文明的见证。犁耕是中国，特别是黄河流域几千年来土地耕种方式，它凝结着黄河流域人民的勤劳和智慧。早在石器时代就已经出现了石犁，春秋后期牛耕出现，战国中后期铁犁用于牛耕，西汉时出现直辕犁，唐代出现曲辕犁。黄土颗粒细，土质松软，富含可溶性矿物质养分，利于耕作，因而这里的盆地和河谷农垦历史悠久。早在距今约7800年的大地湾文化遗址中，就已经发现有早期作物稷、油菜籽等。

（四）民族文化线

黄河作为中华民族的摇篮，不但哺育了作为中华民族主体的汉民族，而且哺育了多姿多彩的其他民族。全国56个民族在黄河流域几乎都有分布，其中甘肃的民族最多。甘肃位处黄土高原、青藏高原、内蒙古高原三大高原的结合带，历史上一直是生活在这些地域以至更大区域范围内的各民族往来、迁徙、交流、争斗、融合非常频繁的地区。早在3400—3100年前，作为羌人祖先的辛店人、寺洼人就已经在这里生存繁衍。进入人类社会后，戎、羌、氐、匈奴、鲜卑、回纥、党项等古代少数民族的政权也建在黄河上游一带。

（五）宗教文化线

在中国历史上，黄河流域作为华夏文明的摇篮，也是各种宗教文化资源的交汇点。从远古人类蒙昧时期的原始宗教算起，黄河流域的宗教文化至今已经走过了近三万年的历史。早在27000年前北京周口店山顶洞人，就将红褐色的铁矿粉撒在死者的身边并给死者配上殉葬的饰品，这说明他们已经出现了对于人类死后有灵魂的原始思维心理，具备了初步的宗教意识。两汉时期，随着佛教的传入，中国本土宗教道教的兴起。经过魏晋至隋唐的发展，佛教和道教走向成熟。唐代的宽松政策还使景教、摩尼教、火袄教等外来宗教传入中国，其中伊斯兰教的传入对信教民族的历史文化、伦理道德、生活方式和习俗产生了深刻的影响。明清以后，以护国安民为基本要点而相互贯通的儒、释、道三教以及伊斯兰教等，将汉、满、藏、回、维等各个民族的信仰归于忠君爱国敬教。

（六）文学艺术线

黄河流域先民的艺术哲学体现在彩陶、青铜器、玉器、工艺美术品等日常生活审美上，也体现在文学、音乐、舞蹈、戏曲、绘画、雕塑等超越性审美文化符号中。从中国最早的诗歌总集《诗经》到先秦散文、汉赋、唐诗、宋词，汇集了中国文学的精华部分。从史书记载看，古代歌舞有先秦歌舞音乐、汉代相和大曲、唐代歌舞大曲等。古代舞蹈如盛唐宫廷舞蹈，有太平乐舞、破阵乐舞、剑器舞、胡旋舞、胡腾舞、绿腰舞、春莺啭、霓裳羽衣舞、何满子、踏摇娘舞等。黄河流域文人绘画艺术也很有成就，如唐代著名山水画家李思训等的作品在中国绘画史上也有很重要的地位。黄河流域的雕塑艺术主要有石窟造像艺术、汉代黄河画像石、黄河寺庙彩塑、秦汉黄河瓦当等。石窟造像艺术是与佛教的传播分不开的，中国四大石窟，敦煌莫高窟、山西云冈石窟、洛阳龙门石窟、天水麦积山石窟都分布在黄河流域就是早期佛教主要在黄河流域传播的结果。黄河画像砖、黄河画像石主要集中在山东、河南。黄河彩塑艺术是唐以后宗教塑像主要表现形式，道教、佛教的寺庙大多采用这种彩塑艺术。秦汉黄河瓦当有动物纹、植物纹、几何图形等，如象征东西南北四个方向的青龙、白虎、朱雀、玄武的"四灵瓦"。

（七）建筑文化线

黄河流域作为中华民族的发祥地，处处留下了体现古代人民智慧的建筑，其中民居与古代官府建筑、宗教建筑更是悠久历史文化的见证。黄河上游的民居一般有黄土窑洞、木构架庭院式住宅等，如天水秦州区南、北宅子，以及澄源巷、务农巷、陆家巷、石家巷等处成片古建筑，为西北现存最大的古民居建筑群。黄河上游的主要寺庙有塔尔寺、鲁土司衙门、拉卜楞寺、临夏南关清真大寺、金天观、五泉山建筑群、伏羲庙、同心清真大寺、海宝塔等，其建筑风格都是黄河流域建筑文化的代表。

（八）民间文化线

黄河流域非物质文化遗产非常丰富：民间音乐如陕北信天游、山西河曲民歌、陕西鼗鼓以及各种鼓乐；汉族民间舞蹈有山东鼓子秧歌、海阳秧歌、胶州秧歌、万荣与翼城花鼓、夏梁、令伯转身鼓、陕北安塞腰鼓等；少数民族舞蹈有内蒙古查玛、宁夏踏舞、青海藏族舞（卓舞、依舞、热巴舞、则柔舞）、甘肃回族舞（晏席舞、座舞、念舞）等。黄河流域的戏曲种类繁多，可以分为地方戏曲、民间小戏、少数民族戏曲等。地方戏曲又大致可以分为秦腔、山西梆子、豫剧、吕剧、眉户剧、陇剧等。民间小戏有落子戏、碗碗腔、山东梆子戏、晋北耍孩戏、秧歌戏等。少数民族戏曲有高原藏戏、蒙汉剧等。民间舞蹈如各地秧歌舞、北方少数民族舞蹈等；地方戏曲如秦腔、山西梆子、豫剧、眉户剧等；曲艺艺术如山东快书、河南坠子、陕北说书、内蒙古好来宝等；手工技艺如剪纸、木版年画、民间刺绣、编织工艺、石雕、玉雕、木雕、蒙古族角雕、面塑等。这些非物质文化遗产涉及民间文学、民间音乐、民间舞蹈、民间曲艺以及美术与手工技艺等各个门类。香包刺绣、面塑砖雕、社火傩戏、祭祀礼仪、皮影木偶、花儿对歌、唐卡腰刀、高跷鼓舞等多姿多彩的民间民俗文化构成了甘肃特有的文化魅力。这些民间民俗文化大多已经被列入各级非物质文化遗产名录。

总之，黄河文化是一个时空交织的多层次、多维度的文化共同体，她的内涵十分丰富，黄河流域的物质文化、制度文化与精神文化，都是黄河文化的主要构成部分，正是这些文化线，构成了错综复杂、纵横交错的黄河文化的脉络结构体系。每一条脉线上，都串着文化的珠玑，正是这些各种亚文化的交杂、融汇和沉积，才形成了浩瀚博大的黄河文化。

五、甘肃黄河文化开发策略和思路

2013年年初，甘肃的华夏文明传承创新区成为中国第一个国家级文化发展战略平台。按照国家关于甘肃发展的战略定位和建设文化大省的总要求，打破现有行政界限，统筹全省文化资源和各类生产要素，以文化建设为主题，以经济结构战略性调整和经济发展方式根本性转变为主线，确定了围绕"一带"，建设"三区"，打造"十三板块"的工作布局。"一带"就是丝绸之路文化发展带；"三区"是以始祖文化为核心的陇东南文化历史区、以敦煌文化为核心的河西走廊文化生态区和以黄河文化为核心的兰州都市圈文化产业区。这样的定位，显然既是符合国家整体战略需要的，也是符合甘肃这一内陆省份的省情的。

地处西北内陆的甘肃，从地理形态的角度来看，正处于青藏高原、黄土高原与内蒙古高原的结合地带。从经济结构的角度来看，历来是农耕经济与游牧经济的过渡地带。从现实状况的角度来看，是农牧文明和工业文明交杂的地区。从文化积淀的角度来看，是东西方文化交流融合的区域。这样的区域性质，使甘肃文化资源具有兼容并包、多元共生的特点①。在以往的研究中，我们将甘肃的文化从人文地理学的角度划分为陇东高原文化、陇中丘陵文化、陇南山地文化、兰州河谷文化、甘南草原文化和河西走廊文化六大板块。六大板块中河西走廊文化和陇南山地文化不在黄河文化的范畴之内，其余四大板块都是黄河文化的重要区域。由此可见黄河文化在甘肃文化发展中所占的重要地位。

甘肃省会兰州作为黄河穿城而过的唯一省会城市，同时是中国陆域版图的几何中心，是丝绸之路与唐蕃古道的锁钥之地，其与黄河文化的关系不言而喻。可以说，黄河是兰州的命脉，黄河文化形塑了兰州文化的灵魂。兰州因河而生、因河而存、因河而盛，黄河造就了兰州，同时兰州乃至甘肃的发展也必须依凭黄河。如果说城市地理要素为城市提供了物质躯体，那么城市文化精神则是城市的灵魂。虽然兰州（乃至大兰州文化圈）是多元文化的交融地带，但是其核心的文化精神则是黄河文化精神。黄河文化不是一般意义上的流域性地域文化，而是以汉文化为主体的中华文明起源中心的多重复合文化系统。兰州地处黄河上游的空间地理位置，与甘肃历史上作为华夏文明起源地之一的根源性，使得兰州作为黄河上游的明珠熠熠闪光。

与甘肃（大兰州）历史文化丰厚的资源相比，兰州的现代城市景观遮蔽了历史文化的辉煌与灿烂。兰州市的黄河文化景观呈现出碎片化特征，零星分布在城市之中。因此，兰州黄河文化开发应该从宏观视野出发，在厘清黄河文化脉络结构的基础上，因地制宜，既不能割裂兰州山水骨架，又不能影响兰州生态环境，要以最精简又经济的方式将黄河文化以整体性的方式呈现出来。使兰州城市文化融山水自然景观、历史文化景观、生态

---

① 彭岚嘉：《陇原的别样光彩》，《光明日报》2011年11月11日第12版。

化环境及市民的诗意栖居之地为一体，成为甘肃乃至全国有名的高原山水城市、历史文化名城。甘肃黄河文化的开发首先应充分利用黄河穿城而过形成的"两山夹一河"的地理条件，将兰州建成独具特色的高原山水城市。其次，利用博大精深的黄河文化对兰州进行全方位、多层次、立体化的文化包装，打造具有宏大文化气象和独特地域品质的，充分展示兰州黄河文化符号的文化景观，把兰州建成黄河上游的"黄河文化之都"。

为了进一步提升城市文化竞争力，《甘肃省"十一五"文化产业发展规划》就把兰州城市发展定位为："地方特色浓厚、时代特征鲜明、山水相间、动静结合、充满和谐与魅力的西部文化大都市。"《兰州市国民经济和社会发展第十二个五年规划（2011—2015年）纲要》提出"再造兰州"和"着力改善生态环境，创建特色山水城市"，要"充分发挥黄河文化、丝路文化、民俗文化交融的优势，以黄河为载体和平台，凸显'黄河明珠、山水城市、丝路重镇、水车之都'的城市形象，把兰州建成丝绸之路精品旅游节点城市、西北区域旅游集散中心和西部重要的旅游目的地"。从甘肃省和兰州市对兰州城市的发展规划可以看出，深入挖掘以甘肃悠久历史文化为依托的黄河文化，打造以黄河文化为核心的大兰州城市文化，是兰州城市文化建设的必由之路，也是甘肃开发黄河文化的最佳途径。因此，我们必须把握甘肃黄河文化的点线面的有机结构，在此基础上梳理甘肃黄河文化的显性文化符号与隐性文化符号，从兰州特殊的自然地理条件出发，完成建构兰州山水城市、"黄河之都"的文化塑造，也完成对甘肃黄河文化的开发与利用。

甘肃黄河文化的开发必须找准历史与现实的可能性，界定其内涵与外延。面面俱到地展示黄河文化，或者把黄河文化归结为某种单一的抽象精神，都会使黄河文化开发经不起历史的检验。甘肃的黄河文化开发应当寻找到一条前瞻性和可行性兼具的路径。

（一）甘肃黄河文化的开发，要有宏大的气魄

所谓宏大的气魄，就是要在黄河文化的开发过程中，力争做到规划的高起点、实施的高要求、成品的高境界，以发展的眼光对各种文化要素进行总结、整合、升华，使这些新开发的景观成为经得起时间考验的文化遗

产。要在科学布局、合理规划的基础上，对甘肃黄河流域现有的特色文化精品资源进行整合，以黄河流域的知名景区为龙头，对周边中、小景区进行整合，统一规划，整体推进，形成有规模、有系列、有品质、有特色的黄河文化开发区域。通过对黄河文化的开发，达到展示黄河之魂、华夏之根、农牧重地、艺术之源、古道遗韵、民族风情的目的。

（二）甘肃黄河文化的开发，要有宽广的视野

所谓宽广的视野，就是要突破现有行政区域的限制，从黄河整个流域着眼，以黄河上游文化为重点，以甘肃，尤其是兰州地区的文化为核心；也就是说，甘肃的黄河文化开发的重点区域在省会城市兰州，但又不限于兰州，可以东西延展，也可以区域协作。依托自然景观文化、重点历史文化遗址、特色民间民俗文化，开发精品项目。以著名景区为核心，与周边中、小景区进行联动。如兰州"百里黄河风情线"可以打造成黄河之都的主体景观，使其成为独特地理风貌和历史文化交融的、充分展示黄河文化魅力的大景区。

（三）甘肃黄河文化的开发，要有整体性的思路

所谓整体性的思路，应当从避免割裂历史、割裂文化、生搬硬套的前提出发，把黄河文化理解为一个由纵横线条构建起来的网状结构。在此基础上，找准甘肃黄河文化的脉线，以一线串珠的方式，使黄河文化的开发序列清晰、形态完整，从而使开发的项目成为既能浓缩甘肃乃至黄河流域文化的关键点，又能兼备穿透历史纵深的力量，传达出黄河文化的深厚底蕴。

（四）甘肃黄河文化的开发，要有差异化的思维

所谓差异化的思维，就是在黄河文化的开发上，借鉴黄河流域其他省市的开发经验和教训，力避重复建设，彰显富有地域色彩的文化个性。从特定时空条件出发，兰州黄河文化开发应该在时间上重视历史文化，在空间上重视上游文化。即时间上以古代文化，特别是以远古文化为主体；空间上以"天下黄河第一弯"——黑山峡黄河段为主要区域，尤其以八盘峡——青城黄河段为重点区域，整体上突出甘肃的黄河流域这一地域空间

的独特文化。

在我们看来，甘肃文化的开发必须重视两条重要的文化线路，一条是横贯甘肃全境的丝绸之路，另一条则是横穿甘肃六部分区域的黄河文化。甘肃黄河文化资源的保护和开发，对于提升区域文化软实力、推动甘肃华夏文明传承创新区建设、推进甘肃文化大省建设、促进甘肃经济社会协调发展有着重要的意义。

（作者系彭岚嘉、王兴文。彭岚嘉系兰州大学文学院二级教授、博士生导师，兰州大学黄河国家文化公园研究院常务副院长、西部文化发展研究中心主任；王兴文系甘肃靖远人，宁夏师范学院文学院教授，文学博士，主要从事文艺理论和中国现当代文学研究）

"丝路黄河"的文化汇通意义

　　蜿蜒向西的丝绸之路，曲折向东的黄河水道，在中国西北大地相遇，造就了"丝路黄河"的特殊景观。"丝路黄河"是物质形态的陆路与水道的交汇，更是精神形态的文化汇通。联合国教科文组织认为，道路作为概念的提出，是以各国人民与各种文化的相遇为前提，是知识、思想和"他者"的表述互相交流的结果，更是在不同思想体系中相互影响的写照。"丝路黄河"具有的文化汇通意义，不仅在于不同文化的彼此交流，而且在于不同文化的彼此成就。

　　丝绸之路与黄河水道，作为推进人类文明发展的两条重要路道的相遇，造就了人类文明史上规模宏大的多元文化交汇融通。在人类文明发展史上，河流不仅为人类提供水源和物质，也是人类迁移的主要通道。丝绸之路的延伸，或伴随黄河干流与支流的河道而行，或穿越河道而过，形成了丝路与黄河的交错汇通。丝路与黄河的相遇，带来了水陆交通的连通，带来了中华文化与异国文化的汇通。自汉朝开通丝绸之路以来，如果以西安为起点来看，丝路与黄河的相遇，主要集中在丝路古道的陇右道与青海道，其具体分为三线：一为沿黄河支流的泾水谷地西北行，经今泾川、平凉、固原、靖远、景泰等地至武威；二为沿黄河支流的渭水谷地西行，经今宝鸡、陇县、通渭、临洮、兰州、永登、古浪至武威；三为沿黄河支流的湟水谷地西北行，经今临夏、乐都、西宁至张掖。黄河水道与丝绸之路的相遇，除黄河干流外，还涉及多条黄河支流，如渭河、泾河、清水河、祖厉河、洮河、湟水等。水陆交通的密集汇通，为多元文化汇通提供了可能。

　　作为水陆交通枢纽的黄河古渡口，就是文化汇通的见证地。今甘肃省永靖县炳灵寺附近古渡口，南北朝时期的《水经注》就有记载，古人立有"天下第一桥"的石刻。渡口附近的炳灵寺石窟，千年来融合多种石窟艺术，作为丝绸之路的重要文化遗产点，入选《世界遗产名录》。同样是在甘肃省靖远县丝绸之路与黄河干流交汇的古渡口附近，出土了东罗马时期的神人纹鎏金银盘，见证了丝路与黄河交汇地的东西方文化交流。黄河支流湟水谷地的西宁，是丝绸之路青海道的重要驿站，在西宁城隍庙街出土了大量萨珊朝（西亚地区在公元三至七世纪建立的一个王朝）银币，也见证了东西方的文化交流。黄河支流渭河谷地的天水，属古丝绸之路途经地，天水秦州区石马坪出土的北周至隋时期粟特人墓葬的屏风石棺床，融华风胡俗于一体，是中外文化合璧的艺术精品。可以说，丝路与黄河交汇带来的文化汇通，不仅体现为物质层面的器物互通，更体现为精神层面的文化互鉴。

　　丝路与黄河交汇孕育的文化汇通，可经过新时代的创造性转化得以丰富拓展。丝路与黄河交汇带来的文化汇通，留下了丰厚的文化遗产，传承这笔文化遗产需要让其活起来，将其意义通过创造性转化得以拓展丰富。具体来说，可通过活化利用考古文化资源，认识久远的人类水陆交通史，认清文物背后的不同文化背景人群的交往史，认知人类和而不同的成长史；可通过文学艺术融合数字科技的方式，讲好丝路与黄河交汇的故事，再现古渡口、古桥梁、古驿站的昔日荣光，再续道路之汇、渡口之融、桥梁之通带来的文化繁荣；可通过文化旅游行动，重走丝路与黄河交汇的文化线路，重识路道交汇背后人类文化交流互鉴的重要意义。近日，活化利用丝路与黄河孕育的文化遗产而创作的文艺精品《丝路花雨》，利用数字技术开通全球网络直播，约90分钟的演出中，获得点赞近300万。显然，丝路与黄河孕育的文化遗产，创造性转化利用的前景广阔。

　　丝路与黄河的交汇，启示我们关注文化线路汇通的重要意义。丝绸之路与黄河水道的交汇，带来了不同文化群体的彼此相会，促进了不同文化理念的彼此成就。路道交通带来的文化繁荣，常体现为路道通连促使路道周边若干区域文化繁荣。路道与水道的交汇之地，因不同人群往来频繁，加速并催化了文化交流，有助于促生交流互鉴的文化理念。关注中国大地上重要文化线路的交叠汇通，关注文化线路汇通造就的一系列文化遗产闪光点，将会掀开尘封的历史，发现和而不同、美美与共的中国文化理念具有的深远影响，深刻认知中华民族为推动人类文明进步贡献的中国智慧。当前，围绕重要文化线路开展的国家文化公园建设，是推动新时代文化繁荣发展的重大文化工程。现有的国家文化公园建设布局，以陆道为主的是长城线路与长征线路；以水道为主的是大运河线路、黄河线路、长江线路。丝绸之路属联合国认定的世界文化遗产，世界文化遗产线路与国家文化公园线路的相互汇通，该是文化建设的重要着眼点。2021年9月，着眼丝路与长城文化线路汇通的"一带一路"·长城国际民间文化艺术节成功举办，就为世界不同文化交流互鉴搭建了舞台。习近平总书记专门给艺术节发来贺信，肯定艺术节的重要意义。未来关注文化线路汇通，展示世界文化遗产线路与国家文化公园线路交汇融通的重要意义，无疑有助于向世界展示开放包容的中国形象。

总之，*丝绸之路*是亚欧多国共享的文化线路，*丝路黄河*则是中国大地独有的文化奇观，黄河孕育了中国文化自信，*丝路*促进了中外文化交流，关注丝绸之路与黄河水道的相汇相通，有助于我们深入思考路道交汇对中国文化及人类文明发展的特殊意义。

（作者杨建军系兰州大学文学院教授，博士生导师，兰州大学"萃英学者"，从事中国现当代文学与文化产业研究）